Leo Trotzki

Verratene Revolution
Was ist die Sowjetunion und wohin treibt sie?

Impressum
Herausgegeben von der Sozialistische Alternative – SAV im August 2013

V.i.S.d.P., Satz und Umschlaggestaltung: Holger Dröge
Druck: CreateSpace

Sozialistische Alternative – SAV
Littenstraße 106/107, 10179 Berlin
Telefon: (030) 24 72 38 02, Email: info@sav-online.de

Inhaltsverzeichnis

Aufgabe der vorliegenden Arbeit

Die bürgerliche Welt versuchte zuerst so zu tun, als bemerke sie die Wirtschaftserfolge des Sowjetregimes nicht, d.h. den Erfahrungsbeweis für die Lebensfähigkeit der Methoden des Sozialismus. Angesichts der in der Weltgeschichte beispiellosen Tempi der industriellen Entwicklung versuchen die gelehrten Ökonomen des Kapitals auch heute noch oft, sich in tiefes Schweigen zu hüllen, oder begnügen sich mit dem Hinweis auf die außerordentliche „Ausbeutung der Bauern". Sie versäumen jedoch eine ausgezeichnete Gelegenheit zu erklären, warum die viehische Ausbeutung der Bauern beispielsweise in China. Japan oder Indien niemals Industrieentwicklungstempi mit sich brachte, die sich mit den Sowjettempi auch nur annähernd messen könnten.

Die Tatsachen tun jedoch ihre Wirkung. Heute ist der Büchermarkt aller zivilisierten Länder überhäuft mit Büchern über die Sowjetunion. Kein Wunder: solchen Phänomenen begegnet man nicht oft. Die von Mindern reaktionärem Hass diktierte Literatur nimmt immer geringeren Raum ein; ein recht erheblicher Teil der neueren Werke über die Sowjetunion bekommt dagegen einen immer wohlwollenderen, wenn nicht entzückten Anstrich. Als Zeichen für die Besserung des internationalen Ansehens des emporgekommenen Staates ist die Flut der sowjetfreundlichen Literatur nur zu begrüßen. Ist es ja doch auch weitaus löblicher, die UdSSR zu idealisieren als das faschistische Italien. Allein, eine wissenschaftliche Beurteilung dessen, was wirklich im Lande der Oktoberrevolution geschieht, würde der Leser auf den Seiten dieser Literatur vergebens suchen.

Ihrem Typus nach zerfallen die Publikationen der „Freunde der Sowjetunion" in drei Hauptkategorien. Dilettantischer Journalismus beschreibenden Genres, mehr oder weniger „linke" Reportage bilden die Hauptmasse der Artikel und Bücher. Daneben, wenn auch mit größeren Prätentionen reihen sich die Publikationen des humanitären, pazifistischen und lyrischen „Kommunismus". An dritter Stelle steht die ökonomische Schematisierung im Geiste des altdeutschen Kathedersozialismus. Louis Fisher und Duranty sind hinreichend bekannte Vertreter des ersten Typus. Der verstorbene Barbusse und Romain Rolland vertreten am besten die Kategorie der humanitären „Freunde": nicht von ungefähr schrieb jener, bevor er an Stalin heranging, eine Lebensbeschreibung Christi, und der andere eine Biographie Gandhis. Schließlich, der konservativ-pedantische Sozialismus fand seine hervorstechendsten Vertreter in dem rastlosen Fabierpaar Webb.

Was diese drei Kategorien trotz all ihren Unterschieden eint, ist ihre Verneigung vor der vollendeten Tatsache und ihre Vorliebe für beruhigende Verallgemeinerungen. Gegen den eigenen Kapitalismus zu rebellieren sind sie außerstande. Um so bereitwilliger stützen sie sich auf eine bereits in ihre Ufer zurückgetretene fremde Revolution. Vor dem Oktoberumsturz und noch mehrere Jahre nachher hat nicht einer von diesen Leuten oder ihrer Geistesväter ernstlich darüber nachgedacht, auf welche Weise der Sozialismus zur Welt kommen werde. Um so leichter fällt es ihnen, das in der UdSSR Vorhandene als Sozialismus anzuerkennen. Das gibt ihnen nicht nur das Gepräge von Fortschrittsmännern. die mit ihrer Zeit Schritt halten, sondern auch eine gewisse moralische Festigkeit, ohne sie dabei zu irgend etwas zu verpflichten. Diese Art beschaulicher, optimistischer, durchaus nicht zerstörender Literatur, die alles Ungemach hinter sich zu haben meint, wirkt sehr beruhigend auf die Nerven des Lesers und findet darum wohlwollende Aufnahme. So bildet sich unmerklich eine internationale Schule heraus, die zu nennen wäre *Bolschewismus fürs aufgeklärte Bürgertum*, oder im engeren Sinn *Sozialismus für radikale Touristen*.

Wir gedenken mit den Erzeugnissen dieses Typus nicht zu polemisieren, da sie zur Polemik keinen ernsten Anlass geben. Die Fragen sind für sie dort abgeschlossen, wo sie in Wirklichkeit erst beginnen. Aufgabe der vorliegenden Untersuchung ist es, richtig zu beurteilen was ist, um besser zu verstehen was werden wird. Bei dem, was gestern war, wollen wir nur insoweit verweilen, als es uns hilft, besser vorherzusehen, was morgen sein wird. Unsere Darstellung wird eine kritische sein, Wer sich vor dem Vollendeten verneigt, ist nicht fähig, die Zukunft vorzubereiten.

Der wirtschaftliche und kulturelle Entwicklungsprozess der UdSSR hat schon manche Etappe zurückgelegt, ist aber von innerem Gleichgewicht noch weit entfernt. Betrachtet man als Aufgabe des Sozialismus die Schaffung der klassenlosen Gesellschaft, gegründet auf Solidarität und harmonische Befriedigung aller Bedürfnisse, so ist in diesem Grundsinne an Sozialismus in der UdSSR noch nicht zu denken. Zwar unterscheiden sich die Widersprüche der Sowjetgesellschaft ihrer Natur nach tief von denen des Kapitalismus, sind aber nichtsdestoweniger sehr heftig. Sie äußern sich in materieller und kultureller Ungleichheit, in staatlicher Unterdrückung, in politischen Gruppierungen und im Kampf der Parteifraktionen. Polizeiliche Bedrückung erstickt und verzerrt den politischen Kampf, schafft ihn aber nicht aus der Welt. Die verbotenen Ideen beeinflussen auf Schritt und Tritt die Politik der Regierung, sie befruchtend oder ihr entgegenwirkend. Unter diesen Umständen ist die Analyse der Entwicklung der Sowjetunion keine Minute lang zu trennen von der Konstellation der Ideen und Losungen, unter denen sich im Lande ein geknebelter, aber leidenschaftlicher politischer Kampf abspielt. Die Geschichte verschmilzt hier unmittelbar mit der lebendigen Politik.

Die wohlmeinenden „linken" Philister betonen gern, bei Kritik an der Sowjetunion sei äußerste Behutsamkeit am Platze, damit der sozialistische Aufbau nicht Schaden leide. Wir unsererseits halten den Sowjetstaat durchaus nicht für so zart beschaffen. Die Feinde der UdSSR sind über ihn viel besser unterrichtet als seine wirklichen Freunde, d.h. die Arbeiter aller Länder. In den Generalstäben der imperialistischen Staaten wird genau Buch geführt über Aktiv und Passiv der Sowjetunion, und nicht nur auf Grund öffentlicher Berichte. Die Feinde können sich leider wohl die schwachen Seiten des Arbeiterstaates zunutze machen, keinesfalls aber von der Kritik an Tendenzen profitieren, die sie selbst für dessen positive Züge halten. Hinter dem feindseligen Verhalten der Mehrheit der offiziellen „Freunde" gegen Kritik verbirgt sich in Wirklichkeit Angst nicht so sehr um die Zerbrechlichkeit der Union als um die Zerbrechlichkeit der eigenen Sympathien für sie. Gehen wir darum ruhig über diese Warnungen und Befürchtungen hinweg. Tatsachen entscheiden, nicht Illusionen. Wir wollen ein Antlitz zeigen, nicht eine Maske.

Leo Trotzki
September 1936

P.S. Dies Buch war bereits vor dem Moskauer „Terroristen"prozess ab-geschlossen, welcher deshalb darin nicht mehr hat behandelt werden können. Um so bedeutsamer ist es zu betonen, dass diese Arbeit den „Terroristen"prozess im voraus erklärt und seine Mystik als Mystifikation entlarvt.

I. Was ist erreicht?

Hauptmerkmale des Industriellen Wachstums

Infolge der Bedeutungslosigkeit der russischen Bourgeoisie konnten die demokratischen Aufgaben des zurückgebliebenen Russland wie die Liquidierung der Monarchie und der Knechtung der noch halb leibeigenen Bauernschaft nicht anders gelöst werden als durch die Diktatur des Proletariats. Nachdem das Proletariat an der Spitze der Bauernmassen die Macht erobert hatte, konnte es indessen bei den demokratischen Aufgaben nicht stehen bleiben. Die bürgerliche Revolution verschmolz unmittelbar mit dem ersten Stadium der sozialistischen Revolution. Das war kein Zufall. Die Geschichte der letzten Jahrzehnte bezeugt besonders anschaulich, wie in den Verhältnissen des kapitalistischen Verfalls die zurückgebliebenen Länder unmöglich das Niveau der alten Mutterländer des Kapitals zu erreichen vermögen. Die Zivilisatoren sind selbst in eine Sackgasse verrannt und versperren den sich Zivilisierenden den Weg.

Russland betrat die Bahn der proletarischen Revolution, nicht weil seine Wirtschaft zuerst für die sozialistische Umwälzung reif gewesen wäre, sondern weil sich diese auf kapitalistischer Grundlage überhaupt nicht weiterentwickeln konnte. Die Vergesellschaftung des Eigentums an den Produktionsmitteln war notwendige Voraussetzung vor allem, um das Land aus der Barbarei herauszuführen das ist das *Gesetz der kombinierten Entwicklung* der zurückgebliebenen Länder. Als „schwächstes Glied der kapitalistischen Kette" (Lenin) in die sozialistische Revolution eingetreten, steht das ehemalige Zarenreich auch heute, im neunzehnten Jahr nach der Umwälzung, noch vor der Aufgabe, Europa und Amerika „einzuholen und zu überholen" – folglich vorerst *einzuholen* – d.h. die Aufgaben der Technik und der Produktion zu lösen, die der fortgeschrittene Kapitalismus längst gelöst hat.

Ja, konnte es auch anders sein? Der Sturz der alten herrschenden Klassen hat die Aufgabe, aus der Barbarei zur Kultur emporzusteigen, nicht gelöst, sondern lediglich bloßgelegt. Dadurch, dass die Revolution zugleich das Eigentum an den Produktionsmitteln in der Hand des Staates konzentrierte, schuf sie die Möglichkeit, neue unvergleichlich wirksamere Wirtschaftsmethoden anzuwenden. Nur dank planmäßiger Leitung wurde in kurzer Frist wiederaufgebaut, was der imperialistische und der Bürgerkrieg vernichtet hatten, wurden neue grandiose Unternehmungen errichtet, neue Produktionszweige und ganze Industrien geschaffen.

Die außerordentliche Verzögerung in der Entwicklung der internationalen Revolution, mit deren baldiger Hilfe die Führer der bolschewistischen Partei gerechnet hatten, bereitete der UdSSR einerseits ungeheure Schwierigkeiten, brachte aber andererseits auch außerordentliche innere Hilfsquellen und Möglichkeiten zum Vorschein, Jedoch eine richtige Beurteilung der erzielten Resultate – ihrer Größe wie ihrer Unzulänglichkeit – ist nur unter Zuhilfenahme internationaler Maßstäbe möglich. Die Methode der vorliegenden Arbeit ist die geschichtlich-soziologische Deutung des Prozesses und nicht die Häufung statistischer Illustrationen. Dennoch ist es im Interesse der weiteren Darstellung erforderlich, einige der wichtigsten Ziffern zum Ausgangspunkt zu nehmen.

Der Umfang der sowjetrussischen Industrialisierung vor dem Hintergrund des Stillstands und Verfalls fast der gesamten kapitalistischen Welt wird aus folgenden Globalangaben ersichtlich. Die Industrieproduktion Deutschlands ist nur dank dem Aufrüstungsfieber gegenwärtig auf das Niveau von 1929 zurückgekehrt. Die Produktion Großbritanniens stieg mit Hilfe des Protektionismus in denselben sechs Jahren um 3 bis 4%. Die Industrieproduktion der Vereinigten Staaten ging annähernd um 25% zurück, die Frankreichs um mehr als 30%. An erster Stelle, was den Fortschritt unter den kapitalistischen Ländern anbelangt, steht das toll rüstende und plündernde Japan: seine Produktion stieg beinahe um 40%! Aber auch diese ‚Ausnahmeziffer verblasst vollkommen vor der Entwicklungsdynamik der Sowjetunion: deren Industrieproduktion stieg in derselben Periode auf das Dreieinhalbfache, oder um 250%. Die russische Schwerindustrie hat im letzten Jahrzehnt (1925-1935) ihre Erzeugung mehr als verzehnfacht. Im ersten Jahr des ersten Fünfjahresplans (1928-1929) betrugen die Kapitalinvestitionen 5,4 Milliarden Rubel. 1936 sollen es 32 Milliarden sein.

Sehen wir wegen der Schwankungen des Rubels von Geldschätzungen als Maßeinheit ab, so mögen andere, unbestreitbarere Messgrößen sprechen. Im Dezember 1913 förderte das Donezbecken 2.275.000 Tonnen Kohle, im Dezember 1935 7.125.000 Tonnen. In den letzten drei Jahren vergrößerte sich die Gusseisenschmelze um das Doppelte, die Stahl- und Walzeisenerzeugung beinahe um das Zweieinhalbfache. Verglichen mit dem Vorkriegsniveau stieg die Gewinnung an Erdöl, Kohle und Eisenerz auf das Drei- bis Dreieinhalbfache. 1920, als der erste Elektrifizierungsplan aufgestellt wurde, gab es im Lande zehn lokale Elektrizitätswerke mit einem Gesamtleistungsvermögen von 253.000 Kilowatt. 1935 waren es bereits 95 mit einem Gesamtleistungsvermögen von 4.345.000 Kilowatt. 1925 stand die UdSSR hinsichtlich der Erzeugung von elektrischer Energie an elfter Stelle: 1935 wird sie nur noch von Deutschland und den Vereinigten Staaten übertroffen. In der Kohleförderung rückte sie von der zehnten an die vierte Stelle. In der Stahlerzeugung von der sechsten an die dritte. In der Traktorenproduktion an die erste Stelle in der ganzen Welt. Ebenso in der Zuckergewinnung.

Gigantische Errungenschaften in der Industrie, vielversprechender Beginn eines Aufschwungs der Landwirtschaft, außerordentliches Anwachsen der alten und Entstehen neuer Industriestädte, rasche Zunahme der Zahl der Arbeiter, Hebung des Kulturniveaus und der Bedürfnisse – das sind die unbestreitbaren Ergebnisse der Oktoberrevolution, in der die Propheten der alten Welt das Grab der menschlichen Zivilisation sehen wollten. Mit den Herren bürgerlichen Ökonomen braucht man nicht mehr zu streiten: der Sozialismus bewies sein Recht auf den Sieg nicht auf den Seiten des „Kapital", sondern in einer Wirtschaftsarena, die ein Sechstel der Erdoberfläche bildet, bewies es nicht in der Sprache der Dialektik, sondern in der Sprache des Eisens, des Zements und der Elektrizität. Selbst wenn die UdSSR infolge innerer Schwierigkeiten, äußerer Schläge und der Fehler der Führung zusammenbräche – was, wie wir fest hoffen, nicht eintreten möge – so bliebe doch als ein Pfand der Zukunft die unaustilgbare Tatsache bestehen, dass allein dank der proletarischen Revolution ein zurückgebliebenes Land in weniger als zwei Jahrzehnten in der Geschichte beispiellos dastehende Erfolge erzielte.

Damit ist auch dem Streit mit den Reformisten in der Arbeiterbewegung ein Ende gesetzt. Kann man nur eine Minute lang ihr kleinliches Treiben mit dem Titanenwerk vergleichen, das ein von der Revolution zu neuem Leben erwecktes Volk verrichtet? Hätte 1918 die Sozialdemokratie in Deutschland die ihr von den Arbeitern aufgedrängte Macht zur sozialistischen Umwälzung benutzt statt zur Rettung des Kapitalismus, so ist auf Grund der russischen Erfahrung unschwer zu begreifen, welch unüberwindliche Wirtschaftsmacht heute das sozialistische mittel- und osteuropäische Massiv und ein erheblicher Teil Asiens darstellen würde. Die historischen Verbrechen des Reformismus werden die Völker der Erde mit neuen Kriegen und Revolutionen zu bezahlen haben.

Vergleichende Beurteilung des Erreichten

Die dynamischen Kennziffern der Sowjetindustrie stehen beispiellos da. Doch weder heute noch morgen ist mit ihnen die Frage schon gelöst. Die Sowjetunion steigt von einem erschreckend niedrigen Niveau empor, während die kapitalistischen Länder von einem sehr hohen Niveau herabgleiten. Das Kräfteverhältnis ist gegenwärtig nicht durch die Wachstumsdynamik bestimmt, sondern durch die Konstellation der Gesamtstärken beider Lager, wie sie sich in der Anhäufung materieller Vorräte, in der Technik, der Kultur, und vor allem in der Produktivität der menschlichen Arbeit äußern. Sobald wir an die Sache vom statischen Gesichtspunkt herangehen, ändert sich die Lage sofort ungemein zuungunsten der UdSSR.

Die von Lenin formulierte Frage: *„wer wen?"* ist die Frage des Kräfteverhältnisses zwischen der UdSSR und dem revolutionären Weltproletariat einerseits, den inneren feindlichen Kräften und dem Weltkapital andererseits. Die wirtschaftlichen Fortschritte der UdSSR erlauben ihr, zu erstarken, sich weiterzuentwickeln, sich zu bewaffnen, wenn nötig auch nachzugeben und abzuwarten, mit einem Wort, sich zu halten. Aber ihrem Wesen nach steht die Frage: „wer wen?" vor der UdSSR im Wertmaßstab, und zwar nicht so sehr als eine militärische, sondern als Wirtschaftsfrage. Die Militärintervention ist gefährlich. Die Intervention billiger Waren im Gefolge der kapitalistischen Armeen wäre weitaus gefährlicher. Der Sieg des Proletariats in einem der westlichen Länder würde selbstverständlich mit einem Schlage das Kräfteverhältnis gründlich ändern. Aber solange die UdSSR isoliert bleibt, schlimmer, solange das europäische Proletariat nur Niederlagen erleidet und zurückweicht, solange ist die Stärke des Sowjetregimes letzten Endes an der Produktivität der Arbeit zu messen, die sich bei der Warenwirtschaft in Gestehungskosten und Preisen ausdrückt. Die Differenz zwischen den Binnen- und den Weltmarktspreisen ist einer der wichtigsten Messer für das Kräfteverhältnis. Indes ist es der Sowjetstatistik verboten, diese Frage auch nur anzurühren. Der Grund dafür ist, dass der Kapitalismus trotz Stillstand und Fäulnis immer noch hinsichtlich Technik, Arbeitsorganisation und -kultur einen gewaltigen Vorsprung behält.

Die traditionelle Rückständigkeit der Landwirtschaft in der UdSSR ist allbekannt genug. Noch in keinem ihrer Zweige sind Fortschritte erzielt worden, die sich auch nur im Entferntesten mit den Fortschritten der Industrie messen könnten. „Wir sind noch", beklagte sich beispielsweise Ende 1935 Molotow, „weit zurück hinter den kapitalistischen Ländern hinsichtlich der Produktivität unseres Rübenbaus". 1934 erntete man pro Hektar 82 Zentner, 1935 in der Ukraine bei ausnahmsweise guter Ernte 131 Zentner. In der Tschechoslowakei und in Deutschland werden durchschnittlich 250 Zentner erzielt, in Frankreich mehr als 300 pro Hektar, Molotows Klage kann man ohne Bedenken auf alle Zweige der Landwirtschaft ausdehnen, auf die technischen wie auf die Getreidekulturen, ganz besonders aber auf die Viehzucht. Richtige Fruchtfolge, Saatauslese, Dünger, Traktoren, Mähdrescher, Zuchtviehfarmen − all das bereitet eine wahrhaft grandiose Revolution in der vergesellschafteten Landwirtschaft vor. Aber gerade auf diesem konservativsten aller Gebiete erfordert die Revolution Zeit, Bislang besteht trotz der Kollektivierung die Aufgabe noch darin, an die höchsten Muster des kapitalistischen Westens mit seiner Kleinbauernwirtschaft heranzukommen.

Der Kampf um die Erhöhung der Arbeitsproduktivität in der Industrie geht zwei Wege: Übernahme der modernen Technik und bessere Ausnützung der Arbeitskraft. Die Möglichkeit, in wenigen Jahren gigantische Fabriken neuesten Typs zu errichten, war gegeben einerseits durch das Vorhandensein einer hohen kapitalistischen Technik im Westen, andererseits durch das Planwirtschaftsregime im Innern. Auf diesem Gebiet geht eine Übernahme fremder Errungenschaften vor sich. Die Tatsache, dass die Sowjetindustrie, ebenso wie die Ausrüstung der Roten Armee, in forciertem Tempo wuchs, hat ihre gewaltigen potenziellen Vorteile. Die Wirtschaft braucht nicht wie in England oder Frankreich ein veraltetes Inventar mitzuschleppen, die Armee nicht veraltete Rüstungen abtragen. Aber dies fieberhafte Wachstum hat auch seine negativen Seiten; die verschiedenen Elemente der Wirtschaft harmonieren nicht miteinander, die Menschen bleiben hinter der Technik zurück, die Leitung ist ihren Aufgaben nicht gewachsen. All das zusammen äußert sich bisher in ungemein hohen Gestehungskosten bei niedriger Produktionsqualität.

„Unsere Anlagen", schreibt der Leiter der Erdölindustrie, „verfügen über dieselbe Ausstattung wie die amerikanischen, aber die Organisierung der Bohrarbeit ist zurückgeblieben, die Kader sind nicht qualifiziert genug". Die zahlreichen Pannen erklären sich aus „Nachlässigkeit, Unkenntnis und unzureichende technische Aufsicht". Molotow klagt: „Wir sind in der Organisierung des Bauwesens arg im Rückstand... In den meisten Fällen geschieht sie auf althergebrachte Weise, mit den Mechanismen und dem Inventar wird Unfug getrieben". Derlei Geständnisse sind in der Sowjetpresse überall zu finden. Die neue Technik ergibt noch längst nicht dieselben Resultate wie in ihrer kapitalistischen Heimat.

Die Bruttofortschritte der Schwerindustrie stellen eine gewaltige Eroberung dar: nur auf diesem Fundament kann man bauen; allein, den Prüfstein modernen Wirtschaftens bildet die Erzeugung der feinsten Details, die sowohl technische wie allgemeine Kultur erfordert. Auf diesem Gebiet ist die Rückständigkeit der Sowjetunion noch sehr groß.

In der Kriegsindustrie sind zweifellos die beachtlichsten Fortschritte gemacht worden, nicht nur quantitativ, sondern auch qualitativ: Armee und Flotte sind die einflussreichsten Besteller und die anspruchsvollsten Kunden. Nichtsdestoweniger klagen die Leiter der Militärbehörden, einschließlich Woroschilow, in mehreren öffentlichen Reden unaufhörlich: „Wir sind nicht immer vollauf befriedigt von der Qualität der Produktion, die ihr uns in der Roten Armee liefert". Unschwer ist die Unruhe herauszuhören, die sich hinter diesen vorsichtigen Worten verbirgt.

Die Produktion im Maschinenbau, sagt der Vorsteher der Schwerindustrie im offiziellen Bericht, „sollte von guter Qualität sein, leider ist das nicht der Fall..." Und weiter unten: „Die Maschine ist bei uns zu teuer".

Wie stets vermeidet der Berichterstatter genaue Vergleichsziffern bezüglich der Weltproduktion.

Der Traktor ist der Stolz der Sowjetindustrie. Indessen ist der Nutzeffekt der Traktoren äußerst gering. Im Laufe des verflossenen Wirtschaftsjahrs mussten 81% der Traktoren einer gründlichen Reparatur unterzogen werden, und dabei wurde eine erhebliche Anzahl davon mitten in der Hochsaison der Feldarbeiten wieder unbrauchbar. Gewissen Berechnungen zufolge rentieren sich Maschinen- und Traktorenstationen erst ab einem Ernteertrag von 20 bis 22 Zentner Getreide pro Hektar. Heute, wo die Durchschnittsernte nicht einmal die Hälfte beträgt, muss der Staat Milliarden aufbringen, nur um die Defizite zu decken.

Noch schlimmer steht es mit dem Autotransport. In Amerika fährt ein Lastauto 60 bis 80.000, ja 100.000 Kilometer im Jahr: in der UdSSR nur 20.000, d.h. drei bis viermal weniger. Von je 100 Wagen sind nur 55 im Betrieb die anderen sind in Reparatur oder warten darauf. Die Reparaturkosten übersteigen die Kosten aller neu hergestellten Wagen um das Zweifache. Kein Wunder, wenn nach dem Urteil der staatlichen Kontrollbehörde „der Autotransport eine außerordentlich schwere Belastung für die Selbstkosten der Produktion bildet".

Die Erhöhung des Transportvermögens der Eisenbahnen ist nach den Worten des Vorsitzenden des Rats der Volkskommissare begleitet von „zahlreichen Unfällen und Entgleisungen". Die wesentliche Ursache ist immer dieselbe: die von der Vergangenheit ererbte niedrige Arbeitskultur. Der Kampf um die Erhaltung der Eisenbahnweichen in reinlichem Zustand wird zu einer Art Heldentat, von der prämiierte Weichenstellerinnen im Kreml vor den höchsten Machtspitzen berichten. Der Schiffsverkehr bleibt trotz den Erfolgen der letzten Jahre weit hinter dem Eisenbahnwesen zurück. Periodisch wimmeln die Zeitungen von Meldungen über die „schludrige Arbeit des Seetransports". die „unglaublich niedrige Qualität der Flottenreparatur" usw.

In den Leichtindustriezweigen ist die Lage noch ungünstiger als in der Schwerindustrie. Ein der Sowjetindustrie eigenes Gesetz kann man so formulieren: das Erzeugnis ist in der Regel um so schlechter, je näher es zum Massenverbraucher ist. In der Textilindustrie ist nach den Worten der **Prawda** „der Prozentsatz des Ausschusses schändlich groß, das Sortiment armselig, die niedrigen Sorten herrschen vor". Periodisch machen sich in der Sowjetpresse Klagen über die schlechte Qualität der Massengebrauchsartikel Luft: „plumpe Eisenwaren"; „scheußliche, schlecht genagelte. zusammengepfuschte Möbel"; „man kann keine passenden Knöpfe bekommen"; „absolut unzufriedenstellend arbeitet das System der öffentlichen Ernährung". Und so weiter ohne Ende.

Die Erfolge der Industrialisierung einzig und allein nach den Mengenmerkmalen beurteilen, ohne Rücksicht auf die Qualität, ist fast dasselbe wie den Körperbau eines Menschen nur nach seiner Größe messen, ohne den Brustumfang zu berücksichtigen. Eine richtigere Beurteilung der Dynamik der Sowjetwirtschaft erfordert ferner außer der Korrektur hinsichtlich der Qualität, stets die Tatsache zu berücksichtigen, dass rasche Fortschritte auf den einen Gebieten begleitet sind vom Zurückbleiben auf den anderen. Die Schaffung gigantischer Automobilwerke geht auf Kosten der geringen Anzahl und der Ungepflegtheit der Straßen. „Die Vernachlässigung der Straßen ist bei uns außerordentlich", stellt die **Iswestija** fest, „auf einer der wichtigsten Strecken, Moskau-Jaroslawl, kann man im Auto nicht schneller als 10 km die Stunde fahren", Der Vorsitzende der Staatsplanbehörde versichert, das Land wahre noch immer „die Tradition der vielhundertjährigen Wegelosigkeit".

In ähnlichem Zustand befindet sich auch die Gemeindewirtschaft. Im Nu schießen neue Industriestädte aus dem Boden und gleichzeitig veröden Dutzende alter. Die Hauptstädte und Industriezentren wachsen und verschönern sich, in verschiedenen Teilen des Landes werden teure Theater und Klubs gebaut, aber der Wohnungshunger ist unerträglich, die Wohnhäuser sind in der Regel ohne Pflege. „Wir bauen schlecht und teuer. der Wohnbautenbesitz wird abgenutzt und nicht ausgebessert, wir reparieren wenig und ungeschickt" (**Iswestija**).

Die ganze Wirtschaft besteht aus solchen Missverhältnissen. In gewissen Grenzen sind sie unvermeidlich, galt und gilt es ja zuerst beim Wichtigsten anzufangen. Nichtsdestoweniger drückt das Zurückbleiben der einen Branchen außerordentlich den Nutzeffekt der anderen herab. Stellt man sich eine ideale Planführung vor, die nicht auf Maximaltempi einzelner Branchen, sondern auf Optimalergebnisse der Gesamtwirtschaft abzielte, so würde der statistische Wachstumskoeffizient in der ersten Zeit niedriger sein, aber die gesamte Wirtschaft und besonders der Verbraucher könnten dabei nur gewinnen, im weiteren Verlauf auch die allgemeine Dynamik der Wirtschaft.

In der offiziellen Statistik werden Automobilerzeugung und Automobilreparatur zu einer Gesamtsumme der Industrieproduktion addiert; vom Gesichtspunkt des ökonomischen Effekts wäre eher Subtraktion als Addition am Platze. Diese Bemerkung gilt auch für viele andere Industriezweige. Darum kommt allen summarischen Angaben in Rubeln bloß relativer Wert zu. Unbekannt ist, was ein Rubel darstellt, und nicht immer bekannt ist, was sich dahinter verbirgt: der Bau von Maschinen oder ihr vorzeitiger Bruch. Stieg, in „festen" Rubeln gerechnet, die Gesamtproduktion der Schwerindustrie, verglichen mit dem Vorkriegsniveau. auf das Sechsfache, so stieg in Tonnen gerechnet die Erdöl-, Kohle- und Eisengewinnung nur auf das Drei- bis Dreieinhalbfache. Die Hauptursache für das Nichtüberein stimmen dieser Ziffern ist, dass die Sowjetindustrie mehrere neue, im zaristischen Russland unbekannte Gewerbe einführte. Aber ein weiterer Grund ist in den tendenziösen Manipulationen der Statistik zu suchen. Bekanntlich ist es ein organisches Bedürfnis jeder Bürokratie, die Wirklichkeit zu schönen.

Pro Kopf der Bevölkerung

Die durchschnittliche individuelle Arbeitsproduktivität ist in der UdSSR noch sehr niedrig. In der *besten* Metallfabrik ist nach dem Geständnis ihres Direktors die Gusseisen- und Stahlgewinnung pro Arbeiter dreimal niedriger als die *Durchschnitts*erzeugung in den amerikanischen Fabriken. Ein Vergleich der Durchschnittsziffern beider Länder würde wahrscheinlich ein Verhältnis von eins zu fünf oder noch niedriger ergeben. Unter diesen Umständen ist die Erklärung, die Hochöfen würden in der UdSSR „besser" ausgenutzt als in den kapitalistischen Ländern, einstweilen noch ohne Sinn: die Aufgabe der Technik besteht in der Ersparung menschlicher Arbeit und in nichts anderem. In der Holz- und Bauindustrie steht es noch ungünstiger als in der Metallindustrie. Auf einen Steinbrecher entfallen in den Vereinigten Staaten 5.000 Tonnen im Jahr, in der UdSSR 500 Tonnen, d.h. zehnmal weniger. Ein so schreiender Unterschied erklärt sich nicht nur durch die unzureichende Befähigung der Arbeiter, sondern vor allem auch durch die schlechte Arbeitsorganisation. Die Bürokratie stachelt die Arbeiter aus allen Kräften an, aber die Arbeitskraft richtig auszunutzen, versteht sie nicht. In der Landwirtschaft ist es damit natürlich noch ungünstiger bestellt als in der Industrie. Der niedrigen Arbeitsproduktivität entspricht ein niedriges Nationaleinkommen und folglich auch ein niedriger Lebensstandard der Volksmassen.

Wenn darauf hingewiesen wird, dass die UdSSR nach dem Umfange der Industrieproduktion 1936 in Europa an erster Stelle steht – an sich ist der Erfolg gewaltig! – so sieht man dabei nicht nur von der Qualität und dem Selbstkostenpreis der Waren ab, sondern auch von der Bevölkerungszahl. Allein, das allgemeine Entwicklungsniveau eines Landes und im besonderen der Lebensstandard der Massen lassen sich, und sei es auch nur in groben Umrissen, lediglich bestimmen, wenn man die Produktion durch die Verbraucherzahl teilt. Versuchen wir, diese einfache Rechenoperation durchzuführen.

Die Bedeutung des Eisenbahnwesens für Wirtschaft, Kultur und Kriegszwecke bedarf keiner Erläuterung. Die Sowjetunion verfügt über 83.000 Kilometer Strecken, gegen 58.000 in Deutschland, 63,000 in Frankreich, 417.000 in den Vereinigten Staaten. Das bedeutet: auf 10.000 Menschen entfallen in Deutschland 8.9 km Schienenwege, in Frankreich 15,2, in den Vereinigten Staaten 33,1, in der UdSSR 5,0. In bezug auf Eisenbahnen steht die UdSSR immer noch an einer der tiefsten Stellen in der zivilisierten Welt. Die Handelsflotte, die sich in den letzten fünf Jahren verdreifachte, befindet sich momentan ungefähr auf der Höhe der dänischen und spanischen Flotte. Hinzu kommt das ungemein niedrige Niveau der Landstraßen. Auf je 1000 Bewohner wurden im Jahre 1935 in der UdSSR 0,6 Automobile hergestellt, in Großbritannien (1934) rund 8, in Frankreich rund 4,5, in den Vereinigten Staaten 23 (gegen 36,5 im Jahre 1928).

Dabei überragt, was die Verhältniszahl der Pferde betrifft (rund ein Pferd auf 10 bis 11 Bewohner), die Sowjetunion trotz der äußersten Rückständigkeit im Eisenbahn-, Wasser- und Autotransportwesen weder Frankreich noch die Vereinigten Staaten und steht diesen obendrein in der Güte des Pferdebestandes weit nach.

Auch auf dem Gebiet der Schwerindustrie, die doch die bedeutendsten Fortschritte aufzuweisen hat, sind die Vergleichszahlen immer noch ungünstig. An Kohle wurden in der Sowjetunion 1935 rund 0,7 Tonnen pro Kopf der Bevölkerung gefördert, in Großbritannien aber rund 5 Tonnen, in den Vereinigten Staaten fast 3 Tonnen (gegen 5,4 im Jahre 1913). in Deutschland rund 2 Tonnen Stahl: in der UdSSR rund 67 Kilogramm pro Kopf, in den Vereinigten Staaten rund 250 kg, usw. Ungefähr dieselben Proportionen beim Guss- und Walzeisen. An elektrischer Energie erzeugte die Sowjetunion 1935 pro Kopf 153 Kilowattstunden, Großbritannien (1934) 443, Frankreich 363, Deutschland 472.

In der Leichtindustrie sind die Ziffern pro Kopf in der Regel noch niedriger. An Wollstoff wurde 1935 pro Kopf weniger als ein halber Meter erzeugt, das ist acht bis zehnmal weniger als in den Vereinigten Staaten oder Großbritannien. Tuch ist nur für den privilegierten Sowjetbürger erhältlich. Die Masse muss eben nach wie vor auch im Winter Baumwolle tragen, von dem rund 16 Meter pro Person hergestellt werden. Die Schuhfabrikation beträgt heute in der UdSSR annähernd ein halbes Paar pro Person. in Deutschland über ein Paar, in Frankreich anderthalb Paar, in den Vereinigten Staaten rund drei Paar, wobei noch das Qualitätsmerkmal unberücksichtigt bleibt, welches das Verhältnis noch weiter verschlechtert. Man kann mit Bestimmtheit annehmen, dass in den bürgerlichen Ländern der Prozentsatz der Personen, die mehrere Paar Schuhwerk besitzen, erheblich höher ist als in der UdSSR: doch was den Prozentsatz der Barfüßigen betrifft, so steht die UdSSR leider immer noch an einer der ersten Stellen.

Annähernd dasselbe Verhältnis, teilweise noch ungünstiger, gilt für die Erzeugnisse der Nahrungsmittelindustrie, trotz ihrer unbestrittenen Fortschritte in den letzten Jahren: Konserven, Wurst, Käse, von Gebäck und Süßigkeiten gar nicht zu reden, bleiben für die große Masse der Bevölkerung bislang noch absolut unerschwinglich. Nachteilig ist es sogar um die Milchprodukte bestellt. In Frankreich und den Vereinigten Staaten entfällt eine Kuh auf ungefähr fünf Köpfe der Bevölkerung, in Deutschland auf sechs, in der Sowjetunion auf acht; doch was das Milchen betrifft, müssen etwa zwei Kühe für eine zählen. Nur in bezug auf Brotgetreide, insbesondere Roggen, ebenfalls Kartoffeln, überragt die Sowjetunion, umgerechnet auf den Kopf der Bevölkerung, die meisten europäischen Länder und die Vereinigten Staaten ganz beträchtlich. Aber Roggenbrot und Kartoffel als vorherrschende Nahrung der Bevölkerung, das sind eben klassische Zeichen der Not!

Der Papierverbrauch ist eines der wichtigsten Kulturmerkmale. 1935 wurden in der UdSSR weniger als 4 kg Papier pro Kopf erzeugt, in den Vereinigten Staaten mehr als 34 kg (gegen 48 kg im Jahre 1928), in Deutschland mehr als 47 kg. Entfallen in den Vereinigten Staaten auf den Bewohner 12 Bleistifte im Jahr. so in der UdSSR nur rund 4, dabei von so schlechter Qualität. dass ihr Nutzeffekt nicht den eines einzigen guten, bestenfalls zweier Bleistifte übersteigt, Die Zeitungen beklagen sich ständig darüber, dass der Mangel an Fibeln, Papier und Bleistiften das Schulwesen lähmt. Kein Wunder, wenn die Beseitigung des Analphabetentums, die schon für den zehnten Jahrestag der Oktoberrevolution in Aussicht genommen war, auch heute längst noch nicht erreicht ist.

Dieselbe Frage kann auch von allgemeineren Erwägungen aus beleuchtet werden. Auf die Sowjetbevölkerung entfällt pro Kopf ein weit geringeres Nationaleinkommen als auf die des Westens. Und da in der UdSSR die Kapitalanlagen an die 25 bis 30% verschlingen, d.h. einen unvergleichlich größeren Teil des Einkommens als sonst wo auf der Welt, so muss der Verbrauchsfonds der Volksmassen notwendigerweise erheblich niedriger sein als in den fortgeschrittenen kapitalistischen Ländern.

Allerdings gibt es in der UdSSR keine besitzenden Klassen, deren Verschwendung durch einen Unterverbrauch der Volksmassen auszugleichen wäre. Jedoch diese Korrektur fällt weniger ins Gewicht, als auf den ersten Blick scheinen mag. Das Grundübel des kapitalistischen Systems ist nicht die Verschwendungssucht der besitzenden Klassen, so widerwärtig sie an sich ist, sondern dass die Bourgeoisie zur Wahrung ihres Rechts auf Verschwendung das Privateigentum an den Produktionsmitteln aufrechterhält und so die Wirtschaft der Anarchie und Fäulnis preisgibt. In bezug auf Luxusgegenstände hat natürlich die Bourgeoisie das Monopol des Verbrauchs. Doch in bezug auf die lebensnotwendigen Artikel besteht die überwiegende Mehrheit der Verbraucher aus den werktätigen Massen. Weiter unten werden wir ferner sehen, dass in der UdSSR, wenn auch keine besitzenden Klassen im eigentlichen Sinne des Wortes, so doch eine sehr privilegierte befehlende Schicht vorhanden ist, die sich den Löwenanteil auf dem Gebiete des Verbrauchs aneignet. Und wenn in der UdSSR auf den Kopf der Bevölkerung weniger lebensnotwendige Artikel entfallen als in den fortgeschrittenen kapitalistischen Ländern. so heißt das eben, das Lebensniveau der Sowjetmassen bleibt noch hinter dein kapitalistischen Niveau zurück.

Die historische Verantwortung für diese Lage trägt natürlich die gesamte schwere und düstere Vergangenheit Russlands, mit ihrem Erbe von Finsternis und Armut. Es gab keinen anderen Ausweg zum Fortschritt als die Niederwerfung des Kapitalismus. Um sich davon zu überzeugen, genügt es, einen flüchtigen Blick auf die baltischen Staaten und Polen zu werfen, die einst die höchstentwickelten Teile des Zarenreiches bildeten, heute aber aus dem Elend nicht herauskommen. Das unvergängliche Verdienst des Sowjetregimes liegt in seinem zähen und im großen und ganzen erfolgreichen Kampf gegen die tausendjährige Rückständigkeit. Aber eine richtige Beurteilung des Erreichten ist die erste Vorbedingung für weiteres Vordringen.

Das Sowjetregime durchläuft vor unseren Augen ein *Vorbereitungs*stadium, in dem es die technischen und kulturellen Errungenschaften des Westens importiert, übernimmt und sich zu eigen macht. Die Verhältniszahlen für Produktion und Verbrauch sind ein Zeugnis dafür, dass dies Vorbereitungsstadium noch lange nicht abgeschlossen ist: selbst bei der wenig wahrscheinlichen Voraussetzung weiterer vollständigen kapitalistischen Stillstands würde es noch eine ganze Geschichtsperiode einnehmen müssen. Das ist die erste, ungemein wichtige Schlussfolgerung, auf die wir im weiteren Verlauf der Untersuchung noch werden zurückzukommen haben.

II. Die Wirtschaftsentwicklung und die Zickzacks der Führung

„Kriegskommunismus", „Neue Wirtschaftspolitik" (NEP) und „Kurs auf den Kulaken"

Die Entwicklungskurve der Sowjetwirtschaft bildet durchaus keine ununterbrochene und gleichmäßig aufsteigende Linie. Im Verlauf der ersten achtzehn Jahre des neuen Regimes kann man deutlich mehrere Etappen unterscheiden, die sich durch heftige Krisen von einander abgrenzen. Ein kurzer Abriss der Wirtschaftsgeschichte der UdSSR ist ganz und gar unerlässlich gleichermaßen für Diagnose und Prognose.

Die ersten drei Jahre nach dem Umsturz waren eine Periode offenen und erbitterten Bürgerkriegs. Das Wirtschaftsleben blieb vollständig den Bedürfnissen der Fronten untergeordnet. Das kulturelle Leben nistete in den Hinterhöfen und war gekennzeichnet durch kühnen Schwung des schöpferischen Gedankens, vor allem Lenins persönlichen Denkens, bei außerordentlicher Dürftigkeit der materiellen Mittel. Das ist die sogenannte Periode des „Kriegskommunismus" (1918-1921). eine heroische Parallele zum „Kriegssozialismus" der kapitalistischen Länder. Die Wirtschaftsaufgaben der Sowjetregierung liefen in diesen Jahren hauptsächlich darauf hinaus, die Kriegsindustrien instand zu halten und die aus der Vergangenheit übrig gebliebenen armseligen Vorräte für den Krieg und zur Rettung der städtischen Bevölkerung vor dem Verderben zu verwerten. Der Kriegskommunismus war im Grunde ein System zur Reglementierung des Verbrauchs in einer belagerten Festung.

Man muss jedoch zugeben, dass er in seiner ursprünglichen Absicht breitere Ziele verfolgte. Die Sowjetregierung hoffte und trachtete, die Reglementierungsmethoden auf direktem Wege zu einem Planwirtschaftssystem zu entwickeln, sowohl auf dem Gebiet der Verteilung wie der Produktion. Mit anderen Worten: vom „Kriegskommunismus" gedachte sie allmählich, aber ohne das System zu verletzen, zum echten Kommunismus überzugehen. Das im März 1919 angenommene Programm der bolschewistischen Partei besagte: „Auf dem Gebiet der Verteilung besteht gegenwärtig die Aufgabe der Sowjetmacht darin, unabänderlich fortzufahren in der Ersetzung des Handels durch planmäßige, im gesamtstaatlichen Maßstab organisierte Verteilung der Produkte".

Die Wirklichkeit jedoch geriet immer mehr in Konflikt mit dem Programm des „Kriegskommunismus": Die Produktion ging ständig zurück, und zwar nicht nur infolge der verheerenden Wirkungen des Krieges, sondern auch, weil der Anreiz des persönlichen Interesses bei den Produzenten erloschen war. Die Stadt verlangte vom Dorf Korn und Rohprodukte, ohne dafür etwas anderes zu geben als bunte Papierlappen, die aus alter Gewohnheit Geld genannt wurden. Der Muschik vergrub seine Vorräte. Die Regierung sandte bewaffnete Arbeiterabteilungen nach Korn aus. Der Muschik säte weniger an. Die Industrieproduktion des Jahres 1921, unmittelbar nach Beendigung des Bürgerkriegs, betrug bestenfalls ein Fünftel der Vorkriegsproduktion. Die Stahlerzeugung war von 4,2 Millionen Tonnen gesunken auf 183.000 Tonnen, d.h. auf ein Dreiundzwanzigstel. Die gesamte Getreideernte von 801 Millionen Zentner auf 503 Millionen im Jahre 1922: das war das Jahr der furchtbaren Hungersnot! Gleichzeitig rutschte der Außenhandel von 2,9 Milliarden Rubel herab auf 30 Millionen. Der Verfall der Produktivkräfte stellte alles in den Schatten, was die Geschichte diesbezüglich früher aufzuweisen hatte. Das Land und mit ihm die Macht standen am Rande des Abgrunds.

Die utopischen Hoffnungen der Epoche des Kriegskommunismus wurden in der Folgezeit einer scharfen und in vielem begründeten Kritik unterzogen. Der theoretische Fehler der herrschenden Partei würde jedoch ganz unerklärlich sein, berücksichtigte man nicht, dass alle damaligen Berechnungen auf der Erwartung eines baldigen Sieges der Revolution im Westen aufgebaut waren. Man hielt es für selbstverständlich, dass das siegreiche deutsche Proletariat, gegen künftige Lieferungen von Nahrungsmitteln und Rohstoffen, Sowjetrussland nicht nur mit Maschinen und Fertigwaren, sondern auch mit Zehntausenden hochqualifizierter Arbeiter, Techniker und Organisatoren versorgen würde. Und es ist kein Zweifel, wenn die proletarische Revolution in Deutschland triumphiert hätte – ihren Sieg verhinderte einzig und allein die Sozialdemokratie – die Wirtschaftsentwicklung der Sowjetunion wie auch Deutschlands hätte solche Riesenschritte gemacht, dass das Schicksal Europas und der Welt heute viel günstiger aussähe. Man kann dennoch mit aller Bestimmtheit sagen, dass auch in diesem glücklichen Fall man auf die unmittelbare staatliche Verteilung der Produkte hätte verzichten und auf die Methoden des Handelsverkehrs hätte zurückgreifen müssen.

Die Notwendigkeit der Wiederherstellung des Marktes motivierte Lenin mit den im Lande vorhandenen Millionen isolierter Bauernwirtschaften, die es nicht gewohnt waren, ihre Beziehungen zur Außenwelt anders als durch den Handel zu regeln. Der Handelsverkehr sollte die sogenannte „Smytschka" der Bauernschaft mit der nationalisierten Industrie bewirken. Die theoretische Formel der „Smytschka" ist sehr einfach: die Industrie muss dem Dorf die notwendigen Waren zu solchen Preisen ablassen, dass der Staat auf die zwangsweise Beschlagnahme der bäuerlichen Arbeitsprodukte verzichten kann.

Die Gesundung der Wirtschaftsbeziehungen zum Dorf war zweifellos die dringendste und heikelste Aufgabe der NEP. Binnen kurzem zeigte die Erfahrung aber, dass auch die Industrie selber, trotz ihrer Vergesellschaftung, der vom Kapitalismus ausgearbeiteten Methoden der Geldrechnung bedurfte. Ein Plan kann nicht auf spekulativen Größen allein fußen. Das Spiel von Angebot und Nachfrage bleibt für ihn noch auf lange Zeit hinaus unerlässliche materielle Grundlage und heilsame Korrektur.

Der legalisierte Markt begann mit Hilfe des geordneten Geldsystems seine Wirkung auszuüben. Bereits 1923 begann die Industrie sich dank einem ersten Antrieb vom Lande zu beleben und schlug unversehens ein hohes Tempo an. Es genügt zu sagen, dass die Produktion von 1922 auf 1923 sich verdoppelte und 1926 bereits das Vorkriegsniveau erreichte, im Vergleich zu 1921 sich verfünffachte. Gleichzeitig, wenn auch in viel bescheidenerem Tempo, stiegen die Ernten.

Von dem Jahr der Wende 1923 ab nehmen die in der herrschenden Partei auch früher schon zu beobachtenden Meinungsverschiedenheiten in der Frage der Beziehungen zwischen Industrie und Landwirtschaft zu.

In einem Lande, das seine Vorräte und Reserven restlos erschöpft hatte, konnte sich die Industrie nicht anders entwickeln als durch Entlehnung von Korn und Rohstoffen bei den Bauern. Allzu viele „Zwangsanleihen" in Naturalien bedeuteten indessen Tötung des Anreizes zur Arbeit: die Bauern, die an die künftige Glückseligkeit nicht glaubten, beantworteten die Kornexpeditionen der Stadt mit dem Saatstreik. Aber auch durch zu geringe Beschlagnahmungen drohte Stillstand: da sie keine Industrieerzeugnisse bekamen, verwandelten die Bauern die Landwirtschaft in eine Wirtschaft zur Befriedigung der eigenen Bedürfnisse und nahmen die alten Handwerksgewerbe wieder auf. Die Meinungsverschiedenheiten in der Partei begannen bei der Frage, wie viel dem Dorfe zugunsten der Industrie wegzunehmen sei, um möglichst bald zu einem dynamischen Gleichgewicht zwischen beiden zu kommen. Der Streit verwickelte sich sofort durch die Frage nach der sozialen Struktur des flachen Landes selbst.

Im Frühjahr 1923 auf dem Parteikongress demonstrierte der Vertreter der „linken Opposition" [=Trotzki], die übrigens damals noch nicht diesen Namen trug, das Auseinanderstreben der Industrie- und Agrarpreise in Form eines besorgniserregenden Diagramms. Damals wurde diese Darstellung zum erstenmal „Schere" genannt, eine Bezeichnung, die danach ins Weltvokabular einging. Wenn weiteres Zurückbleiben der Industrie, sagte der Berichterstatter, diese Schere immer mehr aufklaffen lässt, dann ist der Bruch zwischen Stadt und Land unvermeidbar.

Die Bauernschaft unterschied genau zwischen der von den Bolschewiki vollzogenen demokratischen Agrarrevolution und der Politik, die auf die Schaffung des Fundaments für den Sozialismus abzielte. Die Enteignung des gutsherrschaftlichen und staatlichen Bodens brachte der Bauernschaft über eine halbe Milliarde Goldrubel im Jahr ein. Doch bei den Preisen der Staatsindustrie verausgabten die Bauern eine viel größere Summe. Solange die Bilanz der beiden Revolutionen, der demokratischen und der sozialistischen, durch den Oktoberknoten fest verbunden, für die Bauern auf ein Minus von Hunderten Millionen hinauslief, stand hinter dem Bündnis der beiden Klassen ein Fragezeichen.

Die Zerstückelung der Bauernwirtschaft, ein Erbe der Vergangenheit, nahm infolge der Oktoberumwälzung nur noch zu: die Zahl der selbständigen Höfe stieg in den ersten zehn Jahren von 16 auf 25 Millionen, was naturnotwendig eine Verstärkung des reinen Verbrauchercharakters der meisten Bauernwirtschaften mit sich brachte. Das war eine der Ursachen für die Knappheit der Agrarprodukte.

Die kleine Warenwirtschaft erzeugt unvermeidlich Ausbeuter. In dem Maße, wie das flache Land sich erholte, begann auch die Differenzierung innerhalb der Bauernmasse zu wachsen: die Entwicklung ging ihren guten alten Gang. Die Erstarkung des Kulaken überholte bei weitem das allgemeine Erstarken der Landwirtschaft. Unter der Losung „das Gesicht zum Dorf!" wandte die Regierung ihr Gesicht faktisch dem Kulaken zu. Die Agrarsteuer lastete auf dem armen Bauern ungleich schwerer als auf dem wohlhabenden, der obendrein den Rahm des Staatskredits abschöpfte. Der Getreideüberschuss, zur Hauptsache im Besitze der Dorfspitzen, diente zur Knechtung der Armen und zu spekulativem Verkauf durch die kleinbürgerlichen Elemente der Stadt. Bucharin, der damalige Theoretiker der herrschenden Fraktion, rief den Bauern seine berühmte Losung zu: „Bereichert euch!" In der Sprache der Theorie sollte dies ein allmähliches Hineinwachsen des Kulaken in den Sozialismus bedeuten. In der Praxis bedeutete es die Bereicherung einer Minderheit auf Kosten der überwältigenden Mehrheit.

Gefangene ihrer eigenen Politik, sah sich die Regierung gezwungen, Schritt für Schritt vor den Forderungen des ländlichen Kleinbürgertums zurückzuweichen. 1925 wurden für die Landwirtschaft der Erwerb von Arbeitskraft und die Verpachtung des Bodens legalisiert. Die Bauernschaft polarisierte sich zwischen dem Kleinkapitalisten einerseits, dem Knecht andererseits. Unterdessen war der Staat mangels Fabrikwaren aus dem ländlichen Verkehr ausgeschaltet. Zwischen Kulak und kleinem Handwerksmeister tauchte gleichsam aus dem Erdboden der Zwischenhändler auf. Selbst Staatsbetriebe auf der Suche nach Rohstoffen waren immer häufiger genötigt, sich an private Händler zu wenden. Überall war die kapitalistische Brandung zu verspüren. Die denkenden Elemente konnten sich anschaulich davon überzeugen, dass eine Umwälzung in den Eigentumsformen die Probleme des Sozialismus noch nicht löst, sondern sie erst stellt.

1925, als der Kurs auf den Kulaken zu seiner höchsten Entfaltung kam, ging Stalin dazu über, die Entnationalisierung des Bodeneigentums vorzubereiten. Auf die von ihm selbst bestellte Frage eines Sowjetjournalisten: „Wäre es nicht im Interesse der Landwirtschaft angebracht jedem Bauern das von ihm bearbeitete Stück Erde auf zehn Jahre zu verschreiben?" antwortete Stalin: „Sogar auf vierzig". Der Volkskommissar für Landwirtschaft von Georgien brachte auf Stalins direkte Initiative einen Gesetzentwurf zur Entnationalisierung des Bodens ein. Die Absicht war, dem Großbauern Vertrauen in seine eigene Zukunft einzuflößen. Unterdessen befanden sich im Frühjahr 1926 bereits an die 60% des zum Verkauf bestimmten Getreides in den Händen von 6% der Bauernwirtschaften! Dem Staat mangelte es an Korn nicht nur für den Außenhandel, sondern auch für den inneren Bedarf. Der winzige Umfang des Exports zwang zum Verzicht auf den Import von Fertigprodukten und schmälerte aufs extremste die Einfuhr von Maschinen und Rohstoffen.

Das Setzen auf den Großbauern hemmte die Industrialisierung, benachteiligte die Hauptmasse der Bauern und sollte im Laufe der Jahre 1924-1926 unzweideutig auch seine politischen Folgen zeitigen: außerordentliche Hebung des Selbstbewusstseins des Kleinbürgertums von Stadt und Land, Eroberung vieler lokaler Sowjets durch dieses, Zunahme der Kraft und der Selbstsicherheit bei der Bürokratie, wachsender Druck auf die Arbeiter, völlige Tötung der Partei- und Sowjetdemokratie. Über das Wachsen des Kulakentums erschraken die repräsentativen Teilnehmer der regierenden Gruppe, Sinowjew und Kamenjew, welche nicht zufällig die ehemaligen Vorsitzenden der Sowjets in den beiden wichtigsten proletarischen Zentren: Leningrad und Moskau, waren. Doch die Provinz und vor allem die Bürokratie hielten fest zu Stalin. Der Kurs auf den Großbauern trug den Sieg davon. Sinowjew und Kamenjew schlossen sich mit ihren Anhängern 1926 der Opposition von 1923 (den „Trotzkisten") an.

Die Kollektivierung der Landwirtschaft :ist von der herrschenden Fraktion natürlich auch damals „im Prinzip" nicht verneint worden. Doch wies man ihr einen Platz erst in einer Perspektive von Jahrzehnten an. Der spätere Volkskommissar für Landwirtschaft Jakowlew schrieb 1927, die sozialistische Umwandlung des flachen Landes könne zwar nur durch Kollektivierung erfolgen, aber „natürlich nicht in ein, zwei, drei

Jahren, vielleicht in einem Jahrzehnt". „Die Kolchosen und Kommunen", fuhr er fort, „sind gegenwärtig und zweifellos noch auf lange Zeit nur Inselchen im Meer der Bauernwirtschaften". Tatsächlich machten die Kollektiven damals nur ganze 0,8% der Höfe aus.

Der Kampf in der Partei um die sogenannte „Generallinie", der 1923 nach außen gedrungen war, nahm seit 1926 besonders gespannte und heftige Formen an. In ihrer umfangreichen Plattform, die alle Probleme der Wirtschaft und der Politik umfasste, schrieb die Opposition: „Die Partei muss allen Tendenzen, die Nationalisierung des Landes – eine der Grundlagen der Diktatur des Proletariats – zu beseitigen oder zu untergraben, eine radikale Abfuhr erteilen." In dieser Frage trug die Opposition den Sieg davon: die direkten Anschläge auf die Nationalisierung wurden fallen gelassen. Aber die Frage war wie gesagt mit den Formen des Bodeneigentums nicht erschöpft.

„Dem wachsenden Farmertum im Dorf", heißt es weiter in der Plattform, *„muss ein rascheres Wachstum der Kollektive entgegengestellt werden.* Notwendig sind in jedem Jahr systematische und erhebliche Mittelanweisungen zur Unterstützung der in Kollektiven organisierten Dorfarmut" „Die Arbeit der Genossenschaften muss dem Ziel dienen, die Kleinproduktion in große kollektive Produktion zu transformieren." Allein, ein breites Kollektivierungsprogramm wurde für die nächsten Jahre hartnäckig als Utopie betrachtet. Während der Vorbereitung des 15. Parteikongresses, der die linke Opposition ausschließen sollte, sagte Molotow, der zukünftige Vorsitzende des Rates der Volkskommissare: „Man darf nicht in die Armbauernillusionen von einer Kollektivierung der breiten Bauernmassen schon unter den gegenwärtigen Umständen schliddern (!)." Der Kalender zeigte Ende 1927. So weit war damals noch die herrschende Fraktion von der Politik, die sie schon am folgenden Tag auf dem Lande einschlagen sollte!

Jene Jahre (1923-1928) verliefen gleichfalls im Kampf der regierenden Koalition (Stalin, Molotow, Rykow, Tomski, Bucharin; Sinowjew und Kamenjew gingen Anfang 1926 in die Opposition) gegen die Anhänger der „Überindustrialisierung" und der Planung. Der künftige Geschichtsschreiber wird nicht ohne Staunen die bösartigen, misstrauischen Stimmungen gegen kühne wirtschaftliche Initiative feststellen, von denen die

Regierung des sozialistischen Staates ganz erfüllt war. Die Beschleunigung des Industrialisierungstempos geschah empirisch, unter Antrieb von außen, mittendrin wurden alle Berechnungen über den Haufen geworfen, was die Unkosten außerordentlich erhöhte. Die seit 1923 von der Opposition erhobene Forderung nach der Ausarbeitung eines Fünfjahresplans stieß auf Spott, wie er einem Kleinbürger ziemt, der sich vor „Sprüngen ins Ungewisse" fürchtet. Noch im April 1927 versicherte Stalin im Plenum des Zentralkomitees, den Bau eines Wasserkraftwerks am Dnjepr zu beginnen, sei für uns dasselbe wie für einen Muschik, sich statt einer Kuh ein Grammophon zu kaufen. Dies geflügelte Wort war ein ganzes Programm. Es ist nicht überflüssig, daran zu erinnern, dass die gesamte bürgerliche Weltpresse, von der sozialistischen nachgeahmt, in jenen Jahren voll Sympathie die offiziellen Anklagen gegen die „linke Opposition" wegen ihrer Industrieromantik übernahm.

Unter dem Lärm der Parteidiskussionen beantwortete der Bauer den Mangel an Industriewaren mit immer hartnäckigerem Streik: er fuhr das Korn nicht auf den Markt und vergrößerte die Aussaat nicht. Die Rechten (Rykow, Tomski, Bucharin). die damals den Ton angaben, verlangten, dass den kapitalistischen Tendenzen auf dem Lande mehr Spielraum gewährt werde vermittels Erhöhung des Getreidepreises, und sei es auf Kosten einer Senkung des industriellen Entwicklungstempos. Der einzige Ausweg bei dieser Politik hätte darin bestanden, im Austausch gegen exportierte Agrarprodukte aus dem Ausland Fertigwaren einzuführen. Dies aber hätte bedeutet, die Smytschka nicht zwischen der Bauernwirtschaft und der sozialistischen Industrie herzustellen, sondern zwischen dem Kulaken und dem Weltkapitalismus. Dafür hätte man keine Oktoberumwälzung gebraucht.

„Eine Beschleunigung der Industrialisierung", wandte der Vertreter der Opposition auf der Parteikonferenz von 1926 ein, „insbesondere durch eine stärkere Besteuerung der Kulaken, wird zu einer größeren Warenmasse führen, was die Einzelhandelspreise verringern wird; und das ist vorteilhaft sowohl für die Arbeiter als auch für die Mehrheit der Bauern ... *Das Gesicht zum Dorf* bedeutet nicht, der Industrie den Rücken kehren, sondern *durch die Industrie zum Dorf*, denn mit dem „Gesicht" eines Staates ohne Industrie kann das Dorf an sich gar nichts anfangen".

Als Antwort darauf verdonnerte Stalin die „fantastischen Pläne" der Opposition: die Industrie dürfe nicht „sich zu weit vorwagen, die Landwirtschaft im Stich lassen und vom Akkumulationstempo in unserem Lande absehen". Die Parteibeschlüsse wiederholten weiter dieselben Vorschriften, sich passiv den großbäuerlichen Spitzen der Bauernschaft anzupassen. Der 15. Kongress, der im Dezember 1927 tagte und endgültig die „Überindustrialisierer" vernichten sollte, warnte vor der „Gefahr eines allzu großen Einsatzes von Staatskapitalien in das große Aufbauwerk". Andere Gefahren wollte die herrschende Fraktion immer noch nicht sehen.

Im Wirtschaftjahr 1927-1928 ging die sogenannte Wiederaufbauperiode zu Ende, während der die Industrie hauptsächlich mit der Ausrüstung aus der Zeit vor der Revolution gearbeitet hatte, und die Landwirtschaft mit dem alten Inventar. Weiteres Fortschreiten erforderte einen selbständigen industriellen Aufbau in breitem Umfange. Mit einer sich planlos vorwärtstastenden Führung ging es auf keinen Fall weiter.

Die hypothetischen Möglichkeiten einer sozialistischen Industrialisierung waren von der Opposition bereits 1923-1925 analysiert worden. Die allgemeine Schlussfolgerung lautete, dass die Sowjetindustrie nach Erschöpfung der von der Bourgeoisie ererbten Ausrüstung auf Grund sozialistischer Akkumulation Wachstumstempos aufweisen könne, die für den Kapitalismus gänzlich unerreichbar sind. Offen verhöhnten die Häupter der herrschenden Fraktion vorsichtige Wachstumskoeffizienten wie 15 bis 18% als phantastische Musik einer unbekannten Zukunft. Darin bestand damals das Wesen des Kampfes gegen den „Trotzkismus".

Die erste offizielle Skizze des Fünfjahresplans, die endlich 1927 fertiggestellt wurde, war ganz vom Geist der Kleinlichkeit durchdrungen. Die Zunahme der Industrieproduktion sollte danach in einer von Jahr zu Jahr abnehmenden Geschwindigkeit, von 9 bis 4%, erfolgen. Der individuelle Verbrauch sollte in den fünf Jahren insgesamt um 12% steigen! Die unglaubliche Zaghaftigkeit dieses Vorhabens erhellt sich am besten aus der Tatsache, dass das Staatsbudget am Ende des Fünfjahresplans ganze 16% des Volkseinkommens betragen sollte, während das Budget des zaristischen Russland. das doch gewiss keine sozialistische Gesellschaft aufzubauen gedachte, bis zu 18% verschlang! Es ist vielleicht nicht überflüssig hinzuzufügen, dass die Ingenieure und Ökonomen, die diesen Plan aufstellten, einige Jahre später gerichtlich schwer bestraft wurden als bewusste, auf Anweisung einer ausländischen Macht handelnde Schädlinge. Die Angeklagten konnten, hätten sie es gewagt, erwidern, dass ihr Planwerk ganz der damaligen „Generallinie" des Politbüros entsprach und nach dessen Vorschrift ausgeführt worden war.

Der Kampf der Tendenzen war nunmehr in die Sprache der Ziffern übersetzt. „Zum zehnten Jahrestag der Oktoberrevolution einen armseligen, durch und durch pessimistischen Plan vorlegen", hieß es in der Plattform der Opposition, „heißt in der Praxis gegen den Sozialismus arbeiten". Ein Jahr später billigte das Politbüro einen netten Entwurf des Fünfjahresplans mit einer durchschnittlichen Industriezunahme von 9% pro Jahr. Der tatsächliche Gang der Entwicklung wies jedoch die beharrliche Tendenz auf, sich den Koeffizienten der „Überindustrialisierer" zu nähern. Noch ein Jahr später, als der Kurs der Regierungspolitik schon radikal gewechselt hatte, arbeitete die Staatsplanbehörde einen dritten Fünfjahresplan aus, dessen Dynamik weit mehr als zu erwarten war mit der hypothetischen Prognose der Opposition vom Jahre 1925 übereinstimmte.

Die wirkliche Geschichte der Wirtschaftspolitik der UdSSR ist wie man sieht von der offiziellen Legende sehr verschieden. Leider legen sich fromme Forscher wie die Webb davon nicht die geringste Rechenschaft ab.

Scharfe Wendung „Fünfjahresplan in Vier Jahren" und „vollständige Kollektivierung"

Unentschlossenheit angesichts der individuellen Bauernwirtschaft, Misstrauen gegen große Pläne, Eintreten für Minimaltempos, Geringschätzung der internationalen Probleme, all das zusammen bildet das eigentliche Wesen der Theorie des „Sozialismus in einem Lande", die von Stalin erstmalig im Herbst 1924 aufgestellt wurde, nach der Niederlage des Proletariats in Deutschland. Keine Eile mit der Industrialisierung, kein Zank mit dem Muschik, kein Verlass auf die Weltrevolution und vor allem Schutz der Macht der Parteibürokratie vor Kritik! Die Differenzierung der Bauernschaft ist ja nur eine Erfindung der Opposition. Der bereits oben erwähnte Jakowlew jagt das Zentrale Statistische Amt davon, in dessen Tabellen der Kulak einen größeren Raum einnimmt, als der Macht genehm war. Während die Führer beruhigend versicherter, der Warenhunger sei überwunden, „ruhige Tempos der Wirtschaftsentwicklung" stünden bevor, die Getreideaufbringung werde in Zukunft „gleichmäßiger" vonstatten gehen, und so weiter, gewann der Kulak den Mittelbauern für sich und verhängte über die Stadt eine Getreideblockade. Im Januar 1928 sah sich die Arbeiterklasse dem Gespenst einer drohenden Hungersnot gegenüber. Die Geschichte weiß böse Witze zu reißen. Just in dem Monat, wo der Kulak die Revolution bei der Gurgel packte, wurden die Vertreter der linken Opposition gefangen gesetzt oder nach Sibirien transportiert zur Strafe für „Panik" vor dem Gespenst des Kulaken.

Die Regierung versuchte, die Sache so darzustellen, als sei der Kornstreik hervorgerufen durch die nackte Feindseligkeit des Kulaken (woher kommt nur mit einem Mal der Kulak?) gegen den sozialistischen Staat. d.h. durch politische Motive allgemeiner Art. Aber zu solchem „Idealismus" ist der Kulak wenig geneigt. Wenn er sein Getreide versteckte, so weil es unvorteilhaft war, es zu verkaufen. Aus demselben Grunde gelang es ihm, breite Kreise des Dorfes unter seinen Einfluss zu bringen. Bloße Repressalien gegen die Kulakensabotage waren daher sichtlich unzulänglich: notwendig war eine Änderung der Politik. Jedoch durch Schwanken ging noch viel Zeit verloren.

Rykow, damals noch Regierungsoberhaupt, erklärte im Juli 1928: „Die Entwicklung der individuellen Bauernwirtschaften ist ... die wichtigste Aufgabe der Partei", und Stalin sprach ihm nach: „Es gibt Leute, die denken, die individuelle Wirtschaftsweise sei überlebt, und es verlohne sich nicht, sie zu unterstützen ... Diese Leute haben mit der Linie unserer Partei nichts gemein". Weniger als ein Jahr später hatte die Parteilinie nichts mehr gemein mit diesen Worten: am Horizont dämmerte das Morgenrot der totalen Kollektivierung.

Der neue Kurs formte sich ebenso empirisch wie der vorhergehende, in verstecktem Kampf innerhalb des Regierungsblocks. „Was die Gruppen der Rechten und des Zentrums eint, ist die gemeinsame Feindschaft gegen die Opposition", hatte die Plattform der Linken ein Jahr früher gesagt, „die Absägung der Opposition aber würde unvermeidlich den Kampf zwischen ihnen selbst beschleunigen". So kam es auch. Die Führer des zerfallenden regierenden Blocks wollten jedoch um keinen Preis zugeben, dass diese Prognose des linken Flügels sich wie viele andere bewahrheitete. Stalin erklärte noch am 19. Oktober 1928 öffentlich: „Es ist höchste Zeit, dem Klatsch ein Ende zu bereiten..., wonach es im Politbüro unseres ZK eine rechte Abweichung oder ein versöhnlerisches Verhalten ihr gegenüber gebe". Beide Gruppen fühlten zu jener Zeit dem Apparat den Puls. Die erstickte Partei lebte von dunklen Gerüchten und Rätselraten. Nach einigen Monaten aber verkündete die offizielle Presse bereits mit der ihr eigenen Unverschämtheit, Rykow, das Regierungsoberhaupt, habe „auf die wirtschaftlichen Schwierigkeiten der Sowjetmacht spekuliert", Bucharin, der Leiter der Komintern, habe sich als „Schrittmacher liberal-bürgerlicher Einflüsse" erwiesen, Tomski, der Vorsitzende des Generalrats der Gewerkschaften, sei nichts weiter als ein elender Tradeunionist. Alle drei, Rykow, Bucharin und Tomski, waren Mitglieder des Politbüros, Hatte der ganze vorherige Kampf gegen die linke Opposition seine Waffen dem Arsenal der rechten Gruppe entnommen, so konnte jetzt Bucharin, ohne gegen die Wahrheit zu verstoßen, Stalin beschuldigen, sich im Kampf gegen die Rechten teilweise der verurteilten Plattform der Opposition zu bedienen.

So oder so, die Wendung war vollzogen. Die Losung „Bereichert euch!" wurde ebenso wie die Theorie des schmerzlosen Hineinwachsens des Kulaken in den Sozialismus zwar mit Verspätung, dafür aber um so entschiedener verurteilt. Die Industrialisierung wurde auf die Tagesordnung gesetzt. An die Stelle des selbstzufriedenen Quietismus trat panisches Ungestüm. Lenins halbvergessene Losung „einholen und überholen" wurde durch die Worte ergänzt: „in kürzester Frist". Der im Prinzip bereits vom Parteikongress angenommene minimalistische Fünfjahresplan machte einem neuen Plane Platz, dessen Grundelemente ganz und gar der Plattform der verdonnerten linken Opposition entlehnt waren, Der Dnjeprostroj, gestern noch mit einem Grammophon verglichen, stand heute im Mittelpunkt der Aufmerksamkeit.

Sogleich nach den ersten neuen Erfolgen wurde die Losung herausgegeben: Vollendung des Fünfjahresplans in vier Jahren. Die aufgeregten Empiriker verfügten, von nun an sei alles möglich. Der Opportunismus verkehrte sich, wie es in der Geschichte nicht selten zu sein pflegt, in sein Gegenteil, das Abenteurertum. War das Politbüro in den Jahren 1923-1928 bereit gewesen, sich mit Bucharins Philosophie vom „Schneckentempo" abzufinden, so sprang es jetzt behend von 20 auf 30% jährlichen Wachstums, versuchte es jeden Teil- und Augenblickserfolg in eine Norm zu verwandeln und verlor die wechselseitige Bedingtheit der Wirtschaftszweige aus dem Auge. Die finanziellen Lücken des Planes wurden mit bedrucktem Papier verstopft. In den Jahren des ersten Fünfjahresplans stieg die im Umlauf befindliche Geldscheinmenge von 1,7 auf 5,5 Milliarden, um zu Beginn des zweiten Fünfjahresplans 8,4 Milliarden Rubel zu erreichen. Die Bürokratie entzog sich nicht nur der politischen Kontrolle durch die Massen, auf denen die forcierte Industrialisierung unerträglich schwer lastete, sondern auch der automatischen Kontrolle durch den Tscherwonez. Das zu Beginn der NEP gefestigte Geldsystem war aufs Neue gründlich zerrüttet.

Die Hauptgefahren, und zwar nicht nur für die Planerfüllung, sondern auch für das Regime selbst, drohten jedoch vom Dorfe her.

Am 15. Februar 1928 erfuhr die Bevölkerung des Landes nicht ohne Erstaunen aus einem Leitartikel der **Prawda**, dass es auf dem Lande gar nicht so aussehe, wie bisher die Machthaber es schilderten, dafür aber dem Bilde sehr nahe kam, das die vom Kongress ausgeschlossene Opposition gegeben hatte. Die Presse, die gestern noch buchstäblich die Existenz des Kulaken leugnete, entdeckte ihn jetzt auf ein Signal von oben nicht nur im Dorf, sondern sogar in der Partei. Es stellte sich heraus. dass kommunistische Zellen nicht selten von reichen Bauern geleitet waren, die ein reichhaltiges Inventar besaßen, sich gekaufter Arbeitskraft bedienten, dem Staat Hunderte und sogar Tausende Pud Getreide vorenthielten und unversöhnlich gegen die „trotzkistische" Politik auftraten. Die Zeitungen wetteiferten in sensationellen Enthüllungen, wie Kulaken in ihrer Eigenschaft als Sekretäre der lokalen Komitees arme Bauern und Knechte nicht in die Partei zuließen. Alle alten Begriffe waren über den Haufen geworfen. Minus und Plus vertauschten ihre Plätze.

Um die Stadt zu ernähren, galt es schleunigst beim Kulaken das tägliche Brot zu holen. Das konnte nur mit Gewalt geschehen. Die Expropriation der Kornvorräte, und zwar nicht nur beim Kulaken, sondern auch beim Mittelbauern, hieß in der offiziellen Sprache „außerordentliche Maßnahmen". Das sollte bedeuten, dass morgen alles ins alte Geleise zurückkehren werde. Doch das Dorf traute den guten Worten nicht, und hatte recht darin. Die Zwangsbeschlagnahme des Korns nahm den wohlhabenden Bauern die Lust zur Erweiterung der Aussaat. Der Landarbeiter und der arme Bauer waren ohne Arbeit. Die Landwirtschaft stak wiederum in der Sackgasse, und mit ihr der Staat. Koste es, was es wolle, die „Generallinie" musste umgestaltet werden.

Stalin und Molotow räumten zwar nach wie vor der individuellen Wirtschaft die erste Steile ein, begannen aber die Notwendigkeit einer raschen Ausdehnung der Sowchosen und Kolchosen zu betonen. Da jedoch die scharfe Lebensmittelknappheit nicht erlaubte, auf Militärexpeditionen ins Dorf zu verzichten, so hing das Programm zur Hebung der individuellen Wirtschaften in der Luft. Man musste in die Kollektivierung „schliddern". Die zeitweiligen „außerordentlichen Maßnahmen" zur Kornbeschlagnahme verwandelten sich unvorhergesehenerweise in ein Programm zur „Liquidierung des Kulakentums als Klasse". Aus den widersprechenden Anweisungen, die es reichlicher gab als Brotrationen, ging deutlich hervor, dass die Regierung in der Bauernfrage nicht nur kein Fünfjahres-, sondern nicht einmal ein Fünfmonatsprogramm hatte.

Dem bereits unter der Peitsche der Lebensmittelkrise ausgearbeiteten Plan zufolge sollte die Kollektivwirtschaft am Ende des Jahrfünfts rund 20% der Bauernanwesen umfassen. Dies Programm, dessen Grandiosität einem deutlich wird, wenn man bedenkt, dass in den zehn vorhergehenden Jahren weniger als 1% des Dorfes von der Kollektivierung erfasst worden war, erwies sich jedoch schon in der Mitte des Jahrfünfts weit übertroffen, Im November 1929 machte Stalin mit seinem Schwanken Schluss und proklamierte das Ende der individuellen Wirtschaft: die Bauern treten in die Kolchosen ein „zu ganzen Dörfern, Kreisen, ja Bezirken", Jakowlew, der zwei Jahre zuvor bewiesen hatte, die Kolchosen würden noch auf Jahre hinaus nur „Inselchen im Meer der Bauernwirtschaften" sein, erhielt jetzt in seiner Eigenschaft als Volkskommissar für Landwirtschaft den Auftrag, „das Kulakentum als Klasse zu liquidieren" und die restlose Kollektivierung „in kürzester Frist" zu verwirklichen. Im Laufe des Jahres 1929 stieg die Zahl der kollektivierten Anwesen von

1,7% auf 3,9%, 1930 auf 23,6%, 1931 bereits auf 52,7%, und 1932 auf 61,5%.

In unseren Tagen bringt es wohl kaum noch jemand fertig, den liberalen Unsinn nachzuschwätzen, die Kollektivierung sei insgesamt nur eine Frucht der nackten Gewalt. Im Kampf gegen die Bodenknappheit hat die Bauernschaft in früheren Geschichtsepochen hier sich gegen die Gutsherren erhoben, dort den Kolonistenstrom in jungfräuliche Gegenden gelenkt, dort endlich sich in alle Arten von Sekten gestürzt, wo himmlische Gefilde den Muschik für seine Landnot entlohnten. Jetzt, nach der Expropriierung der großen Besitztümer und der äußersten Parzellierung des vorhandenen Bodens, war die Zusammenfassung der Landfetzen in größere Gelände zur Lebensfrage für die Bauernschaft, die Landwirtschaft, ja die gesamte Gesellschaft geworden.

Mit dieser allgemeinen historischen Überlegung war die Frage jedoch noch längst nicht gelöst. Die realen Möglichkeiten der Kollektivierung wurden weder durch die ausweglose Lage auf dem Lande noch durch die administrative Energie der Regierung bestimmt, sondern vor allen Dingen durch die vorhandenen Ressourcen der Produktion, d.h. durch die Fähigkeit der Industrie, der Großlandwirtschaft das notwendige Inventar zu liefern. Diese materiellen Voraussetzungen waren nicht vorhanden. Die Kolchosen wurden mit einem Inventar gebildet, das meistens nur für Parzellenwirtschaft geeignet war. Unter diesen Umständen wurde die übertrieben schnelle Kollektivierung zum ökonomischen Abenteuer.

Vom Radikalismus der eigenen Wendung selbst überrumpelt, vermochte oder verstand es die Regierung nicht einmal, die elementarste politische Vorbereitung auf den neuen Kurs zustande zu bringen. Nicht nur die Bauernmassen, sondern auch die lokalen Behörden wussten nicht, was man von ihnen eigentlich wollte. Die Bauernschaft war bis zur Weißglut erhitzt durch Gerüchte. Vieh und Habe sollen dem Fiskus anheimfallen Dies Gerücht war gar nicht so weit von der Wirklichkeit entfernt. Tatsächlich erfüllte sich genau die Karikatur, die man sich seinerzeit von der linken Opposition gemacht hatte die Bürokratie „plünderte das Dorf". Die Kollektivierung stellte sich dem Bauern vor allem als eine Expropriation all seiner Habe dar. Man vergesellschaftete Pferde, Kühe, Schafe, Schweine, ja selbst Küken, „man entkulakisierte" – wie ein Augenzeuge ins Ausland schrieb – „alles bis zu den Filzstiefeln, die man den kleinen Kindern von den Füßen zog". Ergebnis: die Bauern verkauften ihr Vieh in Massen zu Schleuderpreisen oder schlachteten es ab, um Fleisch und Häute daraus zu machen.

Im Januar 1930 entwarf Andrejew, Mitglied des Zentralkomitees. auf dem Moskauer Kongress folgendes Bild von der Kollektivierung: einerseits wird die sich mächtig über das ganze Land ausbreitende Kolchosbewegung „jetzt auf ihrem Wege alle und jede Schranken niederreißen", andererseits nimmt der räuberische Ausverkauf des eigenen Inventars, des Viehs und sogar des Saatkorns durch die Bauern vor dem Eintritt in die Kolchosen „geradezu bedrohliche Ausmaße an"... Wie widersprechend diese beiden nebeneinander aufgestellten Verallgemeinerungen auch sind, kennzeichnen sie doch von den zwei verschiedenen Seiten her richtig den epidemischen Charakter der Kollektivierung als einer Verzweiflungsmaßnahme. „Die vollständige Kollektivierung". schrieb der zitierte kritische Beobachter, „schleuderte die Volkswirtschaft in einen Zustand lange nicht mehr da gewesener Zerrüttung: es war, als habe ein dreijähriger Krieg gewütet."

Fünfundzwanzig Millionen isolierter Bauernegoismen, gestern noch die einzigen Triebkräfte der Landwirtschaft – schwach zwar wie der Klepper des Muschiks, aber doch Triebkräfte –, versuchte die Bürokratie mit einem Federstrich durch das Kommando von zweihunderttausend Kolchosverwaltungen zu ersetzen, ohne technische Mittel, ohne agronomische Kenntnisse und ohne Stütze in der Landbevölkerung selbst. Die verheerenden Folgen dieses Abenteurertums blieben nicht aus und erstreckten sich über mehrere Jahre. Der Gesamtertrag der Getreidekulturen, der 1930 835 Millionen Zentner ausmachte, sank in den folgenden zwei Jahren auf unter 700 Millionen. Der Unterschied sieht an sich nicht katastrophal aus, bedeutete aber den Ausfall eben der Getreidemenge, welche die Städte brauchten, wenigstens bis zur Gewöhnung an die Hungernorm. Noch schlimmer war es mit den technischen Kulturen bestellt. Vor der Kollektivierung hatte die Zuckergewinnung fast 109 Millionen Pud erreicht, um dann nach zwei Jahren im Hochbetrieb der restlosen Kollektivierung wegen Mangel an Rüben auf 48 Millionen Pud zu fallen, d.h. auf weniger als die Hälfte. Doch am verwüstendsten tobte der Orkan im ländlichen Tierreich. Die Zahl der Pferde sank um 55%: von 34,6 Millionen im Jahre 1929 auf 15,6 Millionen im Jahre 1934; das Hornvieh von 30,7 Millionen auf 19,5 d.h. um 40%; die Zahl der Schweine um 55%, die der Schafe um 66%. Wie viel Menschen vor Hunger, Kälte, Seuchen und Repressalien umkamen, ist leider nicht mit derselben Genauigkeit festgestellt worden wie der Viehverlust, aber auch sie zählen nach Millionen. Die Schuld für diese Opfer trifft nicht die Kollektivierung, sondern die blinden Hasard- und Gewaltmethoden der Durchführung. Die Bürokratie hatte nichts vorausgesehen. Selbst das Kolchosenstatut, welches das persönliche Interesse des Bauern mit dem kollektiven zu verknüpfen suchte, wurde erst veröffentlicht, als das unglückliche Dorf von der grausamen Verwüstung bereits heimgesucht war.

Der forcierte Charakter des neuen Kurses war aus der Notwendigkeit entstanden, sich vor den Folgen der Politik von 1923-1928 zu retten. Dennoch hätte die Kollektivierung in vernünftigerem Tempo und planmäßigeren Formen geschehen können und sollen. Herrin der Macht und der Industrie, hätte die Bürokratie den Kollektivierungsprozess regulieren können, auch ohne das Land an den Rand der Katastrophe zu bringen. Man konnte und musste Tempos wählen, die den materiellen und moralischen Ressourcen des Landes besser entsprochen hätten. „Unter günstigen inneren und internationalen Bedingungen", schrieb 1930 das Auslandsorgan der „Linken Opposition", „können die materiellen und technischen Voraussetzungen der Landwirtschaft im Laufe von etwa 10 bis 15 Jahren grundlegend verändert werden und damit die Produktionsgrundlage für die Kollektivierung sichergestellt werden. An kann jedoch in all den Jahren, die uns von diesem Zustand trennen, auch ohne weiteres die Sowjetmacht mehrfach zu Fall bringen."

Diese Warnung war nicht übertrieben: noch nie war das Territorium der Oktoberrevolution so unmittelbar vom Todeshauch berührt worden wie in den Jahren der vollständigen Kollektivierung. Unzufriedenheit, Ungewissheit, Erbitterung zerfraßen das Land. Die Zerrüttung des Geldsystems. die Übereinanderschichtung von festen, „konventionellen" und Freihandelspreisen, der Übergang vom scheinbaren *Handel* zwischen Staat und Bauernschaft zu Getreide-, Fleisch- und Milchsteuern. der Kampf auf Leben und Tod gegen den massenhaften Diebstahl am Kolchoseigentum und gegen die massenhaften Verheimlichungen dieses Raubs, die rein militärische Mobilisierung der Partei zum Kampf gegen die Kulakensabotage nach der „Liquidierung" des Kulakentums als Klasse, und zugleich damit die Rückkehr zum Lebensmittelkartensystem und zur Hungerration, schließlich die Wiedereinführung der Inlandspässe – all diese Maßnahmen erzeugten, so schien es, im Lande wieder die Atmosphäre des längst beendigten Bürgerkriegs.

Die Versorgung der Fabriken mit Rohstoffen und Verpflegung verschlimmerte sich von Vierteljahr zu Vierteljahr. Die unerträglichen Existenzbedingungen verursachten Fluktuation der Arbeitskraft, Bummelei, nachlässige Arbeit, Maschinenbrüche, hohen Prozentsatz von Ausschuss, niedrige Qualität der Erzeugnisse. Die durchschnittliche Arbeitsproduktivität sank 1931 um 11,7%. Molotow entwischte das Geständnis, welches dann von der gesamten Sowjetpresse gedruckt wurde, dass die Industrieproduktion 1932 nicht um 36% gestiegen war, wie es der Jahresplan vorschrieb, sondern nur um 8,5%. Die Welt bekam allerdings bald darauf zu hören, der Fünfjahresplan sei in vier Jahren und drei Monaten erfüllt worden. Doch das hat lediglich zu bedeuten, dass der Zynismus der Bürokratie beim Umgang mit der Statistik und der öffentlichen Meinung keine Grenzen kennt. Allein, nicht das ist die Hauptsache: auf dem Spiele stand nicht das Schicksal des Fünfjahresplans, sondern das Schicksal des Regimes.

Das Regime hielt stand. Das ist sein eigenes Verdienst, denn es hat im Boden des Volkes tiefe Wurzeln geschlagen. In nicht geringerem Masse ist es aber auch das Verdienst günstiger äußerer Umstände. In den Jahren des Wirtschaftschaos und des Bürgerkriegs auf dem Lande war die Sowjetunion den äußeren Feinden gegenüber praktisch gelähmt. Die Unzufriedenheit der Bauernschaft hatte auf die Armee übergegriffen. Unsicherheit und Schwanken demoralisierten den bürokratischen Apparat und die Kommandokader. Ein Schlag von Osten oder Westen hätte zu jener Zeit schicksalsschwere Folgen haben können.

Zum Glück hatten die ersten Jahre der Handels- und Industriekrise in der ganzen kapitalistischen Welt Stimmungen ratlosen Abwartens erzeugt. Niemand war zum Krieg bereit, niemand wollte ihn wagen. Außerdem war man sich in keinem der feindlichen Staaten hinreichend klar über die ganze Schärfe der sozialen Konvulsionen, die das Land der Sowjets unter dem Gekrach und Getön der offiziellen Musik zu Ehren der „Generallinie" schüttelten.

Trotz all seiner Kürze zeigt dieser unser historischer Abriss hoffentlich, wie weit die wirkliche Entwicklung des Arbeiterstaates von dem idyllischen Bild einer allmählichen und unaufhörlichen Anhäufung von Erfolgen entfernt ist. Aus der krisenreichen Vergangenheit werden wir später wichtige Fingerzeige für die Zukunft entnehmen. Zugleich ist der geschichtliche Überblick über die Politik der Sowjetregierung und ihre Zickzacks absolut unerlässlich zur Zerstörung jenes künstlich großgezogenen individualistischen Fetischismus, welcher die Ursache der wirklichen wie der vermeintlichen Erfolge in den ungewöhnlichen Eigenschaften der Führerschaft sucht und nicht in den von der Revolution geschaffenen Bedingungen des vergesellschafteten Eigentums.

Die objektiven Vorzüge der neuen Gesellschaftsordnung äußern sich natürlich auch in den Methoden der Führung; aber diese spiegelt in nicht geringerem Masse auch die wirtschaftliche und kulturelle Zurückgebliebenheit des Landes und die kleinbürgerlichen provinziellen Verhältnisse wider, in denen sich die leitenden Kader selbst formten.

Man beginge einen sehr groben Fehler, wenn man daraus schlussfolgerte, dass die Politik der Sowjetführung von drittrangiger Bedeutung sei. Nirgendwo auf der Welt gibt es eine Regierung, die in solchem Masse das Schicksal des Landes in der Hand hielte. Erfolge und Misserfolge eines einzelnen Kapitalisten hängen – natürlich nicht vollständig, nicht allein, aber in sehr bedeutendem, wenn nicht entscheidenden Grade – von seinen persönlichen Eigenschaften ab. Mutatis mutandis ist die Stellung der Sowjetregierung gegenüber der Gesamtwirtschaft die eines Kapitalisten gegenüber dem Einzelunternehmen. Die Zentralisierung der Volkswirtschaft lässt die Staatsgewalt zu einem Faktor von gewaltiger Bedeutung werden. Aber eben deshalb gilt es, die Politik der Regierung nicht nach den Summenresultaten, nicht nach den nackten Ziffern der Statistik zu beurteilen, sondern nach der spezifischen Rolle, welche bewusste Voraussicht und planmäßige Leitung bei der Erreichung dieser Resultate spielten.

Die Zickzacks des Regierungskurses spiegelten nicht nur die objektiven Widersprüche der Lage wider, sondern auch die ungenügende Fähigkeit der Herrschenden, rechtzeitig die Widersprüche zu erkennen und vorbeugend darauf zu reagieren. Die Felder der Führung lassen sich nur schwer in buchhalterischen Größen ausdrücken. Aber schon die schematische Darstellung der Geschichte der Zickzacks erlaubt mit Bestimmtheit den Schluss, dass diese die Sowjetwirtschaft mit einer riesigen Ziffer zusätzlicher Unkosten belasten.

Allerdings bleibt es einem, wenigstens bei rationalistischem Herantreten an die Geschichte, unbegreiflich, wieso und warum die ideenärmste und am meisten an Fehlern krankende Fraktion gegen alle anderen Gruppierungen sich behauptete und eine unumschränkte Macht ansammelte. Die fernere Analyse wird uns auch zu diesem Rätsel den Schlüssel liefern. Wir werden sehen, wie die bürokratischen Methoden der selbstherrlichen Führerschaft in immer größeren Gegensatz geraten zu den Erfordernissen der Wirtschaft und der Kultur, und wie daraus notwendigerweise sich neue Krisen und neue Erschütterungen in der Entwicklung der Sowjetunion ergeben.

Bevor wir jedoch an das Studium der doppelten Rolle der „sozialistischen" Bürokratie schreiten, wird es notwendig sein, die Frage zu beantworten: welches ist nun die allgemeine Bilanz des Erreichten? Ist der Sozialismus in der UdSSR tatsächlich verwirklicht? Oder vorsichtiger: sind die vorhandenen wirtschaftlichen und kulturellen Errungenschaften eine Sicherung gegen die Gefahr einer kapitalistischen Restauration, ähnlich wie die bürgerliche Gesellschaft auf einer bestimmten Etappe durch die eigenen Fortschritte gegen die Restauration des Feudalismus und der Leibeigenschaft gesichert war?

III. Sozialismus und Staat

Das Übergangsregime

Ist es wahr, dass in der UdSSR, wie die offiziellen Autoritäten behaupten, der Sozialismus bereits verwirklicht ist? Wenn nicht, gewährleisten dann wenigstens die erzielten Fortschritte, ihn in den nationalen Grenzen zu verwirklichen, unabhängig vom Gang des Ereignisse in der übrigen Welt? Die weiter oben angestellte kritische Wertung der wichtigsten Merkmale der Sowjetwirtschaft soll uns zum Ausgangspunkt dienen für eine richtige Antwort auf diese Frage. Doch können Wir nicht umhin, vorher noch eine theoretische Untersuchung anzustellen.

Der Marxismus geht aus von der Entwicklung der Technik als der Haupttriebfeder des Fortschritts und baut das kommunistische Programm auf der Dynamik der Produktivkräfte auf. Angenommen, eine kosmische Katastrophe würde über kurz oder lang unseren Planeten zerstören, so müsste man auf die kommunistische Perspektive, wie auf vieles andere verzichten. Von dieser vor der Hand noch problematischen Gefahr abgesehen, ist nicht der geringste wissenschaftliche Grund vorhanden, im voraus unseren technischen, produktiven und kulturellen Möglichkeiten irgendwelche Grenzen zu stecken. Der Marxismus ist zutiefst vom Optimismus des Fortschritts durchdrungen und – beiläufig gesagt – schon dadurch allein unversöhnlicher Gegner der Religion.

Die materielle Voraussetzung des Kommunismus muss eine so hohe Entwicklung der ökonomischen Macht des Menschen sein, dass die produktive Arbeit aufhört, Last und Mühsal zu bedeuten, und der Antreiberei nicht mehr bedarf; und die Verteilung der ständig im Überfluss vorhandenen Lebensgüter – wie heutzutage in wohlhabenden Familien oder in einer „anständigen" Pension – keiner anderen Kontrolle bedarf als der der Erziehung, der Gewohnheit, der öffentlichen Meinung. Es gehört schon, offen gesagt, eine tüchtige Dosis Stumpfsinn dazu, diese letzten Endes bescheidene Perspektive für „utopisch" zu halten.

Der Kapitalismus hat die Bedingungen und Kräfte für die soziale Umwälzung vorbereitet: Technik. Wissenschaft, Proletariat. Die kommunistische Ordnung kann jedoch die bürgerliche Gesellschaft nicht unmittelbar ablösen: dazu reicht das materielle und kulturelle Erbe der Vergangenheit noch keineswegs. In der ersten Zeit kann der Arbeiterstaat noch nicht einem jeden gestatten, „nach seinen Fähigkeiten" zu arbeiten, d.h. soviel er kann und mag, noch einem jeden „nach seinen Bedürfnissen", unabhängig von der geleisteten Arbeit, entlohnen. Im Interesse einer Steigerung der Produktivkräfte ist es erforderlich, zu den gewohnten Normen des Arbeitslohns zu greifen. d.h. zur Verteilung der Lebensgüter nach Menge und Beschaffenheit der individuellen Arbeit.

Marx nannte diese Anfangsetappe der neuen Gesellschaft die „erste Phase der kommunistischen Gesellschaft", zum Unterschied vom höheren, wo mit den letzten Gespenstern der Not die materielle Ungleichheit verschwinden wird. Im gleichen Sinne werden oft Sozialismus und Kommunismus als das untere und obere Stadium der neuen Gesellschaft einander gegenübergestellt. „Wir sind natürlich noch nicht im *vollendeten* Kommunismus", lautet die offizielle Sowjetdoktrin von heute, „dafür ist aber bei uns bereits der Sozialismus verwirklicht, d.h. das *untere* Stadium des Kommunismus". Zum Beweis werden dann angeführt die Herrschaft der Staatstrusts in der Industrie, der Kolchosen in der Landwirtschaft, der Staats- und Genossenschaftsunternehmen im Handel. Auf den ersten Blick also scheinbar völliges Übereinstimmen mit Marxens apriorischem – und darum hypothetischem – Schema. Aber gerade vom Standpunkt des Marxismus erschöpft sich die Frage keineswegs mit den Eigentumsformen, unabhängig von der erreichten Arbeitsproduktivität. Unter dem unteren Stadium des Kommunismus verstand Marx jedenfalls eine Gesellschaft, die von Anfang an ihrer wirtschaftlichen Entwicklung gemäß über dem fortgeschrittenen Kapitalismus steht. Theoretisch ist diese Fragestellung einwandfrei, denn *im Weltmaßstab* gesehen bedeutet der Kommunismus sogar in seinem ersten Anfangsstadium eine höhere Entwicklungsstufe im Vergleich zur bürgerlichen Gesellschaft. Übrigens erwartete Marx, die sozialistische Revolution werde von den Franzosen begonnen, von den Deutschen fortgesetzt und von den Engländern abgeschlossen werden: was die Russen betrifft, so blieben sie weit zurück in der Nachhut. Doch in der Wirklichkeit kam es umgekehrt. Wer heute Marxens universalhistorische Konzeption mechanisch

auf den Sonderfall UdSSR in ihrer gegenwärtigen Entwicklungsstufe anzuwenden versuchte, wird sich alsbald in unentwirrbare Widersprüche
verstricken.

Russland war nicht das stärkste, sondern das schwächste Glied in der
Kette des Kapitalismus. Die heutige UdSSR überragt nicht das Weltwirt-
schaftsniveau, sondern holt erst die kapitalistischen Länder ein.

Wenn Marx als unteres Stadium des Kommunismus die Gesellschaft bezeichnete, die auf Grund der Vergesellschaftung der Produktivkräfte des
für seine Epoche am meisten fortgeschrittenen Kapitalismus entstehen
sollte, so ist diese Bezeichnung augenscheinlich nicht auf die Sowjetunion zugeschnitten, die heute noch, was Technik, Lebensgüter und Kultur
anbelangt, viel ärmer ist als die kapitalistischen Länder. Richtiger wäre
darum, das heutige Sowjetregime in all seiner Widersprüchlichkeit nicht
als sozialistisches, sondern als *vorbereitendes* oder *Übergangsregime* zwischen
Kapitalismus und Sozialismus zu bezeichnen.

In dieser Sorge um terminologische Genauigkeit ist nicht ein Tropfen
Pedanterie. Kraft und Bestand eines Regimes sind letzten Endes durch
die relative Produktivität der Arbeit bestimmt. Eine vergesellschaftete
Wirtschaft, die technisch dem Kapitalismus überlegen ist, könnte in der
Tat vollkommen, sozusagen automatisch ihrer sozialistischen Entwicklung sicher sein, was man von der Sowjetwirtschaft leider noch keinesfalls sagen kann.

Die meisten vulgären Apologeten der UdSSR, so wie sie ist, sind geneigt,
etwa folgendermaßen zu urteilen: selbst zugegeben, dass das heutige
Sowjetregime noch nicht sozialistisch ist, muss die weitere Entwicklung
der Produktivkräfte auf den heutigen Grundlagen gleichwohl früher
oder später zum völligen Triumph des Sozialismus führen. Strittig ist
folglich nur der Zeitfaktor. Lohnt es sich, deswegen Lärm zu schlagen?
Wie sieghaft diese Urteilsweise auf den ersten Blick auch scheint, in
Wirklichkeit ist sie sehr oberflächlich. Zeit ist durchaus kein zweitrangiger Faktor, wo es sich um einen geschichtlichen Prozess handelt: Gegenwart und Zukunft verwechseln, ist in der Politik weitaus gefährlicher als
in der Grammatik. Die Entwicklung besteht durchaus nicht, wie Vulgä-
revolutionisten vom Schlage der Webb es darstellen, in planmäßigem

Anhäufen und ständigem „Verbessern" des Bestehenden: sie kennt Übergänge von Quantität in Qualität, Krisen, Sprünge und Rückfälle. Gerade weil die UdSSR noch lange nicht einmal das erste Stadium des Sozialismus, d.h. ein ausgeglichenes System von Erzeugung und Verbrauch, erreicht hat, verläuft die Entwicklung nicht harmonisch, sondern in Widersprüchen. Die ökonomischen Widersprüche erzeugen soziale Gegensätze, die ihre eigene Logik entfalten, ohne die fernere Entwicklung der Produktivkräfte abzuwarten. Wir beobachteten das soeben an der Frage des Kulaken, der nicht evolutionär in den Sozialismus „hineinwachsen" wollte und unerwartet für die Bürokratie und ihre Ideologen eine neue, ergänzende Revolution verlangte. Und die Bürokratie selber, in deren Händen Macht und Reichtum liegt, ist sie gewillt, friedlich in den Sozialismus hineinzuwachsen? Es sei gestattet, daran zu zweifeln. Jedenfalls wäre es unvorsichtig, der Bürokratie aufs Wort zu glauben. In welcher Richtung sich während der kommenden drei, fünf, zehn Jahre die Dynamik der ökonomischen Widersprüche und der sozialen Antagonismen in der Sowjetgesellschaft entwickeln wird, auf diese Frage gibt es noch keine endgültige und unwiderrufliche Antwort. Der Ausgang hängt vom Kampf der lebendigen sozialen Kräfte ab, und zwar nicht nur im nationalen, sondern auch im internationalen Maßstab. Auf jeder neuen Etappe bedarf es daher einer konkreten Analyse der realen Verhältnisse und Tendenzen in ihrem Zusammenhang und beständigem Aufeinanderwirken. Die Bedeutung einer solchen Analyse werden wir sogleich an der Frage des Sowjetstaates sehen.

Programm und Wirklichkeit

Das erste Unterscheidungsmerkmal der proletarischen Revolution erblickte Lenin mit Marx und Engels darin, dass sie, die Ausbeuter enteignend, die Notwendigkeit eines sich über die Gesellschaft hinaushebenden bürokratischen Apparats, vor allem der Polizei und des stehenden Heeres, beseitigt.

„Das Proletariat braucht den Staat – das wiederholen alle Opportunisten, Sozialchauvinisten und Kautskyaner", schrieb Lenin 1917, ein, zwei Monate vor der Machtergreifung, „wobei sie beteuern, dass dies die Lehre von Marx sei, sie „vergessen" aber hinzufügen, dass ... das Proletariat nach Marx nur einen absterbenden Staat braucht, d.h. einen Staat, der sofort abzusterben beginnt und nicht anders kann als absterben" (**Staat und Revolution**).

Diese Kritik richtete sich seinerzeit gegen die sozialistischen Reformisten vom Schlage der russischen Menschewiki der britischen Fabier usw.; heute trifft sie mit doppelter Kraft auf die sowjetischen Götzendiener und ihren Kult des bürokratischen Staates zu, der nicht die geringste Absicht hat „abzusterben".

Die gesellschaftliche Nachfrage nach einer Bürokratie entsteht immer dann, wenn scharfe Gegensätze vorhanden sind, die es zu „lindern", „beizulegen", zu „schlichten" gilt (immer im Interesse der Privilegierten und Besitzenden und immer zum Vorteil der Bürokratie selber). Alle bürgerlichen Revolutionen, wie demokratisch sie auch waren, bewirkten eine Verstärkung und Vervollkommnung des bürokratischen Apparats.

„Beamtentum und stehendes Heer", schreibt Lenin, „das sind die ‚Schmarotzer' am Leib der bürgerlichen Gesellschaft; Schmarotzer, die aus den inneren Widersprüchen, die diese Gesellschaft zerklüften, entstanden sind, aber eben Parasiten, die die Lebensporen ‚verstopfen'."

Seit 1917. d. h. von dem Augenblick an, als die Machteroberung sich der Partei als praktisches Problem stellte, war Lenin ununterbrochen mit Gedanken über die Liquidierung der „Parasiten" beschäftigt. Nach dem Sturz der Ausbeuterklassen – so wiederholt und erläutert er in jedem Kapitel von **Staat und Revolution** – wird das Proletariat die alte bürokratische Maschine zerbrechen und seinen eigenen Apparat aus Arbeitern und Angestellten bilden, wobei

„*gegen* deren Verwandlung in Bürokraten man sofort die von Marx und Engels eingehend untersuchten Maßnahmen treffen wird: 1. nicht nur Wählbarkeit, sondern auch jederzeite Absetzbarkeit; 2. eine den Arbeiterlohn nicht übersteigende Bezahlung; 3. sofortiger Übergang dazu, dass *alle* die Funktionen der Kontrolle und Aufsicht verrichten, dass *alle* eine Zeitlang „Bürokraten" werden, so dass daher *niemand* zum Bürokraten werden kann". Man soll nicht meinen, dass es sich bei Lenin um eine Jahrzehnte erfordernde Aufgabe gehandelt hätte, nein, dies ist der erste

Schritt, mit dem man „bei der Durchführung der proletarischen Revolution *beginnen* kann und muss."

Dieselbe kühne Anschauung vom Staat der proletarischen Diktatur fand anderthalb Jahre nach der Machteroberung endgültige Gestalt im Programm der bolschewistischen Partei, unter anderem in dem Kapitel über das Heer. Ein starker Staat, aber ohne Mandarine; bewaffnete Gewalt, aber ohne Samurais! Nicht aus den Aufgaben der Verteidigung entstehe die Militär- und Staatsbürokratie, sondern aus dem Klassengefüge der Gesellschaft das sich auch auf den Verteidigungskörper überträgt. Das Heer sei nur ein Abbild der sozialen Verhältnisse. Der Kampf gegen die äußeren Gefahren setze selbstverständlich auch im Arbeiterstaat eine spezialisierte militärisch-technische Organisation voraus, aber keinesfalls eine privilegierte Offizierskaste. Das Programm fordert die Ersetzung des stehenden Heeres durch das bewaffnete Volk.

Das Regime der proletarischen Diktatur höre auf diese Weise schon bei seiner Geburt auf, ein „Staat" im alten Sinne des Wortes zu sein, d.h. ein besonderer Apparat zwecks Anhaltung der Volksmehrheit zu Gehorsam. Die materielle Macht geht mit den Waffen direkt und unmittelbar in die Hände von Organisationen der Werktätigen, wie der Sowjets über. Der Staat als bürokratischer Apparat beginnt vorn ersten Tage der proletarischen Diktatur an abzusterben. So das Programm, das bis auf den heutigen Tag nicht aufgehoben wurde. Seltsam: es klingt wie eine Stimme aus dem Jenseits, wie eine Stimme aus dem Mausoleum.

Wie immer man im Grunde auch die Natur des heutigen Sowjetstaats erklärt, eins ist unbestreitbar: am Ende des zweiten Jahrzehnts seines Bestehens ist er weder abgestorben, noch auch nur im „Absterben" begriffen, schlimmer: er wucherte zu einem in der Geschichte noch nicht da gewesenen Zwangsapparat aus: die Bürokratie ist nicht nur nicht verschwunden, den Massen ihren Platz abtretend, sondern zu einer unkontrollierten, die Massen beherrschenden Kraft geworden; die Armee ist nicht nur nicht durch das bewaffnete Volk ersetzt, sondern es bildete sich eine privilegierte Offizierskaste heraus mit Marschällen an der Spitze, während dem Volk, dem „bewaffneten Träger der Diktatur", heute in der UdSSR sogar das Tragen von Hieb- und Stichwaffen verboten ist, Bei größter Anstrengung der Fantasie ist schwerlich ein auffallenderer

Kontrast auszudenken als der, der zwischen dem Marx-Engels-Lenin-schen Schema eines Arbeiterstaat und dem realen Staat besteht, an dessen Spitze heute Stalin steht. Ohne den Druck Lenins gesammelter Werke einzustellen (die allerdings zensuriert und entstellt werden) fragen die heutigen Führer der Sowjetunion und ihre ideologischen Vertreter sich nicht einmal, weiches der Grund für ein so himmelschreiendes Auseinanderklaffen zwischen Programm und Wirklichkeit ist. Versuchen wir, es an ihrer statt zu tun.

Der doppelte Charakter des Arbeiterstaates.

Die proletarische Diktatur bildet die Brücke zwischen der bürgerlichen und der sozialistischen Gesellschaft. Ihrem Wesen nach ist sie somit zeitlich begrenzt. Eine Neben-, aber auch sehr wesentliche Aufgabe des Staates, der die Diktatur ausübt, besteht darin, seine eigene Aufhebung vorzubereiten. Der Grad der Verwirklichung dieser „Neben"aufgabe ist gewissermaßen ein Prüfstein für die erfolgreiche Durchführung der Hauptmission: den Aufbau der klassenlosen und von materiellen Widersprüchen freien Gesellschaft. Bürokratismus und soziale Harmonie sind einander umgekehrt proportional.

In seiner berühmten Polemik gegen Dühring schrieb Engels:

„... Sobald es keine Gesellschaftsklasse mehr in der Unterdrückung zu halten gibt, sobald mit der Klassenherrschaft und dem in der bisherigen Anarchie der Produktion begründeten Kampf ums Einzeldasein auch die daraus entspringenden Kollisionen und Exzesse beseitigt sind, gibt es nichts mehr zu reprimieren [=unterdrücken], das eine besondere Repressionsgewalt, einen Staat, nötig machte"

Der Spießer hält den Gendarmen für eine ewige Einrichtung. In Wirklichkeit wird der Gendarm den Menschen nur solange im Zaume halten, wie der Mensch nicht wahrhaft die Natur im Zaume hält. Damit der Staat verschwinde, ist es nötig, dass die „Klassenherrschaft und der Kampf ums Einzeldasein" verschwinde. Engels fasst diese beiden Voraussetzungen in eine zusammen: in der Perspektive des Wechsels der Gesellschaftsordnungen kommt es auf ein paar Jahrzehnte nicht an. Anders sieht es für die Generationen aus, die den Umsturz am eigenen Leibe verspüren. Es ist wahr, der Kampf aller gegen alle entsteht nur aus der kapitalistischen Anarchie. Aber die Sache ist eben die, dass die Vergesellschaftung der Produktionsmittel noch nicht automatisch den „Kampf ums Einzeldasein" beseitigt. Das ist des Pudels Kern!

Sogar in Amerika, auf dem Fundament des am meisten fortgeschrittenen Kapitalismus, würde der sozialistische Staat nicht mit einem Schlage jedem soviel gewähren können, wie er braucht, und sich daher gezwungen sehen, einen jeden zu größtmöglicher Produktion zu veranlassen. Das Amt des *Antreibers* ist unter diesen Umständen natürlich Sache des Staats, der seinerseits nicht umhin kann, mit diesen oder jenen Änderungen und Milderungen zu den vom Kapitalismus ausgebildeten Methoden des Arbeitsentgelts zu greifen. In eben diesem Sinne schrieb Marx 1875:

„... Aber diese Missstände sind unvermeidbar in der ersten Phase der kommunistischen Gesellschaft, wie sie eben aus der kapitalistischen Gesellschaft nach langen Geburtswehen hervorgegangen ist. *Das Recht kann nie höher sein als die ökonomische Gestaltung und dadurch bedingte Kulturentwicklung der Gesellschaft ...*"

Zur Erläuterung dieser bemerkenswerten Zeilen setzt Lenin hinzu:

„Das bürgerliche Recht setzt natürlich in bezug auf die Verteilung der *Konsumtions*mittel unvermeidlich auch den *bürgerlichen Staat* voraus, denn das Recht ist nichts ohne einen Apparat, der imstande ist, die Einhaltung der Rechtsnormen *zu erzwingen*. So ergibt sich, dass im Kommunismus nicht nur das bürgerliche Recht eine gewisse Zeit fortbesteht, sondern auch bürgerliche Staat – ohne Bourgeoisie."

Diese hochbedeutsame Schlussfolgerung. die von den heutigen offiziellen Theoretikern völlig ignoriert wird, ist von ausschlaggebender Bedeutung für das Verständnis der Natur des Sowjetstaates, genauer: für ein erstes Annähern an dieses Verständnis. Sofern der Staat, der sich die sozialistische Umgestaltung der Gesellschaft zur Aufgabe macht, gezwungen ist, mit Zwangsmethoden Ungleichheit, d.h. materielle Vorteile einer Minderheit zu beschützen, sofern bleibt er immer noch in gewissem Grade ein „bürgerlicher" Staat, wenn auch ohne Bourgeoisie. Diese

Worte enthalten weder Lob noch Tadel, sie nennen das Ding einfach beim Namen.

Die bürgerlichen Verteilungsnormen sollen, indem sie das Wachstum der materiellen Machtfülle beschleunigen, sozialistischen Zielen dienen. Doch nur in letzter Hinsicht. Unmittelbar nämlich bekommt der Staat von Anfang an einen doppelten Charakter: einen sozialistischen, soweit er das vergesellschaftete Eigentum an den Produktionsmitteln schützt, einen bürgerlichen, soweit die Verteilung der Lebensgüter mit Hilfe des kapitalistischen Wertmessers erfolgt, mit allen daraus sich ergebenden Folgen. Diese widersprüchliche Charakteristik mag Dogmatiker und Scholastiker in Schrecken versetzen: uns bleibt da nur übrig, ihnen unser Beileid auszusprechen.

Das endgültige Gesicht des Arbeiterstaates wird durch das sich wandelnde Verhältnis zwischen seinen bürgerlichen und sozialistischen Tendenzen bestimmt werden. Der Sieg der letzteren muss eben damit die endgültige Liquidierung des Gendarmen bedeuten, d.h. das Aufgehen des Staates in eine sich selbst verwaltende Gesellschaft. Daraus allein schon erhellt zur Genüge, welch unermessliche Bedeutung sowohl an sich wie als Symptom dem Problem der Sowjetbürokratie beizumessen ist.

Gerade dadurch dass Lenin, seinem ganzen intellektuellen Wesen gemäß, der Marxschen Konzeption eine überaus scharfe Prägung gibt, deckt er die Quelle kommender Schwierigkeiten auf, darunter auch seiner eigenen, wenn er auch nicht die Zeit fand, seine Analyse zu Ende zu führen. „Der bürgerliche Staat ohne Bourgeoisie" erwies sich als unvereinbar mit echter Sowjetdemokratie. Die Doppelheit der Funktionen des Staates musste sich notwendig auch in seiner Struktur verraten. Die Erfahrung lehrte, was die Theorie nicht mit genügender Klarheit vorherzusehen verstanden hatte: entspricht der „Staat der bewaffneten Arbeiter" vollauf seinem Zweck was die Verteidigung des vergesellschafteten Eigentums gegen die bürgerliche Konterrevolution betrifft, so steht die Sache mit der Regulierung der Ungleichheit in der Sphäre des Verbrauchs ganz anders, Vorrechte zu schaffen und sie zu verteidigen, sind nicht die willens, denen sie abgehen. Die Mehrheit kann nicht für die Privilegien der Minderheit sorgen. Zur Verteidigung des „bürgerlichen Rechts" ist der Arbeiterstaat gezwungen, ein seinem Typus nach „bürgerliches" Organ ins Leben zu rufen, d.h. wieder denselben Gendarm, wenn auch in neuer Uniform.

Wir haben auf diese Weise den ersten Schritt getan zum Verständnis des Grundwiderspruches zwischen dem bolschewistischen Programm und der Sowjetwirklichkeit. Wenn der Staat nicht abstirbt, sondern immer despotischer wird, wenn die Bevollmächtigten der Arbeiterklasse sich bürokratisieren, und die Bürokratie sich über die erneuerte Gesellschaft aufschwingt, so geschieht das nicht aus irgendwelchen zweitrangigen Ursachen heraus, wie psychologischen Überbleibseln der Vergangenheit usw., sondern kraft der eisernen Notwendigkeit, eine privilegierte Minderheit auszusondern und auszuhalten, solange wahre Gleichheit noch nicht möglich ist.

Die Tendenzen zur Bürokratisierung, welche die Arbeiterbewegung der kapitalistischen Länder ersticken, werden sich auch nach der proletarischen Umwälzung bemerkbar machen müssen. Doch es ist ganz klar, je ärmer die aus der Revolution geborene Gesellschaft, um so strenger und unumwundener muss dies Gesetz in Erscheinung treten, um so gröbere Formen wird der Bürokratismus annehmen und um so mehr kann er die sozialistische Entwicklung gefährden, Was den Sowjetstaat daran hindert abzusterben oder auch nur sich vom bürokratischen Parasiten zu befreien, sind nicht, wie es in Stalins reiner Polizistendoktrin heißt, die an sich ohnmächtigen „Überreste" der früheren herrschenden Klassen, sondern weitaus mächtigere Faktoren, wie materielle Armut, kulturelle Rückständigkeit und eine daraus sich ableitende Herrschaft „bürgerlichen Rechts" auf einem Gebiet, das jeden Menschen am unmittelbarsten und lebhaftesten berührt; auf dem Gebiet der Selbsterhaltung.

Die „verallgemeinerte Not" und der Gendarm

Zwei Jahre vor dem **Manifest der Kommunistischen Partei** schrieb der junge Marx:

Die „Entwicklung der Produktivkräfte ... [ist] auch deswegen eine absolut notwendige praktische Voraussetzung [des Kommunismus], weil ohne sie nur der *Mangel* verallgemeinert, also auch mit der Notdurft der alte Streit um das Notwendige wieder und die ganze alte Scheiße sich herstellen müsste ..."

Diesen Gedanken hat Marx nirgends direkt ausgeführt, und nicht zufällig : hatte er ja eine proletarische Revolution in einem zurückgebliebenen Land nicht vorausgesehen. Auch Lenin verweilte nicht dabei, und ebenfalls nicht zufällig: hatte er ja eine so lange Isoliertheit des Sowjetstaates nicht vorausgesehen. Indessen liefert uns das angeführte Zitat, das bei Marx selbst nur eine abstrakte Konstruktion, ein umgekehrtes Argument ist, einen unersetzlichen theoretischen Schlüssel zu den ganz konkreten Schwierigkeiten und Gebrechen des Sowjetregimes. Auf dem historischen Hintergrund tiefsten Elends, verschärft durch die Verwüstungen des imperialistischen und des Bürgerkrieges, konnte der „Kampf ums Einzeldasein" weder am Tage nach dem Sturz der Bourgeoisie verschwinden, noch sich in den nächstfolgenden Jahren auch nur mildern, im Gegenteil, er erreichte zeitweilig eine unerhörte Wut: muss man daran erinnern, dass gewisse Gebietsteile zweimal bis zur Menschenfresserei herabsanken?

Die Distanz, die das zaristische Russland vom Westen trennte, ist erst jetzt wirklich zu ermessen. Bei allergünstigsten Bedingungen, d.h. bei Ausbleiben innerer Erschütterungen und äußerer Katastrophen, bedürfte es noch mehrerer Fünfjahrespläne, bis die UdSSR soweit wäre, ganz und gar die Wirtschafts- und Erziehungsleistungen zu assimilieren, für die die Erstlinge der kapitalistischen Zivilisation ein ganzes Zeitalter benötigten. Anwendung *sozialistischer* Methoden zur Lösung *vorsozialistischer* Aufgaben, das ist das eigentliche Wesen des heutigen Wirtschafts- und Kulturwerks in der UdSSR.

Zwar überragt die Sowjetunion heute mit ihren Produktivkräften die höchstentwickelten Länder zu Marxens Zeit. Aber erstens kommt es bei dem historischen Vergleich zweier Regime nicht so sehr auf die absoluten als auf die relativen Niveaus an: die Sowjetwirtschaft steht dem Kapitalismus der Hitler, Baldwin und Roosevelt gegenüber, nicht dem der Bismarck, Palmerston oder Abraham Lincoln; zweitens verändert sich auch der Umfang der menschlichen Bedürfnisse gründlich mit der Weiterentwicklung der Welttechnik: die Zeitgenossen von Marx kannten weder Automobil noch Kino noch Flugzeug. Indes, heute wäre die sozialistische Gesellschaft undenkbar ohne freien Genuss all dieser Dinge.

„Die erste Phase der Kommunistischen Gesellschaft" – um Marxens Ausdruck zu gebrauchen – beginnt mit dem Niveau, bei dem der höchstentwickelte Kapitalismus angelangt ist. Das reale Programm der nächsten Fünfjahrespläne indes besteht darin, „Europa und Amerika einzuholen". Zur Schaffung eines Netzes von Asphalt- und Automobilstraßen in den endlosen Ausdehnungen der UdSSR bedarf es weit mehr Zeit und Mittel als zur Einfuhr fertiger Autofabriken von Amerika, und selbst mehr als zur Aneignung ihrer Technik. Wie viel Jahre wird es noch erfordern, bis es jedem Bürger möglich sein wird, sich in beliebiger Richtung per Auto zu bewegen und sich dabei unterwegs mühelos mit Kraftstoff zu versorgen? In der barbarischen Gesellschaft bildeten Berittene und Fußgänger zwei Klassen, Das Automobil differenziert die Gesellschaft nicht weniger als das Reitpferd. Solange ein bescheidener „Ford" das Privilegium einer Minderheit bleibt, bleiben auch alle der bürgerlichen Gesellschaft eigenen Verhältnisse und Gewohnheiten bestehen. Und mit ihnen der Wächter über die Ungleichheit, der Staat.

Gänzlich von der Marxschen Theorie der Diktatur des Proletariats ausgehend, kam Lenin, wie bereits gesagt, weder in seiner Hauptarbeit über diese Frage (**Staat und Revolution**) noch im Parteiprogramm dazu, aus der wirtschaftlichen Zurückgebliebenheit und Isoliertheit des Landes alle notwendigen Schlussfolgerungen hinsichtlich des Charakters des Staates zu ziehen. Das Parteiprogramm erklärt die Rückfälle in den Bürokratismus mit der Ungewohntheit der Massen in Verwaltungsfragen sowie durch die besonderen vom Krieg erzeugten Schwierigkeiten, und empfiehlt rein politische Maßnahmen zur Überwindung der „bürokratischen Perversion" (Wählbarkeit und Absetzbarkeit aller Beauftragten zu beliebiger Zeit, Aufhebung der materiellen Privilegien, aktive Massenkontrolle usw.). Man nahm an, auf diesem Wege würde der Beamte aus einem Vorgesetzten zu einem einfachen und überdies nur zeitweiligen technischen Agenten werden und der Staat allmählich und unmerkbar von der Szene abtreten.

Die ganz offenkundige Unterschätzung der bevorstehenden Schwierigkeiten erklärt sich dadurch, dass das Programm vollständig und vorbehaltlos auf einer internationalen Perspektive aufgebaut war. „Die Oktoberrevolution ... hat in Russland die Diktatur des Proletariats verwirklicht ... Das Zeitalter der proletarischen, kommunistischen Weltrevolution hat begonnen". Das sind die Eingangszeilen des Programms. Seine Verfasser setzten sich nicht nur nicht die Errichtung des „Sozialismus in einem Lande" zum Ziel – diese Idee kam damals überhaupt niemandem in den Sinn, am allerwenigsten Stalin –, sondern zerbrachen sich nicht einmal den Kopf über die Frage, welches der Charakter des Sowjetstaates sein würde, falls er zwei Jahrzehnte lang isoliert die ökonomischen und kulturellen Aufgaben zu lösen hätte, die der fortgeschrittene Kapitalismus bereits längst gelöst hat.

Die revolutionäre Nachkriegskrise führte jedoch nicht zum Sieg des Sozialismus in Europa: die Sozialdemokratie rettete die Bourgeoisie. Die Periode, die Lenin und seinen Kampfgenossen als kurze „Atempause" erschien, dehnte sich zu einer ganzen historischen Epoche aus. Die widersprüchliche soziale Struktur der UdSSR und der ultrabürokratische Charakter ihres Staates sind direkte Folgen dieser eigenartigen, „unvorhergesehenen" historischen Stockung, die in den kapitalistischen Ländern gleichzeitig zum Faschismus oder zur vorfaschistischen Reaktion führte.

Scheiterte der anfängliche Versuch, einen vom Bürokratismus gereinigten Staat zu schaffen, vor allem an der Ungewohntheit der Massen zur Selbstverwaltung, am Mangel an dem Sozialismus ergebenen qualifizierten Parteiarbeitern, so tauchten schon sehr bald hinter diesen unmittelbaren Schwierigkeiten andere, tiefere auf. Die Reduzierung des Staates auf die Funktionen eines „Revisors und Kontrolleurs", bei ständiger Verminderung der Zwangsfunktion, wie sie das Programm fordert, setzt das Vorhandensein wenigstens einem verhältnismäßigen allgemeinen Wohlstand voraus. Gerade diese notwendige Voraussetzung fehlte. Die Hilfe aus dem Westen kam nicht. Die Macht der demokratischen Sowjets erwies sich als lästig, ja unerträglich, als es galt, die für Verteidigung, Industrie, Technik und Wissenschaft nötigsten privilegierten Gruppen zu versorgen. Auf Grund dieser durchaus nicht „sozialistischen" Operation: zehnen wegnehmen, um einem zu geben, kam es zur Absonderung und Vermehrung einer mächtigen Kaste von Spezialisten der Futterkrippe.

Wie und warum jedoch führten die ungeheuren Wirtschaftserfolge der letzten Zeit nicht zur Linderung, sondern vielmehr Verschärfung der Ungleichheit und damit zu weiterem Anwachsen des Bürokratismus, der heute aus einer „Perversion" zum Verwaltungssystem geworden ist? Bevor wir auf diese Frage zu antworten versuchen, müssen wir hören, was die autoritativer Führer der Sowjetbürokratie von ihrem eigenen Regime halten.

„Vollständiger Sieg des Sozialismus" und „Festigung der Diktatur"

Der „vollständige Sieg" des Sozialismus in der UdSSR ist in den letzten Jahren mehrfach angekündigt worden, in besonders kategorischer Form im Zusammenhang mit der „Liquidierung des Kulakentums als Klasse". Am 30. Januar 1931 schrieb die **Prawda** im Kommentar zu einer Rede Stalins: „Im zweiten Fünfjahresplan werden die *letzten Überreste* der kapitalistischen Elemente in unserer Wirtschaft liquidiert werden" (hervorgehoben von uns, LT). In dieser Perspektive gesehen, müsste in derselben Zeit auch der Staat endgültig absterben, denn wo die „letzten Überreste" des Kapitalismus liquidiert sind, dort hat ein Staat nichts mehr zu suchen.

„Die Sowjetmacht",so heißt es darüber im Programm der bolschewistischen Partei, „erkennt offen die Unvermeidlichkeit des Klassencharakters jeden Staates an, solange nicht die Teilung der Gesellschaft in Klassen und *mit ihr* jegliche staatliche Macht gänzlich verschwunden sind".

Als indes einige unvorsichtige Moskauer Theoretiker aus der auf Treu und Glauben hingenommenen Liquidierung der „letzten Überreste" des Kapitalismus auf das Absterben des Staates zu schließen versuchten, da erklärte die Bürokratie diese Theorien sofort für „konterrevolutionär".

Wo liegt nun der theoretische Fehler der Bürokratie: in der Voraussetzung oder in der Schlussfolgerung? In beiden, Anlässlich der ersten Erklärungen vom „vollständigen Siege" sprach die Opposition: man darf sich nicht auf die gesellschaftlich-juristischen, dabei unreifen, widersprüchlichen, in der Landwirtschaft noch überaus unbeständigen Verhältnisse beschränken und dabei vom Hauptkriterium absehen: dem

Stand der Produktivkräfte. Die Rechtsformen selbst bekommen einen wesentlich verschiedenen sozialen Inhalt je nach dem Stand der Technik: „Das Recht kann nie höher sein als die ökonomische Gestaltung und dadurch bedingte Kulturentwicklung der Gesellschaft" (Marx). Die Sowjetformen des Eigentums auf der Grundlage der modernsten und auf alle Wirtschaftszweige übertragenen Errungenschaften der amerikanischen Technik, das wäre das erste Stadium des Sozialismus. Die Sowjetformen bei niedriger Arbeitsproduktivität, das stellt lediglich ein Übergangsregime dar, dessen Schicksal die Geschichte noch nicht endgültig entschieden hat.

„Ist das nicht ungeheuerlich", schrieben wir im März 1932, „ein Land kommt nicht heraus aus dem Warenhunger, auf Schritt und Tritt wird die Versorgung unterbrochen, die Kinder bekommen nicht genügend Milch, – und die offiziellen Philister verkünden: ,das Land ist in die Periode des Sozialismus eingetreten'. Kann man den Sozialismus schlimmer kompromittieren?" Karl Radek, heute angesehener Publizist der regierenden Sowjetkreise, parierte diese Einwände in einer der UdSSR gewidmeten Sonderausgabe des liberalen **Berliner Tageblatt** (Mai 1932) mit folgenden verewigungswürdigen Worten: „Die Milch ist ein Produkt der Kuh und nicht des Sozialismus, und man muss schon den Sozialismus mit dem Muster eines Landes verwechseln, wo die Milch in Strömen fliegst, um nicht zu verstehen, dass ein Land zeitweilig eine höhere Entwicklungsstufe erklimmen kann, auch ohne dass sich dabei die materielle Lage der Volksmassen nennenswert hebt". Diese Zeilen wurden geschrieben, als im Lande furchtbare Hungersnot herrschte.

Sozialismus ist planmäßige Produktionsordnung zwecks bestmöglicher Befriedigung der menschlichen Bedürfnisse, sonst verdient er diesen Namen nicht. Wenn die Kühe vergesellschaftet sind, ihrer aber zu wenig oder ihre Euter zu schlaff sind, dann entstehen wegen der fehlenden Milch Konflikte: zwischen Stadt und Land, zwischen Kolchosen und Einzelbauern, zwischen den verschiedenen Schichten des Proletariats, zwischen allen Werktätigen und der Bürokratie. Ja, gerade die Vergesellschaftung der Kühe führte die Bauern dazu, sie massenweise abzuschlachten. Die aus der Not entstandenen sozialen Konflikte können ihrerseits zur Wiederauferstehung „der ganzen alten Scheiße" führen. Das war der Sinn unserer Antwort.

Der 7. Kominternkongress versicherte in der Resolution vom 20. August 1935 feierlich, infolge der Fortschritte der nationalisierten Industrie, der Verwirklichung der Kollektivierung, der Verdrängung der kapitalistischen Elemente und der Liquidierung des Kulakentums als Klasse seien „der endgültige und unwiderrufliche Sieg des Sozialismus in der UdSSR und eine allseitige Festigung des Staates der Diktatur des Proletariats erreicht" worden. Bei all seiner Entschiedenheit ist das Urteil der Komintern durch und durch widersprüchlich: wenn der Sozialismus „endgültig und unwiderruflich" gesiegt hat, nicht als Prinzip, sondern als lebendige Gesellschaftsordnung. so ist die neue „Festigung" der Diktatur offensichtlich eine Sinnlosigkeit. Und umgekehrt: wenn die Festigung der Diktatur realen Erfordernissen des Regimes entspricht, so heißt das, dass es mit dem Sieg des Sozialismus noch seine Weile hat. Nicht nur der Marxist, jeder realistisch denkende Politiker muss begreifen, dass die bloße Notwendigkeit einer „Festigung" der Diktatur, d.h. des staatlichen Zwangs, kein Zeugnis für den Triumph der klassenlosen Harmonie ist, sondern für das Heranwachsen neuer sozialer Gegensätze. Was liegt ihnen zu Grunde? Der Mangel an Existenzmitteln, Resultat der niedrigen Arbeitsproduktivität.

Lenin charakterisierte den Sozialismus einmal mit den Worten: *„Sowjetmacht plus Elektrifizierung"*. Diese Epigramm-artige Definition, deren Einseitigkeit den propagandistischen Zwecken des Augenblicks entsprang, setzte jedenfalls als Ausgangsminimum wenigstens das kapitalistische Elektrifizierungsniveau voraus.

Indes entfällt auch heute noch auf eine Person in der UdSSR dreimal weniger elektrische Energie als in den fortgeschrittenen Ländern. Berücksichtigt man, dass die Sowjets inzwischen einem von den Massen unabhängigen Apparat Platz machten, so bliebe der Komintern nichts anderes übrig als zu verkünden: *Sozialismus ist bürokratische Macht plus ein Drittel der kapitalistischen Elektrifizierung.* Diese Definition dessen, was ist, wird fotografisch genau sein, aber für Sozialismus ist es immerhin etwas zu wenig!

In seiner Ansprache an die Stachanowisten vom November 1935 erklärte Stalin, dem empirischen Zweck der Versammlung gehorchend, unerwarteter Weise: „Warum kann, muss und wird zwangsläufig der Sozialismus das kapitalistische Wirtschaftssystem besiegen? Weil er ... eine höhere Arbeitsproduktivität liefern kann ". Die drei Monate zuvor angenommenen Thesen der Komintern zu dieser Frage, sowie seine eigenen mehrfachen Erklärungen beiläufig über den Haufen werfend, spricht Stalin vom „Sieg" diesmal im *Futur*: der Sozialismus wird das kapitalistische System besiegen, wenn er dessen Arbeitsproduktivität übertrifft. Nicht nur das Tempus, auch die sozialen Kriterien wechseln, wie man sieht, von Fall zu Fall. Der Sowjetbürger hat es jedenfalls nicht leicht, sich in der „Generallinie" auszukennen.

Schließlich gab Stalin am 1. März 1936 im Gespräch mit Roy Howard eine neue Definition des Sowjetregimes zum Besten: „Jene Gesellschaftsorganisation, die wir schufen, die sowjetische, sozialistische Organisation, kann noch nicht als restlos zu Ende gebaut, aber in ihrer Wurzel als sozialistische Organisation bezeichnet werden". In dieser absichtlich verschwommenen Definition sind fast ebensoviel Widersprüche wie Worte. Die gesellschaftliche Organisation wird eine „sowjetische, eine sozialistische" Organisation genannt. Aber Sowjets sind eine Staatsform, und der Sozialismus ein gesellschaftliches Regime. Diese Begriffe sind nicht nur nicht identisch, sondern von unserem Gesichtspunkt aus betrachtet gegensätzlich: insoweit die gesellschaftliche Organisation sozialistisch wird, insoweit müssen die Sowjets verschwinden wie das Gerüst nach vollendetem Bau des Hauses. Stalin korrigiert: der Sozialismus ist „noch nicht vollständig aufgebaut". Was heißt „nicht vollständig": zu 5% oder zu 75%? Das wird uns nicht gesagt, ebenso wenig wie, was unter der „Wurzel" der sozialistischen Organisation der Gesellschaft zu verstehen ist: die Eigentumsformen oder die Technik? Schon die Nebelhaftigkeit der Begriffe bezeichnet jedenfalls schon einen Rückzug im Vergleich mit den weitaus kategorischeren Formulierungen von 1931 und 1932. Ein weiterer Schritt auf diesem Wege wäre die Erkenntnis, dass die „Wurzel" jeder gesellschaftlichen Organisation die Produktivkräfte sind, und dass die Sowjetwurzel eben noch nicht kräftig genug ist für den sozialistischen Stamm und seine Krone: das menschliche Wohlergehen.

IV. Kampf um die Arbeitsproduktivität

Geld und Plan

Wir haben versucht, das Sowjetregime unter dem Gesichtswinkel des Staates zu prüfen. Eine analoge Prüfung lässt sich unter dem Gesichtswinkel des Geldumlaufs anstellen. Diese beiden Probleme: *Staat* und *Geld*, haben eine Reihe gemeinsamer Züge, weil sie letzten Endes beide auf das Problem aller Probleme zurückgehen: die Produktivität der Arbeit. Der staatliche wie der Geldzwang sind ein Erbteil der Klassengesellschaft, die die Beziehungen von Mensch zu Mensch nicht anders bestimmen kann als durch Fetische, kirchliche oder weltliche, und zu ihrem Schutz den fürchterlichsten aller Fetische eingesetzt hat: den Staat, mit einem großen Messer zwischen den Zähnen. In der kommunistischen Gesellschaft werden Staat und Geld verschwunden sein. Ihr allmähliches Absterben muss also schon unter dem Sozialismus beginnen. Von einem tatsächlichen Sieg des Sozialismus wird man erst in dem geschichtlichen Augenblick sprechen können, wenn der Staat nur noch halb ein Staat ist und das Geld seine magische Kraft einzubüßen beginnt. Das wird bedeuten, dass mit dem Sozialismus, der sich der kapitalistischen Fetische entledigt, zwischen den Menschen durchsichtigere, freiere, würdigere Beziehungen zu walten beginnen.

Für den Anarchismus charakteristische Forderungen wie „Abschaffung" des Geldes, „Abschaffung" des Arbeitslohns oder „Aufhebung" des Staates und der Familie können nur als Musterbeispiele mechanischen Denkens Interesse beanspruchen. Das Geld kann man nicht willkürlich „abschaffen", und den Staat oder die alte Familie nicht „aufheben", sie müssen ihre historische Mission erfüllen, verwelken und verschwinden. Dem Geldfetischismus wird erst auf der Stufe der Todesstoß versetzt sein, wo ein unaufhörliches Wachsen des gesellschaftlichen Reichtums den Zweifüßlern ihr Geizen mit jeder Minute Mehrarbeit und ihre demütigende Angst um die Größe ihrer Ration abgewöhnt haben wird. Mit dem Verlust seiner Eigenschaft, Glück zu bringen und in den Staub zu werfen, wird sich das Geld in einfache Rechenbelege verwandeln, zur Bequemlichkeit der Statistik und der Planaufstellungen. Noch später wird es wahrscheinlich auch solcher Quittungen nicht mehr bedürfen. Doch diese Sorge können wir getrost unseren Nachkommen überlassen, die klüger sein werden als wir.

Die Nationalisierung der Produktionsmittel und des Kredits, die Vergenossenschaftung oder Verstaatlichung des Binnenhandels, das Monopol des Außenhandels, die Kollektivierung der Landwirtschaft und die Erbschaftsgesetzgebung stecken der persönlichen Geldakkumulation enge Grenzen und erschweren ihre Verwandlung in privates (Wucher-, Kaufmanns- und Industrie-)Kapital. Diese mit der Ausbeutung verknüpfte Funktion des Geldes ist jedoch beim Anfang der proletarischen Revolution noch nicht liquidiert, sondern geht in umgeformter Gestalt an den Staat über, den universellen Kaufmann, Gläubiger und Industriellen. Zugleich bleiben die elementareren Funktionen des Geldes als *Wertmesser,* *Tausch-* und *Zahlungsmittel* nicht nur erhalten, sondern bekommen auch ein viel breiteres Wirkungsfeld als unter dem Kapitalismus.

Das administrative Planwesen hat zur Genüge seine Kraft bewiesen, zugleich aber auch die Grenzen seiner Kraft. Ein vorgefasster Wirtschaftsplan ist, vor allem in einem zurückgebliebenen Land mit einer 170-Millionenbevölkerung und tiefen Gegensätzen zwischen Stadt und Land, kein unverrückbares Gebot, sondern ein Entwurf, eine Arbeitshypothese, die im Laufe der Durchführung der Prüfung und Umarbeitung unterliegt. Man kann sogar eine Regel aufstellen: je „genauer" die administrative Aufgabe erfüllt wird, um so schlimmer steht es um die Wirtschaftsleitung. Zwei Hebel müssen zur Regulierung und Anpassung der Pläne dienen: ein *politischer,* gebildet durch die reale Beteiligung der interessierten Massen selbst an der Leitung, was ohne Sowjetdemokratie undenkbar ist, und ein *finanzieller.* gebildet durch eine reale Prüfung der apriorischen Berechnungen mit Hilfe eines allgemeinen Äquivalenten, undenkbar ohne festes Geldsystem.

Die Rolle des Geldes in der Sowjetwirtschaft ist nicht nur noch nicht ausgespielt, sondern soll sich, wie bereits gesagt, erst restlos entfalten. Die Übergangsepoche zwischen Kapitalismus und Sozialismus als Ganzes genommen bedeutet keine Verminderung, sondern umgekehrt eine außerordentliche Ausdehnung des Warenumlaufs. Alle Industriezweige wandeln und vergrößern sich, ständig entstehen neue, und alle sind gezwungen, quantitativ und qualitativ ihr gegenseitiges Verhältnis zu bestimmen. Die gleichzeitige Liquidierung der bäuerlichen Verbrauchswirtschaft und des in sich abgeschlossenen Familienwesens bedeutet, all jene Arbeitsenergien in die Sprache des gesellschaftlichen Verkehrs und damit des Geldumlaufs zu übertragen, die bisher innerhalb der Grenzpfähle des Bauernhofes oder der Wände der Privatwohnung verausgabt wurden. Alle Produkte und Dienstleistungen beginnen zum ersten Mal in der Geschichte, sich gegenseitig auszutauschen.

Andererseits ist ein erfolgreicher sozialistischer Aufbau undenkbar ohne Einschaltung des unmittelbaren persönlichen Interesses der Erzeuger und Verbraucher in das Plansystem, d.h. ihres Egoismus, der seinerseits nur in dem Fall befruchtend wirken kann, wenn ihm das gewohnte zuverlässige und geschmeidige Mittel zur Verfügung steht: das Geld. Erhöhung der Arbeitsproduktivität und Verbesserung der Produktionsqualität sind ohne ein genaues Messinstrument, das frei in alle Poren der Wirtschaft eindringt, d.h. ohne feste Geldeinheit, nicht zu erreichen. Daraus erhellt, dass in der Übergangswirtschaft wie unter dem Kapitalismus das einzig wahre Geld auf Gold basiert. Alles andere Geld ist nur Ersatz. Zwar sind in der Hand des Sowjetstaates ebenso wohl die Warenmassen wie die Geldausgabeorgane vereinigt. An der Sache ändert das aber nichts: administrative Manipulationen mit den Warenpreisen schaffen oder ersetzen nicht im geringsten eine feste Geldeinheit, weder im Binnen- noch erst recht im Außenhandel.

Einer selbständigen. d.h. einer Goldbasis bar, ist das Geldsystem der UdSSR ganz wie das mehrerer kapitalistischer Länder notgedrungen in sich abgeschlossen: für den Weltmarkt existiert der Rubel nicht. Wenn die UdSSR die negativen Seiten eines solchen Systems viel leichter ertragen kann als Deutschland oder Italien, so nur zum Teil dank des Außenhandelsmonopols, zur Hauptsache aber dank der natürlichen Reichtümer des Landes: nur diese machen es ihr möglich, nicht im Schraubstock der Autarkie zu ersticken. Die historische Aufgabe besteht jedoch keineswegs darin, nicht zu ersticken, sondern angesichts der Höchstleistungen des Weltmarkts eine machtvolle, ganz und gar rationelle Wirtschaft zu schaffen, worin größtmögliche Zeitersparnis und infolgedessen höchste Entfaltung der Kultur gewährleistet sind.

Gerade die dynamische Sowjetwirtschaft, die unaufhörlich technische Revolutionen und grandiose Erfahrungen durchmacht, bedarf mehr als irgendeine andere beständiger Nachprüfung vermittels eines festen Wertmessers. Theoretisch kann es nicht den geringsten Zweifel daran geben, dass die Resultate der Fünfjahrespläne, verfügte die Wirtschaft der UdSSR über einen Goldrubel, unvergleichlich vorteilhafter wären, als sie jetzt sind. Natürlich, was nicht ist, ist nicht. Aber man soll aus der Not keine Tugend machen, denn das führt seinerseits zu weiteren wirtschaftlichen Fehlern und Verlusten.

„Sozialistische" Inflation

Die Geschichte des Sowjetgeldsystems ist nicht bloß die Geschichte der wirtschaftlichen Schwierigkeiten, Erfolge und Misserfolge, sondern auch eine Geschichte der Zickzacks des bürokratischen Denkens.

Die Wiedereinführung des Rubels in den Jahren 1922-1924 im Zusammenhang mit dem Übergang zur NEP war untrennbar von der Wiedereinführung der „bürgerlichen Rechtsnormen" in der Verteilung der Gebrauchsartikel. Solange der Kurs auf den Farmer in Geltung war, bildete der Tscherwonez den Gegenstand der Regierungssorgen. Dagegen wurden in der Periode des ersten Fünfjahresplans alle Schleusen der Inflation geöffnet. Von 0,7 Milliarden Rubel Anfang 1925 stieg die Gesamtsumme der Geldemission bis Anfang 1928 auf die verhältnismäßig bescheidene Summe von 1.7 Milliarden, womit sie ungefähr die Höhe des Papiergeldumlaufs im zaristischen Russland kurz vor dem Kriege erreichte, selbstverständlich ohne die frühere Metallbasis. Im weiteren Verlauf zeichnet die Inflation von Jahr zu Jahr folgende Fieberkurve: 2,0 – 2,8 – 4,3 – 5,5 – 8.4 Die letzte Ziffer, 8,4 Milliarden Rubel, wurde Anfang 1933 erreicht. Danach folgen Jahre des Besinnens und des Rückzugs: 6,9 – 7,7 – 7,9 Milliarden (1935).

Der Rubel von 1924, der offiziell mit 13 französischen Francs notiert wurde, war im November 1935 auf 3 Francs gesunken, d.h. auf ein Viertel, fast ebensoviel wie der französische Franc im Anschluss an den

Krieg. Beide Notierungen. die alte wie die neue, sind sehr bedingt zu nehmen: die Kaufkraft des Rubels bei den Weltpreisen erreicht heute kaum anderthalb Francs. Doch das Ausmaß der Entwertung zeigt immerhin, in welch halsbrecherischer Geschwindigkeit die Sowjetwährung bis 1934 hinabgerutscht war.

Auf dem Höhepunkt seines ökonomischen Abenteurertums versprach Stalin, die NEP, d.h. die Marktverhältnisse, „zum Teufel" zu jagen. Die ganze Presse schrieb genau wie 1918 über die endgültige Ersetzung des Kaufs und Verkaufs durch die „unmittelbare sozialistische Verteilung". als deren äußeres Zeichen die Lebensmittelkarte bezeichnet wurde. Zu gleicher Zeit wurde die Inflation als eine dem Sowjetsystem überhaupt fremde Erscheinung kategorisch geleugnet. „Die Stabilität der Sowjetwährung", sagte Stalin im Januar 1933, „ist vor allen Dingen gewährleistet durch die gewaltigen Warenmengen im Besitz des Staates, die zu festen Preisen in den Warenverkehr gebracht werden". Obzwar dieser rätselhafte Aphorismus nirgends entwickelt oder erläutert wurde (zum Teil gerade deswegen), wurde er zum Grundgesetz der Sowjetgeldtheorie, genauer gesagt. eben der geleugneten Inflation. Der Tscherwonez war von nun an nicht mehr das allgemeine Äquivalent, sondern nur ein allgemeiner Schatten einer „gewaltigen" Warenmenge, wobei er wie jeder Schatten das Recht bekam, sich zu verkürzen oder zu verlängern. Wenn diese trostreiche Doktrin einen Sinn hatte, so nur diesen: das Sowjetgeld hört auf, Geld zu sein, es dient nicht mehr zum Messen des Wertes, „die festen Preise" werden von der Staatsgewalt festgesetzt, der Tscherwonez ist nur noch ein konventionelles Papierchen der Planwirtschaft, d.h. eine universelle Verteilungskarte: mit einem Wort, der Sozialismus hat „endgültig und unwiderruflich" gesiegt.

Die utopischsten Ansichten aus der Periode des Kriegskommunismus erstanden wieder auf, zwar auf einer neuen, etwas höheren, doch leider für eine Liquidierung des Geldumlaufs noch ganz ungenügenden wirtschaftlichen Grundlage. In den regierenden Kreisen herrschte entschieden die Meinung vor, in einer Planwirtschaft sei eine Inflation nichts Schlimmes. Das heißt ungefähr: ist ein Kompass vorhanden, dann ist ein Leck im Schiff nicht gefährlich. In Wirklichkeit führt die Geldinflation, die unvermeidlich die Kreditinflation erzeugt, zur Vertauschung der realen Größen durch fiktive und zerfrisst die Planwirtschaft von innen heraus.

Überflüssig zu sagen, dass die Inflation für die werktätigen Massen einer fürchterlichen Steuer gleichkam. Was die mit ihrer Hilfe herausgeholten Vorteile für den Sozialismus betrifft, so sind sie mehr als zweifelhaft. Wohl wuchs die Wirtschaft rasch weiter, aber die ökonomische Effektivität der grandiosen Bauten ließ sich statistisch, aber nicht ökonomisch beurteilen. Durch die Kommandierung des Rubels, d.h. dadurch, dass ihm willkürlich verschiedene Kaufkraft zukam je nach der Bevölkerungsschicht und dem Wirtschaftssektor, beraubte sich die Bürokratie eines unerlässlichen Werkzeugs zur objektiven Messung der eigenen Erfolge und Misserfolge. Das Fehlen einer richtigen Rechenweise, das auf dem Papier durch Kombinationen mit dem „konventionellen Rubel" verschleiert wurde, führte in Wirklichkeit zum Nachlassen der persönlichen Interessiertheit, zu niedriger Produktivität und noch niedrigerer Warenqualität.

Das Übel nahm bereits während des ersten Fünfjahresplans bedrohlichen Umfang an. Im Juli 1931 stellte Stalin die bekannten „sechs Bedingungen" auf, deren Hauptaufgabe es war, die Selbstkosten der Industrieproduktion zu senken. Diese „Bedingungen" (Lohn nach der individuellen Arbeitsleistung, Berechnung der Selbstkosten usw.) enthielten nichts neues: die „bürgerlichen Rechtsnormen" wurden zu Beginn der NEP aufgestellt und auf dem 12. Parteikongress Anfang 1923 entwickelt. Stalin schloss sich ihnen erst 1931 an, unter dem Einfluss der fallenden Effektivität der Kapitalanlagen. In den folgenden zwei Jahren erschien in der Sowjetpresse fast kein Artikel ohne Hinweis auf die rettende Kraft der „Bedingungen". Indes, die von der Inflation erzeugten Krankheiten fraßen weiter und wollten sich natürlich nicht heilen lassen. Strenge Repressalien gegen Schädlinge und Saboteure halfen auch nur wenig weiter.

Fast unwahrscheinlich scheint heute die Tatsache, dass die Bürokratie, während sie der „Entpersönlichung" und der „Gleichmacherei", d.h. der anonymen „Durchschnitts"arbeit und dem für alle gleichen „Durchschnitts"lohn, den Krieg erklärte, gleichzeitig die NEP „zum Teufel" schickte, d.h. die Geldschätzung der Waren und damit auch der Arbeitskraft. Mit der einen Hand stellte sie die „bürgerlichen Normen" wieder her, mit der anderen zerstörte sie deren einziges taugliches Werkzeug. Mit der Ersetzung des Handelsverkehrs durch „geschlossene Verteilungsstellen" und durch völliges Chaos auf dem Gebiet der Preise verschwand unvermeidlich jedes Verhältnis zwischen der individuellen Arbeit und dem individuellen Arbeitslohn, und die persönliche Interessiertheit des Arbeiters war damit abgetötet.

Die strengsten Vorschriften betreffs wirtschaftlicher Berechnung, Qualität, Gestehungskosten und Leistung hingen in der Luft. Das hinderte die Führer nicht im geringsten, alle wirtschaftlichen Misserfolge aus böswilliger Nichtbefolgung der sechs stalinschen Rezepte zu erklären. Die vorsichtigste Anspielung auf die Inflation galt als Staatsverbrechen. Mit derselben Aufrichtigkeit beschuldigten die Machthaber zuweilen die Schullehrer wegen Nichtbeachtung der Hygienevorschriften, ihnen dabei gleichzeitig verbietend, auf das Fehlen von Seife hinzuweisen.

Die Frage nach dem Schicksal des Tscherwonez stand im Vordergrund des Fraktionskampfes innerhalb der bolschewistischen Partei. Die Plattform der Opposition (1927) verlangte: „unbedingte Sicherung der Geldwertstabilität". Diese Forderung bildete das Leitmotiv der folgenden Jahre. „Die Inflation muss mit eiserner Hand gestoppt und der Geldwert stabilisiert werden", schrieb das Auslandsorgan der Opposition im Jahre 1932, selbst wenn es nur „durch einschneidende Kürzung der Kapitalinvestitionen" möglich ist. Die Rechtfertiger des „Schneckentempos" und die Überindustrialisatoren hatten scheinbar vorübergehend die Plätze gewechselt. Als Antwort auf die Prahlerei, den Markt „zum Teufel" jagen zu wollen, empfahl die Opposition der Staatsplanbehörde, in ihren Räumen ein Plakat anzubringen mit der Inschrift: „Die Inflation ist die Syphilis der Planwirtschaft".

In der Landwirtschaft verursachte die Inflation nicht weniger Schaden. In der Periode, wo die Bauernpolitik noch auf den Farmer orientiert war, wurde angenommen, dass die sozialistische Umgestaltung der Landwirtschaft auf der Grundlage der NEP sich im Verlauf von Jahrzehnten vermittels des Genossenschaftswesens vollziehen werde. Das Genossenschaftswesen sollte nacheinander die Einkaufs-, Absatz- und Kreditfunktionen erfassen und schließlich auch die Produktion selbst vergesellschaften. Das Ganze nannte sich „Lenins Genossenschaftsplan". Die wirkliche Entwicklung ging, wie wir wissen, einen ganz anderen, eher entgegengesetzten Weg, den der gewaltsamen Entkulakisierung und der totalen Kollektivierung. Von allmählicher Vergesellschaftung der einzelnen Wirtschaftsfunktionen in dem Masse, wie die materiellen und kulturellen Bedingungen dafür reif würden, war keine Rede mehr. Die Kollektivierung erfolgte in einer Weise, als handle es sich um die sofortige Verwirklichung des kommunistischen Regimes in der Landwirtschaft.

Die unmittelbare Folge war nicht nur die Vertilgung von mehr als der Hälfte des lebendigen Inventars, sondern, was noch wichtiger ist, eine völlige Gleichgültigkeit der Kolchosbauern gegenüber dem vergesellschafteten Eigentum und den Resultaten der eigenen Arbeit. Die Regierung trat einen ungeordneten Rückzug an. Die Bauern erhielten wieder Hühner, Schweine, Schafe und Kühe in persönlichen Besitz. Das beim Haus liegende Land wurde ihnen zurückerstattet. Der Film der Kollektivierung rollte umgekehrt ab.

Mit der Wiederherstellung der kleinen individuellen Wirtschaften ging der Staat einen Kompromiss ein, zahlte er den individualistischen Tendenzen der Bauernschaft Tribut. Die Kolchosen blieben erhalten, Auf den ersten Blick möchte der Rückzug daher zweitrangig erscheinen. In Wirklichkeit aber lässt sich seine Bedeutung schwerlich überschätzen. Abgesehen von der Kolchosaristokratie deckt der Durchschnittsbauer seinen täglichen Bedarf in größerem Masse aus Arbeit „für sich" als aus seiner Kolchosbeteiligung. Das Einkommen aus der persönlichen Wirtschaft, besonders wenn darin technische Kulturen, Gartenbau oder Viehzucht betrieben werden, übersteigt den Erwerb desselben Bauern aus der Kollektivwirtschaft oft um das Zwei- bis Dreifache. Diese von der Sowjetpresse selbst bescheinigte Tatsache enthüllt deutlich einerseits die ganz barbarische Vergeudung von Millionen menschlicher, besonders weiblicher Kräfte in Zwergwirtschaften, andererseits die noch ungemein niedrige Arbeitsproduktivität in den Kolchosen.

Um die kollektive Großlandwirtschaft zu heben, galt es von neuem mit dem Bauern die Sprache sprechen, die er versteht, d.h. von der Natursteuer zum Handel zurückzukehren und den Markt wiederherzustellen, mit einem Wort, vom Satan die ihm zu früh überlassene NEP zurückzufordern. Der Übergang zu einer mehr oder weniger stabilen Geldrechnung wurde somit die unerlässliche Vorbedingung für die künftige Entwicklung der Landwirtschaft.

Rehabilitierung des Rubels

Die Eule der Weisheit fliegt bekanntlich nach Sonnenuntergang aus. So entfaltete sich auch die Theorie des „sozialistischen" Geld- und Preissystems nicht eher, als bis die Inflationsillusionen zu dämmern begannen. Gehorsame Professoren brachten es fertig, Stalins rätselhafte Worte zu einer ganzen Theorie auszubauen, wonach der Sowjetpreis. im Gegensatz zum Marktpreis, ausschließlich planmäßigen oder dirigierten Charakter trägt, d.h. keine ökonomische, sondern eine administrative Kategorie darstellt, um desto besser der Neuverteilung des Volkseinkommens im Interesse des Sozialismus zu dienen. Die Professoren vergaßen zu erklären, wie man denn den Preis „lenken" kann, ohne die realen Gestehungskosten zu kennen, und wie denn die realen Gestehungskosten zu errechnen sind, wenn alle Preise den Willen der Bürokratie ausdrücken und nicht den Aufwand an gesellschaftlich notwendiger Arbeit. Zur Neuverteilung des Volkseinkommens verfügt die Regierung in der Tat schon über so machtvolle Hebel wie die Steuer, das Staatsbudget und das Kreditsystem. Nach dem Ausgabenbudget von 1936 werden mehr als 37,6 Milliarden unmittelbar und viele Milliarden indirekt auf die Finanzierung der verschiedenen Wirtschaftszweige verwandt. Der Budget- und Kreditmechanismus reicht vollkommen aus, um das Volkseinkommen planmäßig zu verteilen. Was die Preise betrifft, so werden sie der Sache des Sozialismus um so besser dienen, je ehrlicher sie die realen wirtschaftlichen Verhältnisse von heute zum Ausdruck bringen.

Die Erfahrung hat in dieser Hinsicht ihr entscheidendes Wort sprechen können. Der „dirigierte" Preis sah im Leben durchaus nicht so eindrucksvoll aus wie in den Schulbüchern. Ein und dieselbe Ware wurde zu Preisen verschiedener Kategorien veranschlagt. In die breiten Ritzen zwischen diesen Kategorien schlichen sich mit Leichtigkeit alle Art Spekulation, Günstlingswesen, Schmarotzertum und ähnliche Übel ein, und dabei eher als Regel, als als Ausnahme. Zugleich damit wurde der Tscherwonez, der ein fester Schatten der stabilen Preise sein sollte, in Wirklichkeit zu seinem eigenen Schatten.

Wieder galt es, jäh den Kurs zu wechseln, diesmal infolge von Schwierigkeiten, die aus den Wirtschaftserfolgen erwachsen waren. Das Jahr 1935 begann mit der Abschaffung der Brotkarten, im Oktober wurden die Karten für die übrigen Nahrungsmittel abgeschafft, im Januar verschwanden auch die Karten für die industriellen Massenverbrauchsgegenstände. Die ökonomischen Beziehungen zwischen den Werktätigen von Stadt und Land und dem Staat, sowie untereinander, wurden in die Geldsprache übersetzt. Durch das Werkzeug des Rubels wirkt die Bevölkerung auf die Wirtschaftspläne ein, angefangen bei der Menge und Güte der Gebrauchsartikel. Auf keine andere Weise lässt sich die Sowjetwirtschaft rationalisieren.

Der Vorsitzende der Staatsplanbehörde erklärte im Dezember 1935: „Das heutige System der Wechselbeziehungen zwischen den Banken und der Wirtschaft muss revidiert werden, und die Banken müssen tatsächlich eine Kontrolle durch den Rubel ausüben". So brachen der Aberglaube vom administrativen Plan und die Illusionen über die administrativen Preise zusammen. Wenn das Nahen des Sozialismus in der Geldsphäre bedeutet, dass der Rubel sich einer Verteilungskarte nähert, so müsste man die Reformen von 1935 folglich als eine Entfernung vom Sozialismus betrachten. In Wirklichkeit wäre aber eine solche Betrachtungsweise ein grober Fehler. Die Verdrängung der Karte durch den Rubel ist lediglich ein Verzicht auf Fiktionen und ein offenes Eingeständnis der Notwendigkeit, die Voraussetzungen für den Sozialismus durch eine Rückkehr zu den bürgerlichen Verteilungsmethoden zu schaffen.

Auf der Sitzung des Zentralexekutivkomitees der Sowjets vom Januar 1936 erklärte der Volkskommissar für Finanzen: „Der Sowjetrubel ist stabil wie keine andere Währung auf der Welt". Es wäre nicht richtig, diese Erklärung nur als leere Prahlerei aufzufassen. Das Staatsbudget der UdSSR schließt jedes Jahr mit einem Überschuss der Einnahmen über die Ausgaben ab. Der Außenhandel, der freilich an sich unbedeutend ist, ergibt eine aktive Bilanz. Der Goldvorrat der Staatsbank, der 1926 ganze 164 Millionen Rubel betrug, übersteigt jetzt die Milliarde. Die Goldausbeute ist im Lande in raschem Steigen begriffen: 1936 schickt dieser Zweig sich an, die erste Stelle in der Welt zu erobern. Das Wachsen des Warenverkehrs ist seit der Wiederauferstehung des Marktes ungestüm zu nennen. Praktisch ist die Papiergeldinflation seit 1934 zum Stillstand gekommen, Elemente einer gewissen Stabilisierung des Rubels sind vorhanden. Nichtsdestoweniger muss man sich die Erklärung des Finanzkommissars in bedeutendem Masse aus einer Inflation des Optimismus erklären, Findet der Sowjetrubel im allgemeinen Aufschwung der Wirtschaft eine kräftige Stütze, seine Achillesferse sind die unerträglich hohen Gestehungskosten der Produktion. Die stabilste Währung wird der Rubel erst in dem Augenblick werden wenn die Produktivität der Sowjetarbeit die der übrigen Welt übertrifft, und wenn folglich die Todesstunde für den Sowjetrubel selber geschlagen hat.

Vom geldtechnischen Standpunkt kann der Rubel noch weniger den Vorrang beanspruchen. Bei einem Goldvorrat von mehr als einer Milliarde zirkulieren im Lande Geldscheine in einer Summe von rund acht Milliarden, die Deckung ist somit bloß 12,5%. Das Gold der Staatsbank stellt bis jetzt in viel größerem Maße eine unantastbare Reserve für den Kriegsfall dar als eine Basis für das Geldsystem. Theoretisch ist zwar nicht ausgeschlossen, dass die Sowjets auf einer höheren Entwicklungsstufe zur Goldzirkulation greifen, um die inneren Wirtschaftspläne zu präzisieren und die Wirtschaftsbeziehungen zum Ausland zu vereinfachen. Bevor das Geldsystem den Atem aufgibt, kann es also noch einmal im Schein des reinen Goldes erstrahlen. Doch das ist auf jeden Fall noch kein aktuelles Problem.

Von einem Übergang zur Goldparität kann in der nächsten Periode noch nicht die Rede sein, Insoweit jedoch die Regierung einen Goldfonds hamstert und bestrebt ist, den Prozentsatz einer auch nur rein theoretischen Deckung zu erhöhen, insoweit den Papiergeldemissionen objektive, vom Willen der Bürokratie unabhängige Grenzen gesteckt sind, kann der Sowjetrubel eine relative Stabilität erlangen. Schon das allein würde gewaltigste Vorteile bieten. Bei festem Verzicht auf Inflation in der Zukunft kann das Geldsystem, obgleich der Vorteile einer Goldparität beraubt, zweifellos dazu beitragen, viele tiefe Wunden zu heilen, die der bürokratische Subjektivismus in den vergangenen Jahren der Wirtschaft zugefügt hat.

Stachanowbewegung

„Ökonomie der Zeit", sagt Marx, „darin löst sich schließlich alle Ökonomie auf", d.h. der gesamte menschliche Kampf mit der Natur auf allen Stufen der Zivilisation. In ihrem Anfangsgrund ist die Geschichte nichts anderes als eine Jagd nach Arbeitszeitersparnis. Der Sozialismus könnte nicht allein durch die Aufhebung der Ausbeutung gerechtfertigt sein: er soll der Gesellschaft, verglichen mit dem Kapitalismus, größere Zeitersparnis gewährleisten. Ohne Verwirklichung dieser Bedingung wäre selbst die Abschaffung der Ausbeutung nur eine dramatische Episode ohne Zukunft. Die erste in der Geschichte gemachte Erfahrung in der Anwendung sozialistischer Methoden offenbarte die ihnen innewohnenden großen Möglichkeiten. Aber die Sowjetwirtschaft hat noch längst nicht gelernt, wie man die Zeit, dieses kostbarste Rohmaterial der Kultur, nutzen soll. Die importierte Technik, das Hauptwerkzeug der Zeitersparnis, gibt auf dem Sowjetboden noch nicht die Resultate, die für sie in der kapitalistischen Heimat die Norm darstellen. In diesem, für die gesamte Zivilisation ausschlaggebenden Sinn hat der Sozialismus noch nicht gesiegt. Er hat bewiesen, dass er siegen kann und muss. Aber er hat noch nicht gesiegt. Alle gegenteiligen Behauptungen sind eine Frucht der Unwissenheit oder Schwindel.

Molotow, der – man muss ihm diese Gerechtigkeit widerfahren lassen – sich manchmal etwas freier von der rituellen Phrase zeigt als die anderen Sowjetführer, erklärte im Januar 1936 auf einer Sitzung des Zentralexekutivkomitees: „Das Durchschnittsniveau der Arbeitsproduktivität... bleibt bei uns noch erheblich hinter dem amerikanischen und europäischen zurück". Es wäre angebracht gewesen, diese Worte zu präzisieren, beispielsweise: drei, fünf, zuweilen sogar zehnmal niedriger als in Europa und Amerika, dementsprechend sind bei uns die Gestehungskosten der Produktion bedeutend höher. In derselben Rede legte Molotow das allgemeinere Geständnis ab: „Das durchschnittliche Kulturniveau unserer Arbeiter steht hinter dem entsprechenden Niveau der Arbeiter mehrerer kapitalistischer Länder zurück". Er hätte hinzufügen sollen: das durchschnittliche Lebensniveau ebenfalls. Es bedarf keiner Erläuterung, wie unbarmherzig diese beiläufig ausgesprochenen nüchternen Worte die prahlerischen Erklärungen zahlloser offizieller Autoritäten und die süßlichen Ergüsse der ausländischen „Freunde" widerlegen!

Der Kampf um die Erhöhung der Arbeitsproduktivität bildet neben der Sorge um die Verteidigung den Hauptinhalt der Tätigkeit der Sowjetregierung. Auf den verschiedenen Etappen in der Entwicklung der UdSSR nahm dieser Kampf verschiedene Formen an. Die in den Jahren des ersten Fünfjahresplans und zu Beginn des zweiten angewandten Methoden der „Stoßbrigaden waren gegründet auf Agitation, persönliches Beispiel, administrativen Druck, alle Art Gruppenwettbewerb und Gruppenprivilegien. Die Versuche, auf Grund der „sechs Bedingungen" von 1931 so etwas wie Akkordlöhne einzuführen, scheiterten an der trügerischen Währung und der Vielfalt der Preise. Das System der staatlichen Verteilung der Produkte setzte an die Stelle einer geschmeidigen, differenzierten Arbeitsbewertung die sogenannten „Prämien", die ihrem Wesen nach bürokratische Willkür bedeuteten. Auf der Jagd nach großen Privilegien drangen in die Kategorie der Stoßbrigadisten in steigender Anzahl gerissene Burschen ein, die durch Protektion stark wurden. Schließlich geriet das ganze System in glatten Widerspruch zum gesteckten Ziel.

Erst die Abschaffung des Kartensystems, die beginnende Stabilisierung des Rubels und die Vereinheitlichung der Preise schufen die Bedingungen zur Anwendung des Akkord- oder Stücklohns. Auf dieser Grundlage trat an die Stelle der Stoßbrigaden die sogenannte Stachanowbewegung. Auf der Jagd nach dem Rubel, der jetzt eine ganz reale Bedeutung bekommen hat, beginnen die Arbeiter, sich mehr um ihre Maschinen zu kümmern und die Arbeitszeit sorgfältiger auszunutzen. Die Stachanowbewegung beruht in sehr großem Masse auf der Intensivierung der Arbeit und sogar auf der Verlängerung der Arbeitszeit: in der sogenannten „Ruhe"zeit bringen die Stachanowisten die Werkbänke und Werkzeuge in Ordnung, bereiten sie das Rohmaterial zu, erteilen die Brigadenführer ihrer Brigade Anweisungen usw. Vom Siebenstundentag bleibt dabei oft nur der Name.

Nicht die Sowjetadministratoren haben das Geheimnis des Akkords entdeckt: dies System, bei dem man sich ohne sichtbaren äußeren Zwang zu Tode schindet, hielt Marx für „die der kapitalistischen Produktionsweise entsprechendste Form". Die Arbeiter traten dieser Neuerung nicht nur ohne Sympathie entgegen, sondern direkt feindselig: es wäre widernatürlich, von ihnen ein anderes Verhalten zu erwarten. Die Teilnahme echter Enthusiasten des Sozialismus an der Stachanowbewegung ist unbestreitbar. Inwiefern sie an Zahl die einfachen Karrieristen und Wichtigtuer übertreffen, besonders in der Administration, ist schwer zu sagen. Doch die Hauptmasse der Arbeiter sieht den neuen Lohn vom Gesichtspunkt des Rubels, und oft muss sie feststellen, dass er eingeschrumpft ist.

Wenn auf den ersten Blick die Rückkehr der Sowjetregierung zum Akkord, nach dem „endgültigen und unwiderruflichen Sieg des Sozialismus" als ein Rückschritt zu kapitalistischen Verhältnissen erscheinen mag, so gilt es hier zu wiederholen, was weiter oben von der Rehabilitierung des Rubels gesagt wurde; es handelt sich nicht um einen Verzicht auf den Sozialismus, sondern lediglich um die Liquidierung einiger grober Illusionen. Die Form des Arbeitslohns ist nur besser den realen Möglichkeiten des Landes angepasst worden: „Das Recht kann nie höher sein als die ökonomische Gestaltung."

Jedoch, die herrschende Schicht der Sowjetunion kann der sozialen Schminke bereits nicht mehr entbehren. Im Bericht auf der Sitzung des Zentralexekutivkomitees im Januar 1936 verkündete der Vorsitzende der Staatsplankommission Meschlauk: „Der Rubel wird das einzige und wahre Mittel zur Verwirklichung des sozialistischen (!) Prinzips des Arbeitslohns". Wenn in den alten Monarchien alles, einschließlich der Bedürfnisanstalten, für königlich erklärt wurde, so folgt daraus noch nicht, dass im Arbeiterstaat alles von selbst sozialistisch wird. Der Rubel ist das „einzige und wahre Mittel" zur Verwirklichung des *kapitalistischen* Prinzips des Arbeitslohns und sei es auch auf der Grundlage sozialistischer Eigentumsformen: dieser Widerspruch ist uns bereits bekannt. Zur Begründung des neuen Mythus vom „sozialistischen" Stücklohn fügte Meschlauk hinzu: „Das Grundprinzip des Sozialismus ist darin enthalten, dass jeder nach seinen Fähigkeiten arbeitet und nach der von ihm geleisteten Arbeit bezahlt wird". Wahrlich, diese Herren machen mit der Theorie wenig Umstände! Wenn das Arbeitstempo durch die Jagd nach dem Rubel bestimmt wird, dann verausgaben sich die Menschen nicht „nach ihren Fähigkeiten", d.h. nicht nach Maßgabe ihrer Muskel- und Nervenkraft, sondern tun sich Gewalt an. Diese Methode kann man bedingt nur durch einen Hinweis auf die harte Notwendigkeit rechtfertigen; sie aber zum „Grundprinzip des Sozialismus" erklären, heißt die Idee der neuen, höheren Kultur zynisch in den gewohnten Schmutz des Kapitalismus treten.

Stalin geht auf diesem Weg noch einen Schritt weiter, indem er die Stachanowbewegung als eine „Vorbereitung der Bedingungen für den Übergang vom Sozialismus zum Kommunismus" darstellt, Der Leser wird jetzt sehen, wie wichtig es war, den Begriffen, deren man sich in der Sowjetunion je nach der administrativen Bequemlichkeit bedient, eine wissenschaftliche Definition zu geben. Der Sozialismus oder unteres Stadium des Kommunismus erfordert zwar noch strenge Kontrolle über das Maß der Arbeit und das Maß des Verbrauchs, setzt aber jedenfalls rnenschlichere Kontrollformen voraus, als die vom Ausbeutergenie des Kapital ersonnenen. Indes, in der UdSSR wird heutzutage ein rückständiges Menschenmaterial mit unerbittlicher Härte an die vom Kapitalismus entlehnte Technik gespannt. Im Kampf um die Erreichung der europäischen und amerikanischen Normen werden klassische Ausbeutungsmethoden wie Akkordlohn in so nackter und roher Form angewandt, wie es selbst reformistische Gewerkschaften in bürgerlichen Ländern nicht zulassen würden. Der Einwand, dass in der UdSSR die Arbeiter „für sich" arbeiten, ist nur in der historischen Perspektive richtig, und lediglich unter der Bedingung – um es vorweggreifend schon hier zu sagen – dass die Arbeiter sich nicht länger von einer allmächtigen Bürokratie unterjochen lassen. Auf jeden Fall, das staatliche Eigentum an den Produktionsmitteln verwandelt nicht Mist in Gold und umgibt nicht das Schwitzsystem. das mit der Hauptproduktivkraft, dem Menschen, Raubbau treibt mit einem Heiligenschein. Was aber die Vorbereitung des „Übergangs vom Sozialismus zum Kommunismus" betrifft, so beginnt sie gerade am entgegengesetzten Ende, d.h. nicht bei der Einführung des Stücklohns, sondern bei seiner Abschaffung als ein Erbe der Barbarei.

Die Bilanz der Stachanowbewegung zu ziehen, ist jetzt noch zu früh. Dafür kann man aber schon die Züge erkennen, die nicht nur für diese Bewegung, sondern für das Regime als Ganzes charakteristisch sind. Gewisse Leistungen einzelner Arbeiter sind zweifellos von hohem Interesse, da sie die Möglichkeiten anzeigen, die allein dem Sozialismus zugänglich sind. Jedoch. von diesen Möglichkeiten bis zu ihrer Verwirklichung in der gesamten Wirtschaft bleibt noch ein sehr großer Schritt. Bei enger Abhängigkeit der verschiedenen Produktionsprozesse voneinander kann eine ununterbrochen hohe Arbeitsleistung nicht Sache bloßer individueller Bemühungen sein. Die Erhöhung der Durchschnittsleistung ist unmöglich ohne Reorganisierung der Produktion in der Fabrik selbst, wie der Beziehungen zwischen den Betrieben. Die technische Befähigung von Millionen um einige Grade heben ist unermesslich schwieriger, als Tausende Fortgeschrittener anzustacheln.

Die Führer selber klagen zuweilen, dass dem Sowjetarbeiter Arbeitskultur fehlt. Jedoch ist das nur die Hälfte der Wahrheit. und dabei die kleinere. Der russische Arbeiter ist empfänglich, findig und begabt. Beliebige hundert Sowjetarbeiter würden, in die Bedingungen sagen wir der amerikanischen Industrie versetzt, nach wenigen Monaten, ja Wochen, wahrscheinlich nicht hinter den amerikanischen Arbeitern der entsprechenden Kategorien zurückstehen. Das Schwierige ist eben die allgemeine Organisierung der Arbeit. Das Sowjetverwaltungspersonal bleibt in der Regel hinter den modernen Produktionsaufgaben noch weiter zurück als die Arbeiter.

Bei der neuen Technik muss der Akkordlohn unvermeidlich eine systematische Hebung der heute ungemein niedrigen Arbeitsproduktivität mit sich bringen. Doch die Schaffung der dafür notwendigen elementaren Voraussetzungen erfordert eine Hebung auch des Verwaltungsniveaus, vom Werkmeister bis zum Kremlführer. Die Stachanowbewegung wird dieser Forderung nur in geringem Masse gerecht. Die Bürokratie ist verhängnisvollerweise bestrebt, über die Schwierigkeiten, deren sie nicht Herr zu werden vermag, einfach hinwegzuspringen. Da der Akkordlohn von allein nicht die von ihm erwarteten Wunder vollbringt, kommt ihm toller administrativer Druck zu Hilfe: Prämien und Reklame einerseits. Strafen andererseits.

Die ersten Schritte der Bewegung waren von Massenrepressalien gegen Ingenieure, technisches Personal und Arbeiter begleitet, denen Widerstand, Sabotage, in einigen Fällen sogar Mord an Stachanowleuten zur Last gelegt wurde. Die Härte der Repressalien war ein Zeugnis für die Stärke des Widerstands. Die Obrigkeit erklärte die sogenannte „Sabotage" aus politischer Opposition; in Wirklichkeit wurzelt sie meistens in den technischen, ökonomischen und kulturellen Hindernissen, von denen ein gut Teil aufs Konto der Bürokratie zu schreiben ist. Die „Sabotage" war offenbar bald gebrochen: die Unzufriedenen hatten Angst, die Klarblickenden schwiegen. Es regnete Telegramme von unerhörten Leistungen. In der Tat, insofern es sich um einzelne Pioniere handelte, richteten die lokalen Verwaltungsstellen, dem Befehl gehorchend, ihnen die Arbeit mit außerordentlicher Zuvorkommenheit ein, und sei es auch auf Kosten der Interessen aller übrigen Arbeiter des Schachtes oder der Fabrik. Doch sobald sich Hunderte und Tausende Arbeiter als „Stachanowisten" melden, kommt die Verwaltung arg in Verlegenheit. Da sie es weder versteht, noch dazu die objektive Möglichkeit besitzt, in kurzer Frist das Produktionsregime in Ordnung zu bringen, versucht sie, der Arbeitskraft und der Technik Gewalt anzutun. Wenn der Mechanismus der Uhr stockt, geht man den Rädchen mit einem Nagel zu Leibe. Das Ergebnis der „Stachanow"tage und „Stachanow"dekaden ist im Leben vieler Betriebe nur ein vollständiges Chaos. So erklärt sich die auf den ersten Blick verblüffende Tatsache, dass die Zunahme der Stachanowistenzahl häufig nicht von einer Erhöhung, sondern einer Senkung der allgemeinen Leistung des betreffenden Betriebes begleitet ist.

Heute ist die „heroische" Periode dieser Bewegung offenbar vorbei. Der Alltag beginnt. Es gilt zu lernen. Besonders viel müssen die lernen, die andere lehren. Aber gerade diese wollen am wenigsten lernen. Die gesellschaftliche Abteilung, die die anderen Abteilungen der Sowjetwirtschaft zurückhält und lähmt, heißt: *Bürokratie.*

V. Sowjetthermidor

Warum hat Stalin gesiegt?

Der Geschichtsschreiber der Sowjetunion wird um den Schluss nicht umhin kommen, dass die Politik der herrschenden Bürokratie in den großen Fragen eine Reihe von sich widersprechenden Zickzacks darstellte. Versuche, diese mit „wechselnden Umständen" zu erklären oder zu rechtfertigen, sind offensichtlich haltlos. Führen heißt wenigstens in gewissem Grade voraussehen. Stalins Fraktion hat nicht im mindesten die unvermeidlichen Resultate der Entwicklung vorhergesehen, die ihr jedes Mal über den Kopf wuchsen. Sie reagierte darauf mit administrativen Reflexen, Die Theorie ihrer jeweiligen Wendung schuf sie nachträglich, ohne sich viel darum zu kümmern, was sie am Tage zuvor lehrte. Auf Grund unumstößlicher Tatsachen und Dokumente wird der Geschichtsschreiber schlussfolgern müssen, dass die sogenannte „linke Opposition" eine unvergleichlich richtigere Analyse gab von den im Lande sich abrollenden Prozessen und viel genauer den weiteren Entwicklungsgang voraussah.

Dieser Behauptung widerspricht auf den ersten Blick die einfache Tatsache, dass unablässig die Fraktion siegte, die nicht weit vorauszuschauen vermochte, während die viel klarer sehende Gruppe Niederlage auf Niederlage erlitt. Ein derartiger Einwand, der sich von selbst aufdrängt, ist jedoch nur für den überzeugend, der rationalistisch denkt und in der Politik einen logischen Streit oder eine Schachpartie sieht. Indes, politischer Kampf ist seinem Wesen nach Kampf von Interessen und Kräften, nicht von Argumenten. Die Befähigung der Führerschaft ist für den Ausgang des Ringens natürlich durchaus nicht gleichgültig. aber nicht der einzige und letzten Endes auch nicht der entscheidende Faktor. Außerdem erfordert jedes der kämpfenden Lager Führer nach seinem Ebenbild.

Wenn die Februarrevolution Kerenski und Zeretelli an die Macht brachte, so nicht, weil sie „klüger" oder „geschickter" gewesen wären als die herrschende zaristische Clique. sondern weil sie wenigstens zeitweilig die revolutionären Volksmassen vertraten, die sich gegen das alte Regime erhoben hatten. Wenn Kerenski Lenin in die Illegalität treiben und andere bolschewistische Führer ins Gefängnis stecken konnte, so nicht, weil er ihnen persönlich überlegen gewesen wäre, sondern weil die Mehrheit der Arbeiter und Soldaten damals noch mit dem patriotischen Kleinbürgertum ging. Kerenskis persönlicher „Vorzug" – wenn das Wort hier angebracht ist – bestand gerade darin, dass er nicht weiter sah als die überwiegende Mehrheit. Die Bolschewiki besiegten ihrerseits die kleinbürgerliche Demokratie nicht kraft persönlicher Überlegenheit ihrer Führer, sondern kraft einer neuen Verbindung der sozialen Kräfte: dem Proletariat war es endlich gelungen, die unbefriedigte Bauernschaft für sich zu gewinnen und gegen die Bourgeoisie zu mobilisieren.

Die Folgerichtigkeit der Etappen der Großen Französischen Revolution, in ihrem Aufstieg wie in ihrem Niedergang, zeigt nicht minder überzeugend, dass die Stärke der einander ablösenden „Führer" und „Helden" vor allem darin lag, dass sie dem Charakter der Klassen und Schichten entsprachen. von denen sie gestützt wurden: nur dies Entsprechen und keineswegs irgendwelche beziehungslosen Vorzüge erlaubten jedem von ihnen, einer bestimmten Geschichtsperiode den Stempel seiner Persönlichkeit aufzudrücken. In der Machtfolge der Mirabeau, Brissot, Robespierre, Barras, Bonaparte liegt eine objektive Gesetzmäßigkeit, die ungleich stärker ist als die besonderen Merkmale der historischen Protagonisten selbst.

Es ist genug bekannt, das bisher jede Revolution nach sich eine Reaktion oder sogar Konterrevolution auslöste, die freilich die Nation nie ganz bis zum Ausgangspunkt zurückwarf dem Volk aber immer den Löwenanteil seiner Eroberungen wieder entriss. Opfer der ersten reaktionären Welle sind in der Regel die Pioniere, Urheber, Initiatoren, die in der Angriffsperiode der Revolution an der Spitze der Massen standen: dagegen treten an die erste Stelle Leute zweiten Kalibers, im Bunde mit gestrigen Feinden der Revolution. Hinter den dramatischen Duellen der „Experten" auf der offenen politischen Bühne gehen Verschiebungen in den Verhältnissen zwischen den Klassen vor sich und, was nicht weniger wichtig ist, einschneidende Veränderungen in der Psyche der gestern noch revolutionären Massen.

Als Erwiderung auf ratlose Fragen vieler Genossen, wohin denn die Aktivität der bolschewistischen Partei und der Arbeiterklasse geraten, was aus ihrer revolutionären Initiative, Selbstaufopferung und ihrem plebejischen Stolz geworden sei, wieso an die Stelle all dessen soviel Gemeinheit, Feigheit, Kleinmut und Strebertum treten konnte, berief sich Rakowski auf die Umschwünge der französischen Revolution des 18. Jahrhunderts und führte als Beispiel Babeuf an, der sich, als er das Abbayegefängnis verließ, ebenfalls verständnislos fragte, wo denn das heroische Volk der Pariser Vorstädte geblieben sei. Die Revolution ist eine große Verzehrerin menschlicher Energie, individueller wie kollektiver. Die Nerven halten nicht stand, das Bewusstsein reibt sich auf, die Charaktere verschleißen. Die Ereignisse wickeln sich zu schnell ab, als dass ein Zustrom frischer Kräfte den Verlust wettmachen könnte. Hunger, Arbeitslosigkeit, Verderb der revolutionären Kader, Verdrängung der Massen aus der Leitung, all das führte zu einer solchen physischen und moralischen Entkräftung der Pariser Vorstädte, dass sie bis zu einem neuen Aufstand mehr als drei Jahrzehnte brauchten.

Die axiomatische Behauptung der Sowjetliteratur, die Gesetze der bürgerlichen Revolutionen seien auf die proletarische „nicht anwendbar", entbehren jeden wissenschaftlichen Gehalts. Der proletarische Charakter des Oktoberumsturzes war durch die Weltlage und das besondere innere Kräfteverhältnis bestimmt. Aber die Klassen selbst hatten sich unter den barbarischen Bedingungen des Zarismus und eines zurückgebliebenen Kapitalismus geformt und waren durchaus nicht wie auf besonderen Befehl für die Anforderungen einer sozialistischen Revolution vorbereitet, Vielmehr umgekehrt: gerade weil das in vieler Beziehung noch rückständige russische Proletariat in wenigen Monaten den in der Geschichte unerhörten Sprung von einer halbfeudalen Monarchie zur sozialistischen Diktatur vollbrachte. musste die Reaktion in seinen eigenen Reihen unvermeidlich zu ihrem Recht kommen. Sie wuchs in einer Reihe aufeinanderfolgender Kriege. Äußere Bedingungen und Ereignisse nährten sie um die Wette. Intervention folgte auf Intervention. Vom Westen her kam keine direkte Hilfe. Statt des erhofften Wohlergehens trat bitterste Not auf lange Zeit im Lande die Herrschaft an. Außerdem waren die hervorragendsten Vertreter der Arbeiterklasse entweder im Bürgerkrieg umgekommen. oder sie hatten sich um einige Grade über die Massen erhoben und von ihnen losgelöst. So folgte auf eine beispiellose Anspannung der Kräfte, Hoffnungen und Illusionen eine lange Periode der Müdigkeit, Niedergeschlagenheit und direkter Enttäuschung über die Resultate des Umsturzes. Das Verebben des „plebejischen Stolzes" machte einer Flut des Kleinmuts und des Strebertums Platz. Auf dieser Welle schwang sich eine neue kommandierende Schicht empor.

Eine nicht geringe Rolle bei der Herausbildung der Bürokratie spielte die Demobilmachung der fünfmillionenköpfigen Roten Armee: die siegreichen Kommandeure besetzten die leitenden Posten in den lokalen Sowjets, in der Wirtschaft, im Schulwesen und führten überall mit Nachdruck das Regime ein, dem die Siege des Bürgerkriegs zu verdanken waren. So wurden die Massen allenthalben allmählich von der faktischen Beteiligung an der Leitung des Landes ausgeschaltet.

Die innere Reaktion im Proletariat erzeugte eine außerordentliche Flut von Hoffnungen und Selbstvertrauen in den kleinbürgerlichen Schichten von Stadt und Land, die durch die NEP zu neuem Leben erwacht waren und immer dreister den Kopf hoben, Die junge Bürokratie, ursprünglich als Agentur des Proletariats entstanden begann sich nun als Schiedsrichter zwischen den Klassen zu fühlen. Ihre Selbständigkeit nahm von Monat zu Monat zu.

In der gleichen Richtung wirkte, und zwar mit großer Kraft, die internationale Lage. Die Sowjetbürokratie wurde um so selbstsicherer, je heftigere Schläge die Weltarbeiterklasse trafen. Zwischen diesen Tatsachen besteht nicht nur ein chronologischer, sondern auch ein ursächlicher Zusammenhang, und zwar in doppelter Richtung: die Bürokratie trug durch ihre Führung zu den Niederlagen bei, und die Niederlagen erleichterten den Aufstieg der Bürokratie. Die Niederwerfung des bulgarischen Aufstandes und der ruhmlose Rückzug der deutschen Arbeiterparteien im Jahre 1923, der Zusammenbruch des estnischen Aufstandsversuchs 1924, die heimtückische Liquidierung des Generalstreiks in England und das unwürdige Verhalten der polnischen Arbeiterparteien bei Pilsudskis Machtübernahme im Jahre 1926, die grässliche Vernichtung der chinesischen Revolution 1927, später die noch fürchterlicheren Niederlage in

Deutschland und Österreich – das sind die historischen Katastrophen, die in den Sowjetmassen den Glauben an die Weltrevolution ertöteten und der Bürokratie erlaubten, als einziger rettender Leuchtturm immer höher auf zuragen.

Was die Ursachen der Niederlagen betrifft, die das Weltproletariat in den letzten dreizehn Jahren erlitt, muss der Verfasser auf seine übrigen Arbeiten verweisen, wo er die verheerende Rolle der von der Massen losgelösten und tief konservativen Kremlführung in der revolutionären Bewegung aller Länder aufzudecken suchte. Hier beschäftigt uns vor allem die unbestreitbare und lehrreiche Tatsache, dass die ununterbrochenen Niederlagen der Revolution in Europa und Asien. die die internationale Lage der UdSSR schwächten, die Sowjetbürokratie hingegen außerordentlich kräftigten. Zwei Daten sind besonders denkwürdig in dieser historischen Folge. In der zweiten Hälfte des Jahres 1923 war die Aufmerksamkeit der Sowjetarbeiter leidenschaftlich auf Deutschland gerichtet, wo das Proletariat die Hand nach der Macht auszustrecken schien; der panische Rückzug der deutschen kommunistischen Partei bedeutete für die Arbeitermassen der UdSSR eine bittere Enttäuschung. Die Sowjetbürokratie zog sogleich gegen die „permanente Revolution" zu Felde und brachte der linken Opposition den ersten schweren Hieb bei. 1926-27 schwoll neue Hoffnung in der Bevölkerung der Sowjetunion: alle Blicke waren diesmal nach Osten gerichtet. wo sich das Drama der chinesischen Revolution abspielte. Die linke Opposition erholte sich von den Schlägen und warb Scharen neuer Anhänger. Ende 1927 erlag die chinesische Revolution unter den Schlägen des Henkers Tschiang Kai-schek, dem die Kominternführung die chinesischen Arbeiter und Bauern buchstäblich ausgeliefert hatte. Eiskalte Enttäuschung griff in den Massen der Sowjetunion um sich. Nach einer wüsten Hetze in Presse und Versammlungen entschloss sich die Bürokratie endlich 1928, Massenverhaftungen unter den Linksoppositionellen vorzunehmen.

Unter dem Banner der Bolschewiki-Leninisten hatten sich freilich Zehntausende revolutionärer Kämpfer gesammelt. Die fortgeschrittenen Arbeiter standen der Opposition zweifelsohne sympathisch gegenüber. Aber diese Sympathie blieb passiv: den Glauben, dass durch neuen Kampf die Lage ernstlich zu ändern sei, hatten die Massen nicht mehr. Unterdessen zeterte die Bürokratie: „Um der internationalen Revolution willen gedenkt die Opposition uns in einem revolutionären Krieg zu verwickeln. Genug der Erschütterungen! Wir haben ein Recht auf Erholung erworben. Wir werden bei uns allein die sozialistische Gesellschaft schaffen. Vertraut auf uns, eure Führer!" Diese Ruhepredigt schweißte die Militär- und Staatsapparatleute eng zusammen und fand ohne Zweifel bei den müden Arbeitern und besonders bei den Bauernmassen Anklang. Vielleicht ist die Opposition tatsächlich bereit, die Interessen der UdSSR namens der Ideen der „permanenten Revolution" zu opfern, fragten sie sich. In Wirklichkeit ging der Kampf um die Lebensinteressen des Sowjetstaats. Die falsche Politik der Komintern in Deutschland ermöglichte zehn Jahre später Hitlers Sieg, d.h. das Entstehen drohender Kriegsgefahr im Westen; die nicht weniger falsche Politik in China festigte den japanischen Imperialismus und beschwor die Gefahr im Osten nah herauf, Aber Perioden der Reaktion zeichnen sich meistens durch Mangel an Mut zum Denken aus.

Die Opposition erwies sich als isoliert. Die Bürokratie schmiedete das Eisen, solange es heiß war. Indem die Bürokratie die Verworrenheit und Passivität der Werktätigen ausnutzte, deren rückständigste Schichten gegen die fortgeschrittenen ausspielte, sich immer unverhohlener auf den Kulaken und überhaupt auf den kleinbürgerlichen Verbündeten stützte, zerschlug sie in ein paar Jahren die revolutionäre Vorhut des Proletariats.

Es wäre naiv zu meinen, dass der den Massen unbekannte Stalin plötzlich, mit einem fertigen strategischen Plan versehen, aus den Kulissen hervorgetreten sei. Nein, bevor er seinen Weg aufspürte, spürte die Bürokratie ihn selbst auf. Stalin bot ihr alle nötigen Garantien: Prestige eines alten Bolschewiken, starken Charakter, engen Horizont und unzerreißbare Bande mit dem Apparat, der einzigen Quelle seines eigenen Einflusses. Der Erfolg, der ihm zuteil wurde, kam für ihn selbst anfangs ganz unerwartet. Das war der freundliche Widerhall der neuen herrschenden Schicht, die sich von den alten Grundsätzen und von der Massenkontrolle zu befreien trachtete und für ihre internen Angelegenheiten einen verlässlichen Schiedsrichter brauchte. Im Hinblick auf die Massen und die Revolutionsereignisse eine zweitrangige Figur, offenbarte sich Stalin als unumstrittener Führer der thermidorianischen Bürokratie, als Erster in ihrer Mitte.

Bald kamen bei der herrschenden Schicht die eigenen Ideen, Gefühle und, was noch wichtiger ist, ihre Interessen zum Vorschein. Die überwiegende Mehrheit der alten Generation der heutigen Bürokratie stand während der Oktoberrevolution auf der anderen Seite der Barrikade (man nehme zum Beispiel nur die Sowjetgesandten: Trojanowski, Maiski, Potemkin, Suriz, Tschintschuk usw.), oder hielt sich bestenfalls abseits vom Kampf. Diejenigen Führer von heute, die sich in den Oktobertagen im Lager der Bolschewiki befanden, spielten in ihrer Mehrzahl keine irgendwie bedeutende Rolle. Was die jungen Bürokraten betrifft, so sind sie von den alten ausgewählt und erzogen, nicht selten sind es ihre eigenen Sprösslinge. Diese Leute hätten die Oktoberrevolution nicht vollbringen können. Aber sie erwiesen sich als am besten geeignet, sie auszubeuten.

Persönliche Momente spielten bei dieser Folge zweier historischer Kapitel natürlich auch mit. So haben Lenins Krankheit und Tod den Ausgang zweifellos beschleunigt. Hätte Lenin länger gelebt, so wäre das Vordrängen der bürokratischen Machtfülle zumindest in den ersten Jahren langsamer erfolgt. Doch schon 1926 sagte Krupskaja im Kreise der Linksoppositionellen: „Lebte Iljitsch, säße er bestimmt schon im Gefängnis". Lenins Befürchtungen und warnende Voraussagen waren ihr damals noch frisch in Erinnerung, und sie machte sich durchaus keine Illusionen über seine persönliche Allmacht gegen widrige historische Winde und Strömungen.

Die Bürokratie hat nicht nur die linke Opposition besiegt. Sie besiegte die bolschewistische Partei. Sie siegte über das Programm Lenins, der die Hauptgefahr in der Umwandlung der Staatsorgane „aus Dienern der Gesellschaft in Herren der Gesellschaft" erblickte. Sie siegte über all diese Feinde – die Opposition, die Partei und Lenin – nicht mit Ideen und Argumenten. sondern durch ihr eigenes soziales Schwergewicht. Das bleierne Hinterteil der Bürokratie wog schwerer als der Kopf der Revolution. Das ist des Rätsels Lösung in der Frage des Sowjetthermidors.

Entartung der bolschewistischen Partei

Der Oktobersieg war vorbereitet und erfochten durch die bolschewistische Partei. Sie war es auch, die den Sowjetstaat baute und ihm ein festes

Knochengerüst gab. Die Entartung der Partei wurde Ursache und Wirkung der Bürokratisierung des Staats. Es ist notwendig, wenigstens in knappen Zügen zu zeigen, wie dies geschah.

Das innere Regime der bolschewistischen Partei stand im Zeichen der Methoden des *demokratischen Zentralismus.* Die Verbindung dieser beiden Begriffe hat gar nichts Widersprüchliches an sich. Die Partei wacht scharf darüber, dass ihre Grenzen stets fest umrissen blieben, aber auch, dass diejenigen, die in ihren Grenzbereich getreten waren, wirklich das Recht genossen, die Richtung der Parteipolitik mitzubestimmen. Kritikfreiheit und Ideenkampf bildeten den unverrückbaren Inhalt der Parteidemokratie. Die heutige Lehre, Bolschewismus vertrage sich nicht mit Fraktionen, stellt einen Mythos aus der Verfallsepoche dar. In Wirklichkeit ist die Geschichte des Bolschewismus eine Geschichte von Fraktionskämpfen. Wie könnte eine echte revolutionäre Organisation, die sich zum Ziel setzt, die Welt aus den Angeln zu heben, und um ihr Banner verwegene Verneiner, Aufrührer und Kämpfer schart, auch leben und sich entwickeln ohne Ringen der Ideen, ohne Gruppierungen und zeitweilige Fraktionsbildungen? Durch ihren weiten Blick gelang es der bolschewistischen Führung oft, die Zusammenstöße zu mildern und die Fristen des Fraktionskampfes abzukürzen, aber nicht mehr. Auf diese ständig siedende demokratische Grundlage stützte sich das Zentralkomitee, aus ihr schöpfte es die Kühnheit zur Entscheidung und zum Befehl. Dass die Leitung in allen kritischen Etappen eindeutig im Recht war, verschaffte ihr hohe Autorität, dies kostbare moralische Kapital des Zentralismus.

Das Regime der bolschewistischen Partei, besonders vor dem Machtantritt, war somit das direkte Gegenteil von dem Regime der heutigen Kominternsektionen mit ihren von oben ernannten „Führern", die auf Kommando Kehrt machen, mit ihrem unkontrollierten Apparat, hochnäsig gegenüber der Basis und kriecherisch vor dem Kreml. Aber auch noch in den ersten Jahren nach der Machteroberung, als die Partei bereits vom administrativen Rost befallen war, hätte jeder Bolschewik, Stalin nicht ausgenommen. denjenigen einen bösartigen Verleumder geziehen, der ihm das Bild, das die Partei in zehn bis fünfzehn Jahren bieten sollte, an die Wand gemalt hätte!

Im Mittelpunkt der Aufmerksamkeit Lenins und seiner Mitarbeiter stand unablässig die Sorge um die Bewahrung der bolschewistischen Reihen vor den mit der Machtausübung verbundenen Übeln. Jedoch das dichte Nebeneinander, teilweise direkte Verschmelzen von Partei- und Staatsapparat fügte bereits in den ersten Jahren der Freiheit und Elastizität des Parteiregimes sichtlichen Schaden zu. Die Demokratie schrumpfte in dem Masse, wie die Schwierigkeiten wuchsen. Ursprünglich wünschte und hoffte die Partei, im Rahmen der Sowjets die Freiheit des politischen Kampfes beizuhalten. Der Bürgerkrieg nahm an diesen Absichten eine harte Korrektur vor. Die Oppositionsparteien wurden eine nach der anderen verboten. In dieser Maßnahme, die deutlich dem Geist der Sowjetdemokratie widersprach, sahen die Führer des Bolschewismus nicht ein Prinzip, sondern einen episodischen Akt der Selbstverteidigung.

Das schnelle Wachstum der regierenden Partei, bei der Neuheit und Grandiosität der Aufgaben, erzeugte unvermeidlich innere Meinungsverschiedenheiten. Die verborgenen oppositionellen Strömungen im Lande übten über verschiedene Kanäle ihren Druck aus auf die einzige legale politische Organisation und verschärften den Fraktionskampf. Gegen Ende des Bürgerkriegs nahm er so scharfe Formen an, dass er die Staatsmacht zu erschüttern drohte, Im März 1921, in den Tagen des Kronstädter Aufstands, der eine nicht geringe Anzahl Bolschewiki mit sich gerissen hatte, sah sich der 15. Parteikongress gezwungen, zum Verbot der Fraktionen zu greifen, d.h. zur Übertragung des politischen Regimes im Staat auf das innere Leben der regierenden Partei. Das Fraktionsverbot war ebenfalls nur als außerordentliche Maßregel gedacht, die bei erster ernstlicher Besserung der Lage hinfällig werden sollte. Gleichzeitig wandte das Zentralkomitee das neue Gesetz mit größter Vorsicht an, vor allen Dingen darum besorgt, dass es nicht zur Erstickung des inneren Lebens der Partei führe.

Allein, was anfänglich nur als erzwungener Tribut an die schwierigen Umstände gegolten hatte, war ganz nach dem Geschmack der Bürokratie, die das innere Leben der Partei ausschließlich vorn Standpunkt der Bequemlichkeit für die Leitung zu betrachten begann. Bereits 1922, während einer kurzen Besserung seines Gesundheitszustands, erschrak Lenin über das bedrohliche Anwachsen des Bürokratismus und bereitete

einen Kampf gegen die Stalinfraktion vor, die zur Achse des Parteiappa-
rats geworden war, bevor sie auch den Staatsapparat beherrschte. Ein
zweiter Schlaganfall und der Tod erlaubten ihm nicht mehr, sich mit der
inneren Reaktion zu messen.

Alle Bemühungen Stalins, mit dem in dieser Periode Sinowjew und Kamenjew noch Arm in Arm gingen, sind von nun an darauf gerichtet, den
Parteiapparat der Kontrolle durch die einfachen Parteimitglieder zu entziehen. In diesem Kampf um die „Standhaftigkeit" des Zentralkomitees
erwies sich Stalin konsequenter und selbstsicherer als seine Verbündeten.
Er brauchte sich nicht von den internationalen Problemen abkehren: er
hat sich mit ihnen nie befasst. Der kleinbürgerliche Gesichtskreis der
neuen herrschenden Schicht war auch der seine. Er war zutiefst über-
zeugt, dass die Aufgabe der Erbauung des Sozialismus nationaler und
administrativer Natur sei. Zur Komintern verhielt er sich wie zu einem
unvermeidlichen Übel, dass nach Möglichkeit zu den Zwecken der Außenpolitik auszunutzen ist. Die eigene Partei hatte in seinen Augen lediglich als gehorsame Stütze für den Apparat einen Wert.

Gleichzeitig mit der Theorie vom Sozialismus in einem Lande wurde für
die Bürokratie die Theorie in Umlauf gesetzt, dass im Bolschewismus
das Zentralkomitee alles, und die Partei nichts sei. Die zweite Theorie
wurde jedenfalls mit mehr Erfolg verwirklicht als die erste. Sich Lenins
Tod zunutze machend, rief die regierende Gruppe zum „Lenin-Aufgebot". Die Tore der Partei, sonst so sorgfältig gehütet, wurden jetzt
sperrangelweit geöffnet: Arbeiter, Angestellte, Beamte strömten in Massen herein. Die politische Absicht war, die revolutionäre Vorhut aufzulösen in menschliches Rohmaterial ohne Erfahrung, ohne Selbständigkeit,
aber von altersher gewohnt, sich der Obrigkeit zu unterwerfen. Das Vorhaben gelang. Indem das „Lenin-Aufgebot" die Bürokratie von der Kontrolle durch die proletarische Vorhut befreite, versetzte es Lenins Partei
den Todesstoß. Der Apparat hatte sich die notwendige Unabhängigkeit
erkämpft. Der demokratische Zentralismus machte bürokratischem Zentralismus Platz. Der Parteiapparat selbst wird nunmehr von oben bis unten radikal umgekrempelt. Als Haupttugend des Bolschewiken gilt der
Gehorsam. Unter der Fahne des Kampfes gegen die Opposition findet
eine Ersetzung der Revolutionäre durch Beamte statt. Die Geschichte

der bolschewistischen Partei wird zur Geschichte ihrer raschen Entartung.

Der politische Sinn des sich abspielenden Kampfes wurde für viele durch den Umstand verdunkelt, dass die Führer aller drei Gruppierungen, der linken, des Zentrums und der rechten, ein und demselben Kremlstab, dem Politbüro angehörten: oberflächlichen Geistern schien es sich bloß um persönliche Nebenbuhlerschaft, um einen Kampf um die „Nachfolge" Lenins zu handeln. Aber unter den Verhältnissen einer eisernen Diktatur konnten die sozialen Gegensätze in der ersten Zeit im Wesen gar nicht anders in Erscheinung treten als durch die Institutionen der regierenden Partei. Viele Thermidorianer waren zu ihrer Zeit aus den Jakobinern hervorgegangen, denen sich auch Bonaparte in seinen Jugendjahren angeschlossen hatte: unter den ehemaligen Jakobinern warb der erste Konsul und Kaiser der Franzosen in der Folgezeit seine treuesten Diener. Die Zeiten ändern sich, und mit ihnen die Jakobiner, die Jakobiner des 20. Jahrhunderts nicht ausgenommen.

Von dem Politbüro zu Lenins Zeiten ist heute nur Stalin allein übrig: zwei Mitglieder, Sinowjew und Kamenjew, engste Mitarbeiter Lenins in langen Emigrationsjahren, büßen mit zehn Jahren Kerker Verbrechen, die sie nie begangen haben; drei andere Mitglieder, Rykow. Bucharin und Tomski sind vollständig von der Führung ausgeschaltet, bekleiden aber zur Belohnung für ihr demütiges Verhalten zweitrangige Posten: der Verfasser dieser Zeilen schließlich befindet sich in der Emigration. In Acht steht auch Lenins Witwe Krupskaja, die es trotz aller Bemühungen nicht fertig gebracht hat, sich restlos dem Thermidor anzupassen.

Die Mitglieder des heutigen Politbüros nahmen in der Geschichte der bolschewistischen Partei zweitrangige Stellen ein. Wenn in den ersten Jahren der Revolution jemand ihren künftigen Aufstieg vorhergesagt hätte, sie selbst würden sich darüber als erste gewundert haben, und in dieser Verwunderung hätte keine falsche Bescheidenheit gelegen. Um so unerbittlicher waltet heute die Regel, dass das Politbüro immer recht hat, und jedenfalls niemand gegen das Politbüro recht haben kann. Aber auch das Politbüro selber kann nicht recht haben gegen Stalin, der sich nicht irren und folglich nicht gegen sich selbst recht haben kann.

Die Forderung nach Parteidemokratie war allzeit eine ebenso beharrliche wie hoffnungslose Losung aller oppositionellen Gruppierungen. Die uns bekannte Plattform der linken Opposition forderte 1927, in das Strafgesetzbuch einen besonderen Paragraphen einzufügen, der „jede direkte oder indirekte, offene oder verdeckte Verfolgung eines Arbeiters wegen Äußerung von Kritik ... als schweres Staatsverbrechen bestraft" Statt dessen fand man im Strafgesetzbuch einen Paragraphen gegen die linke Opposition selbst.

Von der Parteidemokratie blieben nur die Erinnerungen im Gedächtnis der älteren Generation. Mit ihr versank die Demokratie der Sowjets, Gewerkschaften, Genossenschaften, Kultur- und Sportorganisationen in die Vergangenheit. Über alles und alle herrscht uneingeschränkt die Hierarchie der Parteisekretäre. Das Regime wurde „totalitär" schon mehrere Jahre, bevor dies Wort aus Deutschland überkam, „Mit Hilfe demoralisierender Methoden, die denkende Kommunisten in Maschinen verwandeln, Willen, Charakter, menschliche Würde ertöten", schrieb Rakowski 1928 „konnte die Spitze sich in eine unabsetzbare und unantastbare Oligarchie zu verwandeln und sich selbst an die Stelle der Klasse und der Partei zu setzen". Seitdem diese entrüsteten Zeilen geschrieben wurden, ist die Entartung noch unsäglich weiter fortgeschritten. Die GPU wurde der ausschlaggebende Faktor im inneren Leben der Partei. Wenn Molotow im März 1936 sich vor einem französischen Journalisten rühmen konnte, dass die herrschende Partei keine Fraktionskämpfe mehr kennt, so nur dank der Tatsache, dass die Meinungsverschiedenheiten heutzutage durch automatisches Eingreifen der politischen Polizei entschieden werden. Die alte bolschewistische Partei ist tot, und keine Kraft wird sie wieder zum Leben erwecken.

* * *

Parallel zur politischen Entartung der Partei verlief eine moralische Verfaulung des unkontrollierten Apparats. Das Wort „Sowbur" – Sowjetbourgeois – als Bezeichnung für den privilegierten Würdenträger ging schon sehr früh in den Wortschatz der Arbeiter ein. Seit dem Übergang zur NEP gewannen die bürgerlichen Tendenzen stark an Boden. Auf dem 11. Parteikongress im März 1922 warnte Lenin vor der Gefahr der Entartung der regierenden Schicht. Es geschah nicht selten in der Geschichte, sagte er, dass der Sieger die Kultur des Besiegten übernahm, wenn dieser auf einem höheren Niveau stand. Die Kultur der russischen Bourgeoisie und Bürokratie war freilich armselig. Aber ach, die neue herrschende Schicht steht selbst dieser Kultur oft nach. „...4.700 verantwortliche Kommunisten" lenken in Moskau die Staatsmaschine. „...wer leitet da und wer wird geleitet? Ich bezweifle sehr, ob man sagen könnte, die Kommunisten ... leiten..." Auf den weiteren Kongressen konnte Lenin schon nicht mehr auftreten. Doch all sein Denken in den letzten Monaten seines aktiven Lebens war darauf gerichtet, die Arbeiter gegen die Bedrückung, Willkür und Verfaulung der Bürokratie zu warnen und zu wappnen. Dabei war es ihm nur gegeben, die ersten Krankheitserscheinungen zu beobachten.

Ch. Rakowski, ehemaliger Vorsitzender des Rats der Volkskommissare in der Ukraine, später Sowjetgesandter in London und Paris, sandte 1928, als er sich bereits in Verbannung befand, den Freunden eine kleine Untersuchung über die Sowjetbürokratie, die wir weiter oben einige Male zitiert haben, weil sie jetzt noch das beste bleibt, was zu dieser Frage geschrieben wurde.

„In Lenins und unser aller Vorstellungen", schreibt Rakowski, „bestand die Aufgabe der Parteiführung gerade darin, die Partei sowohl wie die Arbeiterklasse vor der zersetzenden Wirkung der Privilegien, der Vorteile und Vergünstigungen zu bewahren, die die Macht durch ihre Berührung mit den Resten des alten Adels und des Bürgertums, durch den zersetzenden Einfluss der NEP und die Verführungen durch bourgeoise Sitten und ihre Ideologie mit sich bringt ... Man muss offen, laut und deutlich sagen, dass der Parteiapparat diese seine Aufgabe nicht erfüllt hat, dass er sich für diese seine zweifache Schutz- und Erzieherrolle völlig unfähig gezeigt hat, dass er durchgefallen, Bankrott ist."

Es ist wahr, gebrochen durch die bürokratischen Repressalien, hat Rakowski selbst sein kritisches Urteil in der Folge verleugnet. Aber auch der siebzig jährige Galilei sah sich in den Krallen der Heiligen Inquisition gezwungen, das kopernikanische System abzuschwören. was die Erde jedoch nicht hinderte, sich auch weiter um ihre Achse zu drehen. Wir glauben den Reueerklärungen des sechzigjährigen Rakowski nicht, denn er selbst hat uns mehr als einmal vernichtende Analysen solcher Reuekundgebungen gegeben. Was seine politische Kritik betrifft, so fand sie in den Tatsachen der objektiven Entwicklung eine viel sicherere Stütze als in der subjektiven Standhaftigkeit ihres Autors.

Die Machteroberung verändert nicht nur das Verhältnis des Proletariats zu den anderen Klassen, sondern auch seine eigene innere Struktur. Die Machtausübung wird Spezialität einer bestimmten sozialen Gruppierung, die mit um so größerer Ungeduld ihre eigene „soziale Frage" zu lösen bestrebt ist, je höher ihre Meinung von ihrer Mission ist.

„Im proletarischen Staat, in dem wo kapitalistische Akkumulation den Mitgliedern der herrschenden Partei untersagt ist, erscheint die genannte Differenzierung zunächst eine funktionale, verwandelt sich aber dann in eine soziale. Ich sage nicht: klassenmäßige, sondern soziale Differenzierung" Rakowski erklärt: „...die soziale Lage eines Kommunisten, der über ein Automobil, eine schöne Wohnung verfügt, geregelten Urlaub hat, und das Parteimaximum erhält, sich von der Lage dessen unterscheidet, der ebenso Kommunist ist, aber in den Kohlengruben arbeitet, wo er monatlich 50-60 Rubel verdient".

Rakowski zählt die Ursachen für die Zersetzung der Jakobiner an der Macht auf: Jagd nach Reichtum, Beteiligung an Lieferungen. Aufträgen usw., und führt dabei eine interessante Bemerkung Babeufs an, dass zur Entartung der neuen herrschenden Schicht nicht wenig die ehemaligen Adelsfrauen beitrugen. auf die die Jakobiner sehr versessen waren. „Was tut ihr, kleinmütige Plebejer?" – ruft Babeuf aus – „heute umarmen sie euch, morgen werden sie euch erwürgen". Eine Statistik der Ehefrauen der herrschenden Schicht in der Sowjetunion würde ein ähnliches Bild ergeben. Der bekannte Sowjetjournalist Sosnowski wies auf die besondere Rolle des „Auto-Harem-Faktors" in der Sittengestaltung der Sowjetbürokratie hin. Freilich hat nach Rakowski auch Sosnowski seither bereut und ist aus Sibirien zurückgekehrt. Aber die Sitten der Bürokratie sind davon nicht besser geworden. Im Gegenteil, seine Reue ist selber ein Zeichen für die fortschreitende Demoralisierung.

Gerade die alten Artikel Sosnowskis, die in Manuskriptform von Hand zu Hand gingen, sind voll von unvergesslichen Episoden aus dem Leben der neuen herrschenden Schicht, die anschaulich zeigen, in wie hohem

Masse die Sieger sich die Sitten der Besiegten zu eigen gemacht haben. Um jedoch nicht in vergangene Jahre zurückzugreifen – Sosnowski hat 1934 die Peitsche endgültig mit der Leier vertauscht – beschränken wir uns auf ganz frische Beispiele aus der Sowjetpresse und wählen dabei nicht Missbräuche und sogenannte „Exzesse", sondern vielmehr alltägliche, von der offiziellen öffentlichen Meinung legalisierte Erscheinungen.

Der Direktor einer Moskauer Fabrik, ein angesehener Kommunist, rühmt sich in der **Prawda** des kulturellen Hochstands in dem von ihm geleiteten Betrieb. Ein Maschinist ruft bei ihm an: „Wie befehlen Sie, soll ich den Martinofen abstellen oder noch warten?" ... Ich antworte: „Warte...". Der Maschinist wendet sich an den Direktor äußerst ehrerbietig: „Wie befehlen Sie?", während der Direktor ihm mit *Du* antwortet. Und diesen unanständigen Dialog, der in keinem kapitalistischen Kulturland möglich wäre, erzählt der Direktor selbst in den Spalten der **Prawda** als etwas durchaus Normales! Der Redakteur wendet nichts ein, denn er bemerkt es nicht; die Leser protestieren nicht, da sie es gewohnt sind. Wundern wir uns darum nicht: auf den feierlichen Tagungen im Kreml reden die „Führer" und die Volkskommissare die ihnen unterstellten Fabrikdirektoren, Kolchosvorsitzenden, Meister und Arbeiterinnen, die zur Ordensverleihung speziell vorgeladen sind, mit *Du* an. Wie sollte man da nicht daran erinnern, dass eine der populärsten revolutionären Losungen im zaristischen Russland lautete: Abschaffung des Duzens der Untergebenen durch die Vorgesetzten!

Die in ihrer herrschaftlichen Ungeniertheit verblüffenden Dialoge der Kremlmachthaber mit dem „Volk" bezeugen fehlerlos, dass trotz Oktoberumsturz, trotz Nationalisierung der Produktionsmittel, trotz Kollektivierung und „Vernichtung des Kulakentums als Klasse" die Beziehungen zwischen den Menschen, selbst an der Spitze der Sowjetpyramide, nicht nur noch nicht die Höhen des Sozialismus erreicht haben, sondern in vielem noch dem kultivierten Kapitalismus nachstehen. In den letzten Jahren wurde auf diesem überaus wichtigen Gebiet ein gewaltiger Schritt rückwärts getan. Die Quelle dieser Rückfälle in die echt russische Barbarei ist ohne Zweifel der Sowjetthermidor. der dem wenig kultivierten Bürokraten völlige Unabhängigkeit und Kontrolllosigkeit brachte, den Massen aber das nur zu gut bekannte Gebot: gehorchen und schweigen.

Uns liegt der Gedanke fern, die Abstraktion der Diktatur der Abstraktion der Demokratie gegenüberzustellen und ihre Eigenschaften auf der Wage der reinen Vernunft zu wägen. Alles ist relativ auf dieser Welt, wo nur Veränderung beständig ist. Die Diktatur der bolschewistischen Partei war eines der mächtigsten Werkzeuge des Fortschritts in der Geschichte. Allein, auch hier gelten die Worte des Dichters: „Vernunft wird Unsinn, Wohltat Plage". Das Verbot der Oppositionsparteien zog das Verbot der Fraktionen nach sich; das Fraktionsverbot endete mit dem Verbot, anders zu denken als der unfehlbare Führer. Der Polizeimonolithismus der Partei brachte die bürokratische Straflosigkeit mit sich, die zur Quelle aller Formen der Zügellosigkeit und Zersetzung wurde.

Soziale Wurzeln des Thermidors

Den Sowjetthermidor definierten wir als Sieg der Bürokratie über die Massen. Wir haben die historischen Bedingungen dieses Sieges aufzudecken versucht. Die revolutionäre Vorhut des Proletariats war teils vom Verwaltungsapparat aufgesogen und langsam demoralisiert worden, teils im Bürgerkrieg umgekommen, teils beiseitegeschleudert und zermalmt. Die müden und enttäuschten Massen verhielten sich gleichgültig zu dem, was an der Spitze geschah. Diese Umstände, wie bedeutungsvoll sie an sich auch sein mögen, sind jedoch ganz unzulänglich, um zu erklären, warum es der Bürokratie gelang. sich über die Gesellschaft aufzuschwingen und auf solange Zeit deren Schicksal in die Hand zu nehmen: ihr eigener Wille würde jedenfalls dafür nicht ausreichen; das Entstehen einer neuen herrschenden Schicht muss tieferliegende soziale Ursachen haben.

Zum Sieg der Thermidorianer über die Jakobiner im 18. Jahrhundert trugen ebenfalls Ermüdung der Massen und Demoralisierung der leitenden Kader bei. Doch hinter diesen eigentlich konjunkturellen Erscheinungen vollzog sich ein tieferer organischer Prozess. Die Jakobiner stützten sich auf die von der großen Welle empor getragenen unteren Schichten des Kleinbürgertums; indessen musste die Revolution des 18. Jahrhunderts, entsprechend dem Entwicklungsgang der Produktivkräfte, letzten Endes zur politischen Herrschaft der Großbourgeoisie führen. Der Thermidor war nur eine der Etappen dieses unabwendbaren Prozesses. Welche soziale Notwendigkeit aber kommt im Sowjetthermidor zum Ausdruck?

In einem der vorhergehenden Kapitel versuchten wir bereits, eine vor-
läufige Antwort auf die Frage zu geben, warum der Gendarm wieder tri-
umphierte. Wir müssen nunmehr in der Analyse der Bedingungen des
Übergangs vom Kapitalismus zum Sozialismus und der Rolle des Staates
in diesem Prozess fortfahren. Stellen wir nochmals die theoretischen
Voraussichten der Wirklichkeit gegenüber. „Es ist immer noch notwendig die der Bourgeoisie und ihren Widerstand niederzuhalten", schrieb
Lenin 1917 bezüglich der Periode, die sogleich nach der Machtergreifung
einsetzen soll, „...Aber das unterdrückende Organ ist hier schon die
Mehrheit und nicht, wie dies bisher immer ... der Fall war, eine Minderheit der Bevölkerung ... In diesem Sinne *beginnt* der Staat *abzusterben*."
Worin äußert sich das Absterben? Vor allem darin, dass die Unter-
drückungsfunktionen statt durch „besondere Institutionen einer bevor-
zugten Minderheit (privilegiertes Beamtentum, Offizierskorps des stehenden Heeres)" von der „Mehrheit selbst unmittelbar" ausgeübt werden können. Weiter folgt bei Lenin eine in ihrer logischen Ableitung unbestreitbare These: „Je mehr die Funktionen der Staatsmacht vom gesamten Volk ausgeübt werden, um so geringer wird das Bedürfnis nach
dieser Macht." Die Aufhebung des Privateigentums an den Produktionsmitteln beseitigt die Hauptaufgabe des Staates, wie er geschichtlich entstand: den Schutz der Besitzvorrechte der Minderheit gegen die überwiegende Mehrheit.

Das Absterben des Staates beginnt nach Lenin bereits am Tage nach der
Expropriierung der Expropriateure, d.h. noch bevor das neue Regime an
seine wirtschaftlichen und kulturellen Aufgaben würde herangehen können. Jeder Fortschritt auf dem Wege der Lösung dieser Aufgaben bedeutet somit eine neue Etappe in der Liquidierung des Staates, seiner Auflösung in der sozialistischen Gesellschaft. Der Grad dieser Auflösung ist
das beste Merkmal für die Tiefe und das Gelingen des sozialistischen
Aufbaus. Man kann etwa folgendes soziologische Theorem aufstellen:
die Stärke des von den Massen im Arbeiterstaat ausgeübten Zwangs ist
direkt proportional zur Stärke der Ausbeutertendenzen oder der Gefahr
einer Wiederherstellung des Kapitalismus und umgekehrt proportional
zur Stärke der gesellschaftlichen Solidarität und der gemeinsamen Hin-
gebung an das neue Regime. In der Bürokratie aber, d.h. dem „privilegierten Beamtentum, den Befehlshabern des stehenden Heeres" äußert
sich eine besondere Art Zwang, wie sie die Massen nicht ausüben kön-

nen oder wollen, d.h. ein Zwang, der so oder so gegen sie selbst gerichtet ist.

Wenn die demokratischen Sowjets bis auf diesen Tag ihre ursprüngliche Kraft und Unabhängigkeit bewahrt hätten, aber gezwungen gewesen wären, gleichzeitig zu Repressalien und Zwang in demselben Masse Zuflucht zu nehmen wie in den ersten Jahren, dieser Umstand würde an sich allein schon ernste Unruhe hervorrufen können. Wie groß muss da erst die Besorgnis sein angesichts der Tatsache, dass die Massensowjets endgültig von der Bildfläche verschwanden, und die Zwangsfunktionen an Stalin, Jagoda & Co. übergingen. Und was für ein Zwang! Vor allen Dingen müssen wir uns fragen: welche soziale Ursache steht hinter dieser Zählebigkeit des Staats und insbesondere hinter seiner Verwandlung in einen Polizeistaat? Die Bedeutung dieser Frage ist nur zu klar ersichtlich: je nachdem wie die Antwort ausfällt, müssen wir entweder unsere traditionellen Anschauungen von der sozialistischen Gesellschaft überhaupt radikal ändern, oder ebenso radikal die offizielle Beurteilung der UdSSR ablehnen.

Greifen wir aus einer der letzten Nummern einer Moskauer Zeitung die stereotype Charakteristik des heutigen Sowjetregimes heraus, eine von denen, die im Lande tagaus tagein nachgebetet und von den Schulkindern auswendig gelernt werden:

„In der UdSSR sind die Schmarotzerklassen der Kapitalisten, Großgrundbesitzer, Kulaken endgültig liquidiert, und damit ist es mit der Ausbeutung des Menschen durch den Menschen auf immerdar und ein für alle Mal aus. Die gesamte Volkswirtschaft ist eine sozialistische geworden, und die wachsende Stachanowbewegung bereitet die Bedingungen für den Übergang vom Sozialismus zum Kommunismus vor". (**Prawda**, 4. April 1936).

Die Weltpresse der Komintern sagt in dieser Beziehung selbstverständlich nichts anderes. Wenn es aber mit der Ausbeutung „auf immerdar aus" ist, wenn das Land wirklich sich auf dem Weg vom Sozialismus, d.h. vom unteren Stadium des Kommunismus, zu seinem höheren Stadium befindet, so bleibt der Gesellschaft nichts anderes mehr zu tun, als endlich die Zwangsjacke des Staats abzustreifen. Staat dessen – der Gedanke dieses Kontrastes ist kaum zu fassen! – wurde der Staat der Sowjets ein totalitär-bürokratischer Staat.

Derselbe verhängnisvolle Widerspruch lässt sich am Schicksal der Partei veranschaulichen. Hier ist die Frage etwa so zu formulieren: Warum es in den Jahren 1917-1921, als die alten herrschenden Klassen noch mit der Waffe in der Hand kämpften, als die Imperialisten der ganzen Welt sie aktiv unterstützten, als das bewaffnete Kulakentum die Armee und die Versorgung des Landes sabotierte, warum war es damals möglich, in der Partei offen und ohne Furcht die brennendsten Fragen der Politik zu debattieren? Warum ist jetzt. nach Beendigung der Intervention, nach der Vernichtung der Ausbeuterklassen, nach den unbestreitbaren Erfolgen der Industrialisierung, nach der Kollektivierung der überwältigenden Mehrheit der Bauernschaft, nicht das geringste Wort der Kritik an der unabsetzbaren Führung erlaubt? Warum wird jeder beliebige Bolschewik, der im Einklang mit den Statuten die Einberufung eines Parteikongresses forderte, unverzüglich ausgeschlossen, jeder beliebige Bürger, der laut seinen Zweifel an Stalins Unfehlbarkeit äußerte, fast ebenso wie ein Teilnehmer an einer terroristischen Verschwörung verurteilt? Weshalb diese furchtbare, ungeheuerliche, unerträgliche Gewalt der Repression und des Polizeiapparats?

Die Theorie ist kein Wechsel, den man der Wirklichkeit in jedem beliebigen Moment zur Einlösung präsentieren könnte. Wenn die Theorie sich geirrt hat, muss man sie ändern oder ihre Lücken ausfüllen. Man muss die realen gesellschaftlichen Kräfte bloßlegen, die den Widerspruch zwischen der Sowjetwirklichkeit und der traditionellen marxistischen Konzeption erzeugten. Auf jeden Fall darf man nicht im Finstern tappen und rituelle Phrasen leiern, die vielleicht dem Prestige der Führer nützlich sind, der lebendigen Wirklichkeit aber ins Gesicht schlagen. Wir werden das sogleich an einem überzeugenden Beispiel sehen.

In seinem Bericht auf der Tagung des Zentralexekutivkomitees vom Januar 1936 erklärte der Vorsitzende des Rats der Volkskommissare, Molotow: „Die Volkswirtschaft des Landes ist sozialistisch geworden (Beifall). In diesem Sinne (?) haben wir die Aufgabe der Liquidierung der Klassen gelöst (Beifall)". Jedoch, aus der Vergangenheit blieben noch „uns ihrer Natur gemäß feindliche Elemente" übrig, Splitter der früher herrschenden Klassen. Außerdem entdeckt man unter den Kolchosmitgliedern, Staatsangestellten und zuweilen auch den Arbeitern „Schieberchen", „Raffer von Kolchosen- und Staatsgut", „sowjetfeindliche Klatschbasen" usw. Woraus sich denn die Notwendigkeit weiterer Festigung der Diktatur ergebe. Engels zum Trotz soll der Arbeiterstaat nicht „einschlafen", sondern im Gegenteil immer wachsamer werden.

Das Bild, welches das Oberhaupt der Sowjetregierung entwirft, wäre im höchsten Grade beruhigend, wenn es nicht so mörderisch widerspruchsvoll wäre. Im Lande hat der Sozialismus endgültig die Herrschaft angetreten: „In diesem Sinne" sind die Klassen vernichtet (wenn sie „in diesem Sinne" vernichtet sind, sind sie es folglich auch in jedem anderen). Freilich wird die soziale Harmonie hie und da durch Trümmer und Splitter der Vergangenheit gestört. Man kann doch aber nicht annehmen, dass vereinzelte Schwärmer, die, der Macht und des Eigentums beraubt, von der Wiederherstellung des Kapitalismus träumen, zusammen mit „Schieberchen" (nicht einmal richtige Schieber!) und „Klatschbasen" imstande seien, die klassenlose Gesellschaft zu stürzen. Alles steht scheinbar zum Besten. Wozu dann aber trotz alledem die eiserne Diktatur der Bürokratie?

Die reaktionären Schwärmer, sollte man meinen, sterben allmählich aus. Mit „Schieberchen" und „Klatschbasen" könnten auch erzdemokratische Sowjets spielend fertig werden.

„Wir sind keine Utopisten", entgegnete Lenin 1917 den bürgerlichen und reformistischen Theoretikern des bürokratischen Staates, „und leugnen durchaus nicht die Möglichkeit und Unvermeidlichkeit von Ausschreitungen *einzelner Personen* und ebenso wenig die Notwendigkeit, solche Ausschreitungen zu unterdrücken. Aber ... bedarf es dazu keiner besonderen Maschine, keines besonderen Unterdrückungsapparates; das wird das bewaffnete Volk selber tun mit der gleichen Selbstverständlichkeit bewerkstelligen, mit der eine beliebige Gruppe zivilisierter Menschen sogar in der heutigen Gesellschaft Raufende auseinander bringt oder eine Frau vor Gewalt schützt".

Diese Worte klingen, als hätte ihr Schreiber speziell die Einwände eines seiner Nachfolger auf dem Posten des Regierungschefs vor-ausgesehen.

Lenin wird in den Volksschulen der UdSSR gelehrt, aber offenbar nicht im Sowjet der Volkskommissare. Anders lässt sich Molotows Entschiedenheit, mit der er unbedenklich just zu den Argumenten greift, gegen die Lenin seine scharf geschliffene Waffe richtete, nicht erklären. Welch schreiender Widerspruch zwischen dem Gründer und den Epigonen! Wo Lenin meinte, selbst die Liquidierung der Ausbeuterklassen könne ohne bürokratischen Apparat geschehen, findet Molotow zur Erklärung, warum *nach* der Liquidierung der Klassen eine bürokratische Maschine die Selbsttätigkeit des Volkes erstickt, keinen besseren Hinweis als den auf die „Überreste" der liquidierten Klassen.

Sich von den „Überresten" zu nähren, wird jedoch um so schwieriger, als dem Geständnis berufener Vertreter derselben Bürokratie zufolge die gestrigen Klassenfeinde sich erfolgreich der Sowjetgesellschaft anpassen .So sagte Postyschew, einer der Sekretäre des Parteizentralkomitees, im April 1936 auf dem Komsomolkongress: „Viele Schädlinge ... haben aufrichtig bereut und sich zu den Reihen des Sowjetvolks gesellt ..." Angesichts der erfolgreichen Durchführung der Kollektivierung „sollen die Kulakenkinder nicht für ihre Eltern haften". Nicht genug damit: „heute glaubt auch der Kulak kaum noch an die Möglichkeit einer Wiederkehr seiner ehemaligen Ausbeuterstellung auf dem Lande". Nicht von ungefähr ging ja die Regierung dazu über, die mit der sozialen Herkunft verbundenen Beschränkungen aufzuheben! Wenn aber Postyschews Behauptungen, die auch Molotow voll und ganz teilt, einen Sinn haben, so nur diesen: die Bürokratie ist nicht bloß ein anachronistisches Ungeheuer geworden, sondern auch staatlicher Zwang überhaupt hat auf Sowjetboden nichts mehr zu suchen. Allein, mit dieser unabweisbaren Schlussfolgerung sind weder Molotow noch Postyschew einverstanden. Sie ziehen es vor, die Macht zu behalten, und sei es um den Preis eines Widerspruches.

In Wirklichkeit können sie auch nicht auf die Macht verzichten. Oder in objektive Sprache übersetzt: die heutige Sowjetgesellschaft kann den Staat nicht entbehren, nicht mal – in gewissen Grenzen – die Bürokratie. Aber die Ursache dafür sind durchaus nicht die kläglichen Überreste der Vergangenheit, sondern die machtvollen Tendenzen und Kräfte der Gegenwart. Die Rechtfertigung der Existenz des Sowjetstaats als Zwangsapparat liegt darin, dass die heutige Übergangsordnung noch voller sozialer Gegensätze steckt, die auf dem Gebiet des Verbrauchs – das alle am nächsten und fühlbarsten angeht – furchtbar gespannt sind und stets drohen, von .hier aus auf das Gebiet der Produktion überzugreifen. Der Sieg des Sozialismus kann daher bislang weder endgültig noch unwiderruflich genannt werden.

Grundlage des bürokratischen Kommandos ist die Armut der Gesellschaft an Verbrauchsgegenständen mit dem daraus entstehenden Kampf aller gegen alle. Wenn genug Waren im Laden sind, können die Käufer kommen, wann sie wollen. Wenn die Waren knapp sind, müssen die Käufer Schlange stehen. Wenn die Schlange sehr lang wird, muss ein Polizist für Ordnung sorgen. Das ist der Ausgangspunkt für die Macht der Sowjetbürokratie. Sie „weiß", wem sie zu geben, und wer zu warten hat.

Die Erhöhung des materiellen und kulturellen Niveaus müsste auf den ersten Blick die Notwendigkeit von Privilegien verringern, das Anwendungsgebiet des „bürgerlichen Rechts" verengern und damit seiner Schützerin, der Bürokratie, den Boden entziehen. In Wirklichkeit geschah das Umgekehrte: das Wachstum der Produktivkräfte verursachte bisher eine extreme Entwicklung aller Formen der Ungleichheit, Privilegien und Vorteile, und damit auch des Bürokratismus. Und auch das nicht zufällig.

In seiner ersten Periode war das Sowjetregime zweifellos viel gleichmacherischer und viel weniger bürokratisch als heute. Doch das war das Gleichmachertum der allgemeinen Not. Die Mittel des Landes waren so dürftig, dass für die Absonderung irgendwie breiterer privilegierter Schichten aus der Masse keine Möglichkeit vorhanden war. Gleichzeitig damit ertötete der „gleichmacherische" Charakter des Arbeitslohns die persönliche Interessiertheit und wurde so zu einer Bremse für die Entwicklung der Produktivkräfte. Die Sowjetwirtschaft musste aus ihrer Armut herauskommen und eine etwas höhere Stufe erklimmen, damit der Fettansatz, – die Privilegien – möglich wurde. Der heutige Stand der Produktion ist noch sehr weit davon entfernt, alle mit allem Notwendigen versehen zu können. Aber er reicht schon aus, um einer Minderheit erhebliche Privilegien zu gewähren und die Ungleichheit in eine Knute zur Anpeitschung der Mehrheit zu verwandeln. Das ist der erste Grund, warum das Wachsen der Produktion bisher nicht die sozialistischen, sondern bürgerlichen Züge des Staates stärkte.

Es ist dies aber nicht der einzige Grund. Neben dem ökonomischen Faktor, der im gegenwärtigen Stadium kapitalistische Arbeitsentgeltsmethoden vorschreibt, wirkt parallel ein politischer Faktor in Gestalt der Bürokratie selbst. Ihrem eigentlichen Wesen nach ist sie Stifterin und Erhalterin der Ungleichheit. Sie entsteht von Anfang an als bürgerliches Organ des Arbeiterstaats. Während sie die Vorteile der Minderheit einführt und beschützt, schöpft sie selbstredend den Rahm für sich selber ab. Wer Güter verteilt, ist noch nie zu kurz gekommen. So erwächst aus dem sozialen Bedürfnis ein Organ, das die gesellschaftlich notwendige Funktion weit überragt, zu einem selbständigen Faktor und damit zur Quelle großer Gefahren für den gesamten Organismus der Gesellschaft wird.

Der soziale Sinn des Sowjetthermidor beginnt uns jetzt klar zu werden. Armut und kulturelle Rückständigkeit der Massen verkörperten sich noch einmal in der Schreckensgestalt des Gebieters mit großem Knüttel in der Hand. Die abgesetzte und geschmähte Bürokratie wurde aus dem Diener der Gesellschaft wieder ihr Herr. Auf diesem Wege hat sie eine solche soziale und moralische Entfremdung von den Volksmassen erreicht, dass sie bereits keine Kontrolle weder ihrer Taten noch ihrer Einkünfte mehr dulden kann.

Die auf den ersten Blick mystische Furcht der Bürokratie vor den „Schieberchen, Raffern und Klatschbasen" findet auf diese Weise ihre ganz natürliche Erklärung. Noch nicht imstande, die elementaren Bedürfnisse der Massen zu befriedigen, weckt und erzeugt die Sowjetwirtschaft auf Schritt und Tritt Schieber- und Raffertendenzen. Andererseits machen die Privilegien der neuen Aristokratie die Bevölkerungsmassen geneigt, auf die „sowjetfeindlichen Klatschbasen" zu horchen, d.h. auf jeden, der sei es auch nur im Flüsterton, die willkürliche und gefräßige Obrigkeit kritisiert. Es handelt sich somit nicht um Gespenster der Vergangenheit, nicht um Überbleibsel von etwas nicht mehr Existierendem, mit einem Wort nicht um Schnee vom vorigen Jahr, sondern um neue, mächtige und ständig wiederauferstehende Tendenzen zur privaten Akkumulation. Das erste bislang noch sehr armselige Anströmen von

Wohlstand hat im Lande gerade infolge seiner Armseligkeit diese zentrifugalen Tendenzen nicht geschwächt, sondern verstärkt. Andererseits wuchs bei den Nichtprivilegierten das Bestreben, dem Neuadel die Faust unter die Nase zu reiben. Der soziale Kampf verschärft sich aufs neue. Das sind die Quellen für die Machtfülle der Bürokratie. Doch aus denselben Quellen entspringt auch die Bedrohung dieser ihrer Machtfülle.

VI. Wachsen der Ungleichheit und der sozialen Gegensätze

Not, Luxus, Spekulation

Nach einer anfänglichen „sozialistischen Verteilung" sah sich die Sowjetmacht 1921 gezwungen, zum Markt zurückzukehren. Die äußerste Anspannung aller Mittel in der Epoche des ersten Fünfjahresplans führte wiederum zur staatlichen Verteilung. d.h. zur Wiederholung der Erfahrung des „Kriegskommunismus" auf einer höheren Grundlage. Jedoch auch diese Grundlage stellte sich als noch zu ungenügend heraus. Im Laufe des Jahres 1935 macht das System der planmäßigen Verteilung wieder dem Handel Platz. Zwiefach erwies es sich, dass die lebenswichtigen Methoden der Produktenverteilung mehr vom Stand der Technik und vom Vorhandensein materieller Ressourcen abhängen als sogar von den Eigentumsformen.

Die Steigerung der Arbeitsproduktivität. insbesondere durch den Akkordlohn, verspricht in der Perspektive eine Vergrößerung der Warenmassen und eine Senkung der Preise, folglich eine Erhöhung des Lebensstandards der Bevölkerung. Aber das ist nur die eine Seite der Sache, die bekanntlich auch unter dem Kapitalismus in seiner Aufstiegsepoche zu beobachten war. Es heißt jedoch. die gesellschaftlichen Erscheinungen und Prozesse in ihrem Zusammenhang und ihrer Wechselwirkung erfassen. Steigerung der Arbeitsproduktivität auf der Grundlage des Warenverkehrs bedeutet gleichzeitig wachsende Ungleichheit. Die Hebung des Wohlstands der kommandierenden Schichten beginnt die Hebung des Lebensstandards der Massen weit in den Schatten zu stellen. Mit der Erhöhung des staatlichen Reichtums geht ein Prozess neuer sozialer Schichtenbildung einher.

Den alltäglichen Lebensbedingungen nach zerfällt die Sowjetgesellschaft schon jetzt in eine sichergestellte und privilegierte Minderheit und eine kümmerlich ihr Leben fristende Mehrheit, wobei die Ungleichheit an den extremen Polen himmelschreiende Kontraste zeitigt. Die für den breiten Verbrauch bestimmten Produkte sind trotz hoher Preise in der Regel von ungemein niedriger Qualität und, je weiter von den Zentren entfernt, um so schwerer zu bekommen, Unter solchen Umständen werden Spekulation und sogar direkter Diebstahl von Gebrauchsartikeln zu Massenerscheinungen, und wenn sie bis gestern die planmäßige Verteilung ergänzten, so dienen sie heute als Korrektiv für den Sowjethandel.

Die „Freunde" der UdSSR haben die berufsmäßige Angewohnheit, ihre Eindrücke mit verbundenen Augen und mit Watte in den Ohren zu sammeln: auf sie kann man sich nicht verlassen. Die Feinde verbreiten oft böswillige Verleumdung. Halten wir uns an die Bürokratie selber. Da sie ja jedenfalls nicht ihr eigener Feind ist, verdienen ihre offiziellen Selbstüberführungen, die immer durch irgendwelche unabweisbaren praktischen Erfordernisse hervorgerufen sind, ungleich mehr Vertrauen als die häufigeren und lärmenderen Selbstlobe.

Der Industrieplan von 1935 wurde bekanntlich übertroffen. Doch hinsichtlich der Wohnbauten wurde der Plan nur zu 55.7% erfüllt, wobei der Bau von Arbeiterwohnungen am langsamsten, schlechtesten und nachlässigsten erfolgte. Was die Kolchosbauern betrifft, so wohnen sie wie bisher in den alten Katen mit ihren Kälbern und Kakerlaken. Andererseits beschwert sich der Sowjetadel in der Presse, dass nicht in allen für ihn errichteten Neubauten „Zimmer für Hausangestellte", d.h. Dienstmädchen vorhanden sind.

Jedes Regime schafft sich seinen monumentalen Ausdruck im Bauwesen und in der Architektur. Für die heutige Sowjetepoche sind die zahlreichen Sowjetpaläste und Sowjethäuser charakteristisch, wahre Tempel der Bürokratie, die zuweilen Dutzende von Millionen Rubel kosteten, teure Theater, Rotarmeegebäude, d.h. Militärklubs. hauptsächlich für die Offiziere, luxuriöse Untergrundbahnen für Zahlungskräftige bei außerordentlichem und unveränderlichem Zurückbleiben des Baus von Arbeiterwohnungen, und sei es auch nur vom Typus der Wohnkasernen.

Auf dem Gebiet des Eisenbahntransports von Staatsfrachtgütern sind beachtliche Fortschritte gemacht worden. Doch der einfache Sowjetmensch hat nicht viel davon. Zahllose Verfügungen der Bahnverwaltungschefs zetern immer wieder über den „antisanitären Zustand des Wagenparks und der Passagiergebäude", die „empörenden Tatsachen der Untätigkeit hinsichtlich der Bedienung der Passagiere auf den Eisenbahnen", die „große Zahl von Missbräuchen, Diebstählen und Betrügereien in bezug auf Fahrkarten..., Verheimlichung der freien Plätze und Spekulation mit ihnen, das Bestechungswesen..., den Diebstahl von Gepäck auf den Stationen und in den Zügen". Solche Tatsachen „entehren den sozialistischen Transport"! in Wahrheit gelten sie auch im kapitalistischen Transport für kriminelle Vergehen. Die wiederholten Klagen des beredten Verwalters bescheinigen einwandfrei die äußerste Unzulänglichkeit der Transportmittel für die Anforderungen der Bevölkerung. den empfindlichen Mangel an Transportgütern und schließlich die zynische Geringschätzung für den einfachen Sterblichen von Seiten der Eisenbahn- wie auch aller anderen Behörden. Sich selbst versteht die Bürokratie vortrefflich zu bedienen, gleich ob zu Lande, zu Wasser oder in der Luft, wovon die große Zahl sowjetischer Salonwagen, Sonderzüge und Sonderdampfer Zeugnis ablegen, die übrigens immer mehr durch erstklassige Automobile und Flugzeuge ersetzt werden.

Bei der Charakterisierung der Fortschritte in der Sowjetindustrie teilte der Leningrader Vorsitzende des Zentralkomitees Schdanow unter dem Beifall der unmittelbar interessierten Zuhörer mit, in einem Jahr „werden unsere Aktivisten zu den Sitzungen nicht in den heutigen bescheidenen Fordwagen sondern in Limousinen fahren". Die Sowjettechnik richtet, soweit sie auf den Menschen eingestellt ist, ihre Bemühungen vor allem auf die Zufriedenstellung der gestiegenen Anforderungen.. der auserwählten Minderheit. Die Straßenbahnen sind – dort wo es welche gibt – wie immer brechend voll.

Wenn der Volkskommissar für die Nahrungsmittelindustrie Mikojan sich rühmt, dass die niedrigen Süßigkeiten in der Produktion immer mehr von den höheren verdrängt werden, und dass „unsere Frauen" gute Parfüms fordern, so bedeutet das nur, dass die Industrie mit dem Übergang zum Geldverkehr sich dem qualifizierten Verbraucher anpasst. Das sind die Gesetze des Marktes, auf dem die hochgestellten Frauen nicht den letzten Platz behaupten. Daneben ist zu beobachten, dass 1935 in der Ukraine 68 von 95 untersuchten Genossenschaftsläden überhaupt keine

Süßigkeiten führten und die Nachfrage nach Zuckergebäck nur zu 15 bis 20% befriedigt wurde, obendrein bei äußerst niedriger Qualität. „Die Fabriken arbeiten", klagt die **Iswestija**, „ohne den Forderungen des Verbrauchers Rechnung zu tragen", natürlich wenn es nicht gerade der Verbraucher ist, der sich zu verteidigen verstehe.

Das Akademiemitglied Bach findet, dass, vom Standpunkt der organischen Chemie gesehen, „unser Brot zuweilen schauderhaft zu sein pflegt". Das denken auch die Arbeiter und Arbeiterinnen, die in die Geheimnisse der Gärprozesse nicht eingeweiht sind; zum Unterschied von dem ehrenwerten Akademiemitglied haben sie jedoch nicht die Möglichkeit ihre Ansicht in der Presse zu äußern.

In Moskau macht der Konfektionstrust Reklame für vom „Haus der Mode" speziell ausgearbeitete Schnittmuster für Seidenkleider; in der Provinz, selbst in großen Industriestädten können die Arbeiter nach wie vor nicht ohne Schlangestehen und andere Scherereien ein Baumwollhemd erstehen: es mangelt daran! Vielen das Notwendige verschaffen ist viel schwerer als Wenigen das Überflüssige: die ganze Geschichte bürgt dafür.

Bei der Aufzählung seiner Leistungen macht uns Mikojan damit bekannt, dass „die Margarineindustrie neu ist". Tatsächlich gab es sie unter dem alten Regime noch nicht. Daraus soll man nicht voreilig schließen, dass die Lage schlechter geworden sei als unter dem Zaren: Butter bekam das Volk auch damals nicht zu Gesicht. Aber das Auftauchen des Ersatzes weist jedenfalls darauf hin, dass es in der Sowjetunion zwei Verbraucherklassen gibt: die eine zieht Butter vor, die andere begnügt sich mit Margarine. „Die Versorgung mit Machorkatabak ist ausreichend für alle, die ihn haben wollen", rühmt sich derselbe Mikojan. Er vergaß hinzuzufügen, dass man weder in Europa noch in Amerika einen so minderwertigen Tabak kennt wie den Machorka.

Eine der krassesten, um nicht zu sagen herausforderndsten Erscheinungen der Ungleichheit ist die Eröffnung von besonderen Läden für Waren erster Güte in Moskau und anderen Großstädten, unter dem überaus sprechenden, wenn auch fremden Namen „Lux". Gleichzeitig zeigen die nicht enden wollenden Klagen über massenhaften Diebstahl in den Delikatessenläden Moskaus und der Provinz, dass nur die Minderheit an Nahrungsmitteln keinen Mangel leidet, aber alle davon essen möchten.

Die arbeitende Mutter hat ihre eigene Ansicht über das soziale Regime, und ihr „Verbraucher"kriterium, wie sich der hohe Beamte verächtlich ausdrückt – der übrigens seinem eigenen Verbrauch viel Aufmerksamkeit schenkt – ist letzten Endes entscheidend. Im Konflikt zwischen der Arbeiterin und der Bürokratie stehen wir mit Marx und Lenin auf der Seite der Arbeiterin gegen den Bürokraten, der die Leistungen übertreibt, die Widersprüche verschleiert und die Arbeiterin an der Gurgel hält, damit sie es ja nicht wage zu kritisieren.

Margarine und Machorka mögen heute eine traurige Notwendigkeit sein, Aber dann ist es nicht angebracht zu prahlen und die Wirklichkeit zu färben. Limousinen für die „Aktivisten", gute Parfums für „unsere Frauen", Margarine für die Arbeiter, „Lux"-Läden für die Vornehmen, der Anblick der Delikatessen durch die Fensterscheiben für den Pöbel — so ein Sozialismus muss den Massen wie ein gewendeter Kapitalismus erscheinen. Und dies Urteil ist gar nicht so falsch. Auf dem Fundament der „verallgemeinerten Not" droht der Kampf um die notwendigen Existenzmittel die „ganze alte Scheiße" wiederzubeleben und tut es stückweise auf Schritt und Tritt.

Die heutigen Marktverhältnisse unterscheiden sich von den Verhältnissen der NEP (1921-1928) dadurch, dass sie sich ohne Vermittler und private Händler, unmittelbar zwischen den Staats-, Kooperativ- und Kolchosorganisationen und dem einzelnen Bürger entfalten müssen. Allein, so verhält es sich nur im Prinzip. Der schnell wachsende Umsatz des staatlichen und genossenschaftlichen Einzelhandels soll 1936 laut Entwurf 100 Milliarden Rubel betragen. Der Umsatz des Kolchosenhandels der 1935 16 Milliarden betrug, soll in diesem Jahr bedeutend anwachsen. Es ist schwer zu bestimmen, welchen Raum – jedenfalls keinen winzigen – die illegalen und halblegalen Vermittler sowohl in wie neben diesem Umsatz einnehmen. Nicht nur die Einzelbauern sondern auch die Kolchosen insbesondere die einzelnen Kolchosbauern sind überaus geneigt, sich des Vermittlers zu bedienen. Denselben Weg gehen die Handwerker, die Genossenschafter, die lokale Industrie, die mit den Bauern zu tun hat. Von Zeit zu Zeit heißt es plötzlich, der Fleisch-, Butter- oder Eierhandel eines großen Bezirks sei „Spekulanten" in die Hände gefallen. Sogar allernotwendigster Hausbedarf wie Salz, Streichhölzer, Mehl, Petroleum, die in den Staatslagern In ausreichender Menge vorhanden sind, fehlen wochen- und monatelang in den bürokratisierten Dorfgenossenschaften: es ist klar, dass die Bauern die Waren, die sie brauchen sich anderweitig beschaffen. Die Sowjetpresse erwähnt andauernd die Wiederverkäufer wie etwas ganz Selbstverständliches.

Was die anderen Formen des privaten Gewerbes und der privaten Akkumulation betrifft, so spielen sie offensichtlich eine geringere Rolle. Die selbständigen Kutscher, Inhaber von Gastwirtschaften, alleinstehenden Handwerker sind, ähnlich wie die Einzelbauern, halb geduldete Berufe. In Moskau selbst gibt es eine große Anzahl privater Hilfs- und Reparaturwerkstätten: man drückt darüber ein Auge zu, weil sie bedeutende Lücken in der Wirtschaft ausfüllen. Eine ungleich größere Anzahl Privater arbeitet jedoch unter dem Deckmantel aller Art Artels [=handwerkliche Arbeitsgemeinschaften] und Genossenschaften oder birgt sich unter dem Dach der Kolchosen, Wie um die Risse der Planwirtschaft zu unterstreichen, verhaftet die Kriminalpolizei von Zeit zu Zeit als böswillige Spekulantinnen hungrige Frauen, die mit handgenähten Mützen oder Blusen handeln.

„Die Basis für die Spekulation ist in unserem Lande vernichtet", verkündete Stalin im Herbst 1935, „und wenn es bei uns trotzdem noch Spekulanten gibt, so ist das nur durch Eins zu erklären: ungenügende Klassenwachsamkeit, liberales Verhalten in einzelnen Betriebsstufen des Sowjetapparats zu den Spekulanten". Da haben wir ein Stück des bürokratischen Denkens in idealer Reinkultur vor uns! Die ökonomische Basis der Spekulation ist vernichtet? Aber dann ist keinerlei Wachsamkeit mehr vonnöten. Wenn der Staat beispielsweise der Bevölkerung die nötige Menge Kopfbedeckungen liefern könnte, brauchte man nicht unglückliche Straßenhändlerinnen zu verhaften. Übrigens ist dies auch jetzt kaum erforderlich.

An sich sind die oben aufgezählten Kategorien der Privaten sowohl der Anzahl wie dem Umsatz nach nicht schlimm. Man kann ja in der Tat auch keine Erstürmung der Festen des staatlichen Eigentums befürchten seitens Lastfuhrmännern, Mützenhändlerinnen, Uhrmachern und Eierverkäufern! Aber mit den nackten Zahlenverhältnissen ist die Frage allerdings noch nicht entschieden. Die Unmenge und Buntscheckigkeit aller Arten von Spekulanten, die beim geringsten administrativen Versagen wie Fieberflecken durchbrechen, sind ein Zeichen für das ständige Andrängen kleinbürgerlicher Tendenzen. Der Grad der Gefahr, die die Spekulantenbazillen für die sozialistische Zukunft darstellen, wird gänzlich durch die allgemeine Widerstandskraft des wirtschaftlichen und politischen Organismus des Landes bestimmt.

Die Geistesverfassung und das Verhalten der einfachen Arbeiter und Kolchosbauern, d.h. annähernd 90% der Bevölkerung, hängen in erster Linie von den Veränderungen ihres eigenen Reallohns ab, Doch nicht geringere Bedeutung ist dem Verhältnis zwischen ihrem Einkommen und dem der besser gestellten Schichten beizumessen. Das Relativitätsgesetz macht sich wohl am unmittelbarsten auf dem Gebiet des menschlichen Verbrauchs geltend. Die Übertragung aller gesellschaftlichen Beziehungen in die Sprache der Geldrechnung enthüllt restlos den realen Anteil der verschiedenen Gesellschaftsschichten am Volkseinkommen. Selbst wenn man die historische Unvermeidlichkeit der Ungleichheit noch für lange Zeit zugesteht, bleiben die Fragen der zulässigen Grenzen dieser Ungleichheit sowie ihrer gesellschaftlichen Zweckmäßigkeit in jedem konkreten Fall noch offen. Der unvermeidliche Kampf um den Anteil am Volkseinkommen wird notwendigerweise zum politischen Kampf. Ob die heutige Ordnung sozialistisch ist oder nicht, das wird nicht durch die Sophismen der Bürokratie entschieden, sondern dadurch, wie sich die Massen selbst, d.h. die Industriearbeiter und Kolchosbauern zu dieser Ordnung verhalten.

Differenzierung des Proletariats

Es sollte scheinen, in einem Arbeiterstaat müssten die den Reallohn betreffenden Daten besonders sorgfältig studiert werden und sollte sich überhaupt die gesamte Statistik der Einkünfte nach den Bevölkerungskategorien durch vollständige Durchsichtigkeit und Allgemeinverständlichkeit auszeichnen. In Wirklichkeit ist gerade dies Gebiet, das die Lebensinteressen der Werktätigen am meisten angeht, von einem undurchdringlichen Vorhang umhangen. Das Budget einer Arbeiterfamilie bildet in der Sowjetunion, so unwahrscheinlich es klingen mag, für die Forschung eine ungleich rätselhaftere Größe als in einem beliebigen kapitalistischen Land. Vergeblich würden wir versuchen, die Kurve des Reallohns der verschiedenen Kategorien der Arbeiterklasse zu ermitteln, und sei es auch nur für die Jahre des zweiten Fünfjahresplans. Das hartnäckige Schweigen der Quellen und Behörden ist in dieser Beziehung ebenso beredt wie ihr Prunken mit nichtssagenden summarischen Ziffern.

Gemäß einem Bericht des Volkskommissars für Schwerindustrie Ordschonikidse ist die Monatsleistung eines Arbeiters in dem Jahrzehnt 1925-1935 um das 3,2fache gestiegen, der Geldlohn aber um das 4,5fache. Welchen Teil von diesem letzten, so eindrucksvoll ausschauenden Koeffizienten die Spezialisten und höheren Arbeiterschichten verschlingen, und – was nicht weniger wichtig ist – wie viel dieser Nominallohn in realen Werten darstellt, darüber erfahren wir weder aus dem Bericht noch aus den Zeitungskommentaren etwas. Auf dem Kongress der Sowjetjugend im April 1936 erklärte der Konsomolsekretär Kossarew: „Vom Januar 1931 bis zum Dezember 1935 stieg der Arbeitslohn der Jugendlichen um 340%!" Aber selbst inmitten der sorgfältig ausgelesenen jungen Ordenträger, die mit Ovationen nicht sparen, folgte auf diese Prahlerei nicht ein einziges Händeklatschen: den Zuhörern wie dein Redner war allzu bekannt, dass die scharfe Wendung zu den Marktpreisen die materielle Lage der Hauptarbeitermassen verschlechtert hatte.

Der „durchschnittliche" Jahreslohn, Trustdirektor und Straßenkehren zusammengenommen, betrug 1935 rund 2.300 Rubel und sollte 1936 rund 2.500 Rubel betragen, d.h. nominal 7.500 französische Francs, der realen Kaufkraft nach aber kaum mehr als 3.500 bis 4.000 Francs. Diese an sich schon sehr bescheidene Ziffer schmilzt noch weiter, wenn man berücksichtigt, dass die Erhöhung des Arbeitslohns im Jahre 1936 nur eine Teilentschädigung für die Abschaffung der Vorzugspreise auf Gebrauchsgegenstände und die Aufhebung einer Reihe unentgeltlicher Dienste darstellt. Aber was die Hauptsache ist, 2.500 Rubel im Jahr, 208 Rubel pro Monat sind wie gesagt der *Durchschnittslohn*, d.h. eine mathematische Fiktion, deren Zweck es ist, die Wirklichkeit zu verschleiern, nämlich eine grausame Ungleichheit in der Bezahlung der Arbeit.

Es ist ganz unbestreitbar, dass die Lage der höheren Arbeiterschicht. insbesondere die der sogenannten Stachanowleute, sich im letzten Jahr bedeutend gehoben hat: nicht von ungefähr zählt die Presse sorgfältig auf, wie viel Anzüge, Stiefel, Grammophone, Fahrräder oder Konservenbüchsen sich diese oder jene Ordenträger kauften. Dabei stellt sich beiläufig gesagt heraus, wie unerschwinglich diese Gegenstände für den einfachen Arbeiter sind. Über die Beweggründe der Stachanowbewegung erklärte Stalin: „Es lebt sich besser, es ist eine Freude geworden zu leben. Und wenn das Leben froh ist, geht die Arbeit von der Hand". In dieser für die herrschende Schicht recht charakteristischen optimistischen Art, das Akkordwesen zu beleuchten, steckt der Teil prosaischer Wahrheit, dass die Aussonderung einer Arbeiteraristokratie erst dank der vorhergehenden Wirtschaftserfolge des Landes möglich wurde. Was die Stachanowleute treibt, ist jedoch nicht die „frohe" Stimmung an sich, sondern das Streben nach größerem Verdienst. Molotow berichtete Stalin folgendermaßen: „Der unmittelbare Antrieb zu hohen Arbeitsleistungen bei den Stachanowisten", erklärte er, „ist das einfache Interesse an der Vergrößerung ihres Verdienstes". In der Tat: im Verlaufe weniger Monate bildete sich eine ganze Schicht von Arbeitern heraus, die man „Tausender" nennt, weil ihr Verdienst 1.000 Rubel pro Monat übersteigt; einige verdienen sogar über 2.000 Rubel, während die Arbeiter der niedrigsten Kategorien oft weniger als 100 Rubel pro Monat erhalten.

Es sollte scheinen, dass diese Spannbreite des Arbeitslohns einen genügend großen Unterschied zwischen den „edlen" und „nichtedlen" Arbeitern schafft. Doch der Bürokratie ist das noch zu wenig! Die Stachanowleute werden buchstäblich mit Privilegien überhäuft: man bringt sie in neuen Wohnungen unter oder repariert die alten, sie kommen außer der Reihe in die Ruhehäuser und Sanatorien, man schickt ihnen unentgeltlich Lehrer und Ärzte ins Haus, schenkt ihnen Freikarten fürs Kino. stellenweise werden ihnen sogar unentgeltlich und außer der Reihe die Haare geschnitten und die Bärte rasiert. Viele von diesen Privilegien sind wie absichtlich darauf berechnet, den Durchschnittsarbeiter zu kränken und zu verletzen. Die Ursache für das aufdringliche Wohlwollen der Machthaber ist außer Strebertum schlechtes Gewissen: die lokalen herrschenden Gruppen packen gierig die Gelegenheit. aus der Isolierung herauszukommen, indem sie die oberste Arbeiterschicht an den Privilegien teil haben lassen. Das Ergebnis ist, dass der Reallohn der Stachanowisten oft zwanzig- bis dreißigmal den Verdienst der unteren Arbeiterkategorien übersteigt. Was besonders glückliche Spezialisten betrifft, so könnten mit ihrem Gehalt in vielen Fällen 80 bis 100 Handlanger entlohnt werden. Hinsichtlich des Umfangs der Ungleichheit im Arbeitsentgelt hat die UdSSR die kapitalistischen Länder nicht nur eingeholt, sondern weit überholt!

Die besten der Stachanowisten, d.h. die, die sich wirklich von sozialistischen Motiven leiten lassen, werden der Privilegien nicht froh und sind verärgert. Kein Wunder: der individuelle Genuss aller Art materieller Güter bei allgemeinem Darben umgibt sie mit einem Ring von Hass und Missgunst und vergiftet ihr Dasein. Von der sozialistischen Moral sind derartige Verhältnisse weiter entfernt als die der Arbeiter in einer kapitalistischen Fabrik, die durch den gemeinsamen Kampf gegen die Ausbeuter verbunden sind.

Bei alledem ist das alltägliche Leben auch für den qualifizierten Arbeiter nicht leicht, besonders in der Provinz. Abgesehen davon, dass der Siebenstundentag immer mehr der erhöhten Leistung zum Opfer fällt, gehen nicht wenig Stunden auf anderweitigen Kampf ums Dasein drauf. Als Zeichen besonderer Wohlfahrt der besten Sowchosarbeiter wird beispielsweise darauf hingewiesen, dass die Traktoren-, Mähdrescherführer usw., d.h. bereits eine notorische Aristokratie, selbst Kühe und Schweine besitzen. Die Theorie, die da lautete, Sozialismus ohne Milch sei besser als Milch ohne Sozialismus, ist fallen gelassen. Jetzt wird zugegeben, das die Arbeiter der landwirtschaftlichen Staatsbetriebe, wo doch eigentlich kein Mangel an Kühen und Schweinen herrschen sollte, sich zur Sicherung ihres Daseins eine eigene Taschenviehzucht einrichten müssen. Nicht weniger erstaunlich klingt die Mitteilung, dass in Charkow 96.000 Arbeiter eigene Gemüsegärten besitzen; die anderen Städte werden aufgefordert, es Charkow nachzutun. Welch entsetzliche Vergeudung menschlicher Kraft bedeuten die „eigene Kuh" und der „eigene Gemüsegarten" für den Arbeiter und vor allem für seine Frau und Kinder, und welche Last dies mittelalterliche Graben in Mist und Erde!

Was die große Masse betrifft, so hat sie selbstredend weder Kühe, noch Gemüsegärten, oft nicht einmal eine eigene Zimmerecke. Der Verdienst der ungelernten Arbeiter beträgt 1.200 bis 1.500 Rubel im Jahr und sogar weniger, was bei den Sowjetpreisen ein Elendsregime bedeutet. Die Wohnverhältnisse der sicherste Nenner des materiellen und kulturellen

Niveaus, sind sehr schlecht, oft unerträglich. Die überwiegende Mehrheit der Arbeiter haust in Gemeinschaftsheimen die, was Ausstattung und Geräumigkeit betrifft, ärger sind als Kasernen. Wenn es einmal nötig wird, gewisse Produktionsfehlschläge Arbeitsversäumnisse und Ausschuss zu entschuldigen, gibt die Verwaltung durch ihre Journalisten selber folgende Beschreibung der Wohnverhältnisse: „Die Arbeiter schlafen auf dem Fußboden, da sie in den Betten von den Wanzen zerfressen werden, die Stühle sind zerbrochen, kein Becher da, um Wasser zu trinken" usw. „In einem Zimmer leben zwei Familien. Es leckt durchs Dach. Bei Regen trägt man das Wasser eimerweise aus den Zimmern". „Der Austritt ist in ekelhaftem Zustand". Die Zahl solcher Beschreibungen der Verhältnisse in verschiedenen Landesteilen kann man nach Belieben vermehren. Infolge der unerträglichen Bedingungen „erreicht die Fluktuation der Arbeiter", wie zum Beispiel der Leiter der Erdölindustrie schreibt, „sehr hohen Umfang... Wegen Mangel an Arbeitern sind eine große Menge Bohrtürme außer Betrieb..." In einigen ganz besonders ungünstigen Bezirken sind nur solche zur Arbeit zu haben, die woanders wegen verschiedener Disziplinvergehen zur Strafe entlassen worden sind. So setzt sich am Boden des Proletariats eine Schicht von verstoßenen und rechtlosen Sowjetparias an, auf die jedoch ein so wichtiger Industriezweig wie die Erdölgewinnung weitgehend angewiesen ist.

Das Ergebnis der himmelschreienden Unterschiede beim Arbeitsentgelt, die durch die willkürlichen Privilegien noch vertieft werden, ist, dass die Bürokratie scharfe Gegensätze innerhalb des Proletariats zu züchten vermag. Die Berichte von der Stachanowkampagne ergaben zuweilen das Bild eines kleinen Bürgerkriegs. „Pannen und Brüche an den Mechanismen sind ein beliebtes (!) Mittel im Kampf gegen die Stachanowbewegung", schrieb zum Beispiel das Gewerkschaftsorgan. „Der Klassenkampf", lesen wir weiter, „bringt sich auf Schritt und Tritt in Erinnerung". In diesem „Klassen"kampf stehen die Arbeiter auf der einen Seite, die Gewerkschaften auf der anderen. Stalin empfahl öffentlich, den Widerstrebenden eins „in die Fresse" zu geben, Andere Mitglieder des Zentralkomitees drohten des öfteren, die „frech werdenden Feinde" vom Erdboden zu fegen. An der Erfahrung der Stachanowbewegung offenbart sich besonders krass sowohl die tiefe Entfremdung zwischen Staatsmacht und Proletariat, wie die zähe Wut, mit der die Bürokratie die freilich nicht von ihr erfundene Regel anwendet: „Teile und herrsche!"

Dafür wird den Arbeitern zum Trost der forcierte Akkord „sozialistischer Wettbewerb" getauft. Die Bezeichnung klingt wie Hohn!

Der Wetteifer, dessen Wurzeln in unserer Biologie liegen, wird zweifellos
– vorher von Habsucht, Neid und Vorrechten gesäubert – auch unter
dem Kommunismus die Haupttriebkraft bleiben. Aber in der näherlie-
genden Vorbereitungsepoche kann und wird eine wirkliche Festigung
der sozialistischen Gesellschaft nicht mit den erniedrigenden Methoden
des zurückgebliebenen Kapitalismus geschehen, deren sich die Sowjetregierung bedient, sondern auf eine Weise, die des befreiten Menschen
würdiger ist, und vor allem ohne den bürokratischen Knüttel. Denn dieser Knüttel ist selbst das abscheulichste Erbe der alten Welt. Man muss
ihn entzweibrechen und auf öffentlichem Scheiterhaufen verbrennen,
bevor man ohne Schamröte von Sozialismus reden kann!

Soziale Gegensätze im Kolchos

Sind die Industrietrusts „im Prinzip" sozialistische Unternehmungen,
von den Kolchosen kann man das nicht sagen. Sie fußen nicht auf staatlichem, sondern auf Gruppeneigentum. Das ist verglichen mit der
spreuartigen Individualwirtschaft ein tüchtiger Schritt vorwärts. Ob aber
die Kollektivwirtschaften zum Sozialismus führen werden, das hängt von
einer ganzen Reihe Umstände ab, von denen ein Teil innerhalb der Kolchosen zu suchen ist, ein anderer außerhalb davon, in den allgemeinen
Bedingungen des Sowjetsystems, schließlich ein weiterer Teil, und nicht
der kleinste, auf dem Weltschauplatz.

Der Kampf zwischen Bauernschaft und Staat ist noch längst nicht beendet, Die gegenwärtige, noch sehr unbeständige Organisierung der Landwirtschaft ist nichts weiter als ein zeitweiliges Kompromiss der kämpfenden Lager nach einem grimmigen Ausbruch des Bürgerkriegs. Allerdings
sind 90% der Bauernhöfe kollektiviert, die Kolchosländereien liefern
94% der gesamten landwirtschaftlichen Produktion. Selbst wenn man
einen gewissen Prozentsatz von Scheinkolchosen berücksichtigt, hinter
denen sich im Grunde Einzelbauern verstecken, so scheint doch nichts
anderes übrig zu bleiben als anzuerkennen, dass der Sieg über die Individuelle Wirtschaftsweise mindestens zu neun Zehnteln errungen ist. Jedoch der wirkliche Kampf der Kräfte und Tendenzen auf dem Lande

lässt sich keinesfalls in den Rahmen einer nackten Gegenüberstellung von Einzel- und Kolchosbauern zwängen.

Um mit den Bauern Frieden zu stiften, sah sich der Staat gezwungen, den Privatbesitz- und individuellen Tendenzen des flachen Landes weitgehende Zugeständnisse zu machen, angefangen mit der feierlichen Übergabe der Ländereien an die Kolchosen in „ewige" Nutzung, womit im Grunde die Sozialisierung des Bodens liquidiert ist. Eine juristische Fiktion? Je nach dein Kräfteverhältnis kann sie sich als Realität erweisen und schon in der allernächsten Periode der Planwirtschaft im Staatsmaßstab erhebliche Schwierigkeiten bereiten. Viel wichtiger jedoch ist, dass der Staat sich gezwungen sah, die Wiederherstellung individueller Bauernwirtschaften auf besonders winzigen Parzellen mit eigenen Kühen, Schweinen, Schafen, Geflügel usw. zuzulassen. Zum Entgelt für das Attentat auf die Sozialisierung und die Einschränkung der Kollektivierung findet sich der Bauer bereit, friedlich, wenn auch bislang ohne großen Eifer, in den Kolchosen zu arbeiten, die ihm die Möglichkeit geben, seine Pflichten gegenüber dem Staat zu erfüllen und etwas in eigene Nutzung zu bekommen. Die neuen Beziehungen sind in ihrer Form noch so unreif, dass man sie auch dann nur schwer in Ziffern fassen könnte, wenn die Sowjetstatistik ehrlicher wäre als sie ist. Vieles erlaubt nichtsdestoweniger darauf zu schließen, das die Zwergwirtschaften für das persönliche Dasein des Bauern bislang nicht weniger bedeuten als die Kolchosen. Das heißt eben, dass der Kampf zwischen den individualistischen und kollektivistischen Tendenzen die gesamte Masse des Dorfes aufwühlt, und dass sein Ausgang noch nicht entschieden ist. Wohin neigt der Bauer am meisten? Er weiß es selbst nicht genau.

Der Volkskommissar für Landwirtschaft sagte Ende 1935; „Bis in die letzte Zeit hinein stießen wir von Seiten der Kulakenelemente auf heftigen Widerstand gegen die Erfüllung des Staatsplans hinsichtlich der Getreideaufbringung". Das heißt mit anderen Worten, die Kolchosbauern betrachteten in ihrer Mehrzahl „bis in die letzte Zeit hinein" (und heute?) die Kornablieferung an den Staat als eine für sie unvorteilhafte Operation und neigten zum privaten Handel. In einer anderen Beziehung bezeugen dies auch die drakonischen Gesetze zum Schutz des Kolchoseigentums vor der Plünderung durch die Kolchosbauern selbst. Äußerst lehrreich ist auch die Tatsache, dass das Kolchoseigentum beim

Staat mit 20 Milliarden Rubel versichert ist, das Privateigentum der Kolchosbauern aber mit 21 Milliarden. Wenn dies Verhältnis auch nicht notwendig bedeutet, dass die Kolchosbauern, einzeln genommen, reicher seien als die Kolchosen, so doch jedenfalls, dass die Kolchosbauern ihren eigenen Besitz sorgsamer versichern als den gemeinsamen.

Nicht weniger aufschlussreich ist von dem uns interessierenden Standpunkt aus der Entwicklungsverlauf bei der Viehzucht. Während die Menge der Pferde bis 1935 sich unausgesetzt verringerte und erst infolge einer Reihe von Regierungsmaßnahmen im letzten Jahr eine leichte Erhöhung aufzuweisen begann, betrug die Vermehrung des Hornviehs im vergangenen Jahr bereits 4 Millionen Tiere, In bezug auf die Pferde wurde der Plan im günstigen Jahr 1935 nur zu 94% erfüllt, hinsichtlich des Hornviehs aber erheblich übertroffen, Der Sinn dieser Angaben erhellt aus der Tatsache, dass Pferde nur Kolchoseigentum sind, während Kühe sich auch bereits im Besitz der meisten Kolchosbauern befinden. Es bleibt nur noch hinzuzufügen, dass in den Steppenbezirken, wo es den Kolchosbauern ausnahmsweise erlaubt ist, ein eigenes Pferd zu besitzen, der Pferdebestand bei diesen Eigentümern erheblich schneller wächst als bei den Kolchosen, die ihrerseits den Sowchosen den Rang ablaufen, Aus all dem folgt keineswegs eine Überlegenheit des Kleinbetriebs über den vergesellschafteten Großbetrieb. Aber der Übergang vom ersten zum zweiten, von der Barbarei zur Zivilisation, birgt so manche Schwierigkeiten, die sich nicht durch administrativen Druck allein aufheben lassen.

„Das Recht kann nie höher sein als die ökonomische Gestaltung und dadurch bedingte Kulturentwicklung der Gesellschaft ..." Die Verpachtung des Bodens, gesetzlich verboten, ist in Wirklichkeit recht weit verbreitet, und zwar in ihrer schädlichsten Form, der des Abarbeitens. Land wird verpachtet von Kolchosen an Kolchosen, zuweilen an fremde Personen. schließlich an eigene unternehmungslustigere Mitglieder. Zur Verpachtung nehmen, so unwahrscheinlich es klingen mag, auch Sowchosen Zuflucht, d.h. „sozialistische" Unternehmungen, und was besonders lehrreich ist, selbst die Sowchosen der GPU! Unter dem schützenden Mantel dieser hohen Institution, Hüterin des Gesetzes, erlegt der Sowchosendirektor den Pachtbauern Bedingungen auf, wie sie aus den alten gutsherrschaftlichen Leibeigenschaftsverträgen abgeschrieben sein könnten. Wir haben hier folglich mit Fällen zu tun, wo die Bürokraten bereits nicht mehr als Agenten des Staats, sondern als halblegale Großgrundbesitzer die Bauern ausbeuten.

Ohne im geringsten die Ausmaße solcher Entartungserscheinungen, die sich der statistischen Erfassung natürlich entziehen, zu übertreiben, darf man jedoch ihre gewaltige symptomatische Bedeutung nicht übersehen. Sie sind ein fehlerloses Zeugnis von der Kraft der bürgerlichen Tendenzen in dem noch ungemein rückständigen Wirtschaftszweig, der die überwältigende Mehrheit der Bevölkerung umfasst. Die Marktverhältnisse verstärken unterdessen unvermeidlich die individualistischen Tendenzen und vertiefen die soziale Differenzierung im Dorf, trotz der neuen Struktur der Eigentumsverhältnisse.

Im Durchschnitt entfiel 1935 auf einen Kolchoshof ein Geldeinkommen von 4.000 Rubeln. Doch in bezug auf die Bauern sind die „Durchschnitts"ziffern noch trügerischer als in bezug auf die Arbeiter. Im Kreml wurde zum Beispiel berichtet, dass die Kolchosfischer 1935 verglichen mit 1934 das Doppelte verdienten, nämlich je 1919 Rubel, wobei der Beifall anlässlich dieser letzten Ziffer zeigte, wie bedeutend sie den Verdienst der großen Kolchosmassen überragt. Andererseits gibt es Kolchosen wo auf jeden Hof rund 30.000 Rubel entfallen, ohne die Geld- und Naturaleinkünfte der Individualwirtschaften oder die Naturaleinkünfte des Betriebs in seiner Gesamtheit mitzurechnen: im allgemeinen ist das Einkommen jedes dieser Kolchosgroßbauern 10 bis 15 Mal höher als der Verdienst eines „Durchschnitts"arbeiters oder eines gewöhnlichen Kolchosbauern.

Die Stufung der Einkünfte ist nur zum Teil durch Fertigkeit und Fleiß bedingt. Die Kolchosen sowohl wie die privaten Parzellen der Bauern befinden sich je nach Klima, Bodenbeschaffenheit, Anbausorten, Lage zu den Städten und Industriezentren, in außerordentlich ungleichen Bedingungen. Der Gegensatz zwischen Stadt und Land hat sich während der Fünfjahrespläne nicht nur nicht gemildert, sondern umgekehrt infolge des fieberhaften Wachsens der Städte und neuen Industriebezirke außerordentlich verstärkt. Dieser grundlegende soziale Gegensatz der Sowjetgesellschaft erzeugt unvermeidlich Produktionswidersprüche zwischen und in den Kolchosen, hauptsächlich kraft der Differentialrente.

Die uneingeschränkte Macht der Bürokratie ist ein nicht weniger machtvolles Werkzeug der sozialen Differenzierung. In ihrer Hand liegen Hebel wie der Arbeitslohn, die Preise, die Steuern, das Budget und der Kredit. Die ganz unverhältnismäßig großen Gewinne mehrerer mittelasiatischer Baumwollkolchosen sind in viel höherem Grade durch die von der Regierung festgesetzten Preisverhältnisse bedingt als durch die eigentliche Arbeit der Kolchosbauern. Die Ausbeutung der einen Bevölkerungsschicht durch die andere ist nicht verschwunden sondern getarnt. Die ersten paar zehntausend „wohlhabenden" Kolchosen erwarben ihren Wohlstand auf Kosten der zurückgebliebenen Kolchosen und der Industriearbeitermasse. Alle Kolchosen zum Wohlstand zu bringen, ist eine unermesslich schwierigere und langwierigere Aufgabe, als einer Minderheit auf Kosten der Mehrheit Privilegien zuzuschanzen. Als 1927 die linke Opposition konstatierte, dass „das Einkommen des Kulaken ungleich stärker als das des Arbeiters gewachsen ist ", so gilt das auch heute noch, freilich in abgeänderter Form: das Einkommen der Kolchosspitzen ist viel höher gestiegen als das der großen Bauern- und Arbeitermasse. Der Unterschied im materiellen Niveau ist heute sogar wohl noch bedeutender als knapp vor der Entkulakisierung.

Die sich *innerhalb* der Kolchosen vollziehende Differenzierung äußert sich teils auf dem Gebiet des persönlichen Verbrauchs, teils in der privaten Hofwirtschaft, da ja die Produktionsmittel des eigentlichen Kolchos vergesellschaftet sind. Die Differenzierung *zwischen* den Kolchosen hat schon jetzt tiefergehende Wirkungen, da sich vor den reichen Kolchosen die Möglichkeit auftut, mehr Dünger und mehr Maschinen zu verwenden und folglich sich schneller zu bereichern. Gedeihende Kolchosen dingen häufig Arbeitskräfte bei den armen Kolchosen, und die Machthaber drücken darüber ein Auge zu. Die Verschreibung der nicht gleichwertigen Grundstücke an die Kolchosen muss die weitere Differenzierung zwischen ihnen und folglich die Aussonderung einer Art „bourgeoiser" Kolchosen oder „Kolchosmillionäre", wie sie schon jetzt genannt werden, außerordentlich fördern.

Natürlich hat die Staatsgewalt die Möglichkeit, als Regulator in den Prozess der sozialen Differenzierung der Bauernschaft einzugreifen. Doch in welcher Richtung und in welchen Grenzen? Auf die Kulakenkolchosen und Kolchoskulaken einschlagen hieße einen neuen Konflikt mit den „progressivsten" Schichten der Bauernschaft heraufbeschwören, die gerade jetzt nach einer schmerzhaften Unterbrechung besonders lebhaften Geschmack am „glücklichen Leben" fanden. Und außerdem – das ist die Hauptsache – wird die Staatsgewalt selbst immer unfähiger zu sozialistischer Kontrolle. In der Landwirtschaft sucht sie, ebenso wie in der Industrie, die Unterstützung und Freundschaft der Starken, Prosperierenden, der „Ackerstachanowisten", der Kolchosmillionäre. Von der Sorge um die Entwicklung der Produktivkräfte ausgehend, endet sie unausweichlich bei der Sorge um sich selbst.

Gerade in der Landwirtschaft, wo der Verbrauch so unmittelbar mit der Erzeugung verknüpft ist, eröffnete die Kollektivierung grandiose Möglichkeiten für das Schmarotzertum der Bürokratie und dadurch für ihre Verflechtung mit den Kolchosspitzen. Die Ehren„geschenke" welche die Kolchosbauern den Führern auf den feierlichen Tagungen im Kreml darbringen, sind nur ein symbolischer Ausdruck für den nicht symbolischen Tribut, den sie den lokalen Machtvertretern zollen.

So gerät in der Landwirtschaft noch unvergleichlich mehr als in der Industrie das niedrige Produktionsniveau. ständig in Konflikt mit den sozialistischen und sogar den genossenschaftlichen (kollektivwirtschaftlichen.) Eigentumsformen Die Bürokratie, die in letzter Hinsicht aus diesem Widerspruch entsprang, verschärft ihn ihrerseits weiter.

Soziales Erscheinungsbild der herrschenden Schicht

In der sowjetrussischen politischen Literatur stößt man häufig auf Anprangerungen des „Bürokratismus" als einer Art schlechter Denkgepflogenheiten oder Arbeitsweisen (die Anprangerungen sind immer von oben nach unten gerichtet und stellen eine Methode der Selbstverteidigung für die Spitzen dar). Was man aber nie antreffen kann, das sind Untersuchungen über die Bürokratie als herrschende Schicht, ihre zahlenmäßige Stärke, ihre Struktur, über ihr Fleisch und Blut, ihre Privilegien und Appetite, über den von ihr verschlungenen Anteil am Volkseinkommen. Indes, sie existiert. Und die Tatsache, dass sie so sorgfältig ihre soziale Physiognomie verbirgt bezeugt, dass sie das spezifische Bewusstsein der herrschenden „Klasse" besitzt, das allerdings von der Überzeugtheit von ihrem Recht auf die Herrschaft noch weit entfernt ist.

Eine Darstellung der Sowjetbürokratie in genauen Zahlen ist ganz unmöglich, und zwar aus zweierlei Gründen: erstens ist es in einem Land, wo der Staat fast der einzige Unternehmer ist, schwer zu sagen, wo der Verwaltungsapparat aufhört; zweitens beobachten die Sowjetstatistiker, -ökonomen und -publizisten in der uns interessierenden Frage wie bereits gesagt ein besonders kompaktes Stillschweigen. Die „Freunde" tun es ihnen nach. Bemerken wir beiläufig, dass die Webb in ihrem 1200 Seiten starken Wälzer auf die Sowjetbürokratie als soziale Kategorie überhaupt nicht eingehen. Kein Wunder: schrieben sie ja doch im Grunde unter deren Diktat!

Der zentrale Staatsapparat zählte am 1. November 1933 den offiziellen Angaben zufolge rund 55.000 Personen leitendes Personal. Doch in dieser Ziffer, die in den letzten Jahren außerordentlich gewachsen ist, sind nicht enthalten einerseits das Militär- und Marinewesen und die GPU, andererseits die Genossenschaftszentrale und die sogenannten gesellschaftlichen Organisationen wie die Ossoawiachim usw. Jede der Republiken hat außerdem noch ihren eigenen Regierungsapparat. Parallel zu den staatlichen, gewerkschaftlichen, genossenschaftlichen und anderen Generalstäben, zum Teil eng mit ihnen verflochten, steht der mächtige Parteistab. Wir übertreiben kaum, wenn wir die kommandierende Spitze der UdSSR und der Republiken auf 400.000 Personen schätzen. Möglicherweise erreicht diese Zahl heute bereits die halbe Million. Es sind dies nicht einfach Beamte, sondern sozusagen „Würdenträger". „Führer", eine herrschende Kaste im eigentlichen Sinne des Wortes, freilich ihrerseits durch sehr bedeutende horizontale Scheidewände hierarchisch unterteilt.

Diese halbmillionenstarke Spitze ruht auf einer schweren Verwaltungspyramide mit breiter und weitverzweigter Grundlage. Die Vollzugsausschüsse der Gebiets-, Stadt- und Bezirkssowjets, zusammen mit den parallelen Organen der Partei, der Gewerkschaften und des Komsomol, den örtlichen Transportstellen, dem Kommandopersonal der Armee, der Flotte und der GPU-Agentur müssen eine Gesamtziffer ergeben, die sich den zwei Millionen nähert. Man vergesse auch nicht die Sowjetvorsitzenden von 600.000 Flecken und Dörfern!

Die unmittelbare Leitung der lndustrieunternehmungen lag 1933 (Angaben jüngeren Datums fehlen) in den Händen von 17.000 Direktoren und Stellvertretern. Das gesamte administrativ-technische Werks-, Fabrik- und Bergwerkspersonal, darunter auch dessen untere Glieder bis einschließlich der Aufseher, betrug rund 250.000 Mann (davon allerdings 54.000 Spezialisten ohne administrative Funktionen im eigentlichen Sinne des Wortes). Dahinzu muss auch der Partei- und Gewerkschaftsapparat in den Betrieben gerechnet werden, wo die Verwaltung bekanntlich vom „Dreieck" ausgeübt wird (Direktion, Partei, Gewerkschaft). Eine Ziffer von einer halben Million für die Verwaltung der lndustrieunternehmungen von Bedeutung für die gesamte Union wird gegenwärtig nicht übertrieben sein. Dem muss man noch das Verwaltungspersonal der Betriebe in den einzelnen Republiken und lokalen Sowjets hinzufügen.

In einer anderen Aufstellung gibt die offizielle Statistik für 1933 mehr als 860.000 Administratoren und Spezialisten an für die Sowjetwirtschaft insgesamt, davon in der Industrie über 480.000, im Transportwesen über 100.000, in der Landwirtschaft 93.000, im Handel 25.000. Hierin sind zwar auch die Spezialisten ohne administrative Verfügungsgewalt mitgerechnet, nicht aber die Kolchosen oder Genossenschaften. Und diese Daten sind in den letzten zweieinhalb Jahren ebenfalls weit überholt worden.

Auf die 250.000 Kolchosen, rechnet man nur die Vorsitzenden und Parteiorganisatoren, entfällt eine halbe Million Administratoren. In Wirklichkeit ist ihre Zahl noch ungleich höher. Fügt man die Sowchosen und die Maschinen- und Traktorenstationen hinzu, so überschreitet die Gesamtzahl der Kommandeure der vergesellschafteten Landwirtschaft bei weitem die Million.

Der Staat hatte 1935 113.000 Handelsniederlassungen, das Genossenschaftswesen 200.000. Die Leiter beider sind im Grunde keine Handelsangestellten, sondern Staatsbeamte und darüber hinaus Monopolisten. Selbst die Sowjetpresse beklagt sich von Zeit zu Zeit darüber, dass die „Kooperatoren aufgehört haben, in den Kolchosmitgliedern ihre Wähler zu erblicken". Als ob sich der Genossenschaftsmechanismus qualitativ vom Mechanismus der Gewerkschaften, der Sowjets und der Partei unterscheiden könnte!

Diese ganze Schicht, die nicht unmittelbar produktive Arbeit leistet, sondern leitet, anordnet, befiehlt. Gnaden austeilt und straft – die Lehrer und Gelehrten lassen wir beiseite – ist auf fünf bis sechs Millionen Personen zu schätzen. Diese Summenangabe erhebt, ebenso wie die sie zusammensetzenden Ziffern, keinesfalls auf Genauigkeit Anspruch; sie taugt aber immerhin als eine erste Annäherung. Sie gestattet, sich davon zu überzeugen, dass die „Generallinie" der Führung keineswegs körperloser Geist ist.

In ihren verschiedenen Stockwerken ist die kommandierende Schicht, in der Richtung von unten nach oben, mit Kommunisten im Maße von 20 bis zu 90% durchsetzt. In der Gesamtmasse der Bürokratie bilden die Kommunisten und Komsomolzen ein Massiv von 1½ bis 2 Millionen; augenblicklich angesichts der unaufhörlichen Reinigungen eher weniger als mehr. Das ist das Knochengerüst der Staatsgewalt. Dieselben kommunistischen Verwalter bilden das Knochengerüst der Partei und des Komsomol. Die ehemalige kommunistische Partei ist heute nicht die Vorhut des Proletariats, sondern die politische Organisation der Bürokratie. Die rückständige Masse der Partei- und Komsomolmitglieder dient nur zur Aussonderung des „Aktivs", d.h. der Reserve für die Selbstergänzung der Bürokratie. Denselben Zielen dient auch das parteilose „Aktiv".

Hypothetisch kann man annehmen, dass die Arbeiter- und Kolchosaristokratie – Stachanowisten, parteilose Aktivisten, Vertrauenspersonen, Verwandte und Gevattern – der Zahl, die wir für die Bürokratie annahmen, – fünf bis sechs Millionen – ungefähr die Wage hält. Mit den Familien ergeben die beiden einander durchdringenden Schichten an die 20 bis 25 Millionen. Wir schätzen hier die Zahl der Familienmitglieder darum so niedrig ein, weil nicht selten Mann wie Frau, zuweilen auch der Sohn oder die Tochter zum Apparat gehören. Außerdem haben es die Frauen aus der herrschenden Schicht viel leichter, ihre Familie klein zu halten, als die Arbeiterinnen und insbesondere die Bäuerinnen. Die heutige Kampagne gegen die Abtreibungen geht von der Bürokratie aus, berührt sie selbst aber nicht. 12%, vielleicht 15% der Bevölkerung, das ist die wahre soziale Basis der selbstherrschenden Spitze.

Wenn ein eigenes Zimmer, ausreichende Nahrung. saubere Kleidung noch immer nur einer kleinen Minderheit zugänglich sind, trachten die Millionen Bürokraten, die großen wie die kleinen, danach, sich der Macht vor allen Dingen zur Sicherung des eigenen Wohlergehens zu bedienen. Daher der kolossale Egoismus dieser Schicht, ihr starker innerer Zusammenhalt, ihre Furcht vor der Unzufriedenheit der Massen, ihre zähe Wut bei der Erstickung jeglicher Kritik, schließlich ihre heuchlerisch-religiöse Verehrung des „Führers", der die Macht und die Privilegien der neuen Herren verkörpert und schützt.

Die Bürokratie selber ist noch unvergleichlich weniger einheitlich als das Proletariat oder die Bauernschaft. Zwischen einem Dorfssowjetvorsitzenden und einem hohen Kremlbeamten klafft ein Abgrund. Das Dasein der unteren Beamten der verschiedenen Kategorien bewegt sich im Grunde genommen auf einem sehr primitiven Niveau, das an den Lebensstandard eines qualifizierten Arbeiters im Westen nicht herankommt. Aber alles ist relativ: das Niveau der umgebenden Bevölkerung ist noch erheblich tiefer. Das Geschick des Kolchosvorsitzenden, des Parteiorganisators, des unteren Genossenschaftlers hängt ebenso wenig wie das der höheren Beamten von den sogenannten „Wählern" ab. Jeder Beamte kann von der ihm übergeordneten Instanz in jedem beliebigen Augenblick geopfert werden, um die Unzufriedenheit zu besänftigen. Aber dafür kann auch Jeder von ihnen gegebenenfalls eine Stufe höher steigen.

Sie alle sind – wenigstens bis zum ersten ernsten Stoß – durch gegenseitige Haftung mit dem Kreml verbunden.

Den Lebensbedingungen gemäß umfasst die herrschende Schicht alle Stufen vom Kleinbürgertum des Krähwinkels bis zur hauptstädtischen Großbourgeoisie. Den materiellen Bedingungen entsprechen die Gepflogenheiten, Interessen und der Ideenkreis. Die heutigen Führer der Sowjetgewerkschaften unterscheiden sich gar nicht so sehr von den Citrine, Jouhaux und Green, Andere Traditionen, eine andere Phraseologie, aber dasselbe verächtlich bevormundende Verhalten zur Masse, dieselbe gewissenlose Gewandtheit in zweitrangigen Manövern, derselbe Konservatismus. dieselbe Enge des Horizonts, dieselbe rücksichtslose Sorge um den eigenen Frieden, schließlich dieselbe Verehrung für die trivialsten Formen der bürgerlichen Kultur. Die Sowjetobersten und -generäle unterscheiden sich meistens wenig von den Obersten und Generälen der fünf Erdteile und sind jedenfalls bestrebt, ihnen möglichst stark zu ähneln. Die Sowjetdiplomaten haben von den westlichen Diplomaten nicht nur den Frack, sondern auch die Denkweise übernommen. Die Sowjetjournalisten prellen die Leser nicht weniger als ihre ausländischen Kollegen. wenn auch nicht auf dieselbe Manier

Ist es schon schwierig, die eigentliche Bürokratie zahlenmäßig zu schätzen, noch schwerer ist es, ihre Einkünfte zu ermitteln. Bereits 1927 protestierte die Opposition dagegen, dass „der aufgeschwollene und privilegierte Verwaltungsapparat ... einen erheblichen Teil des Mehrwerts" verschlingt. In der Oppositionsplattform wurde berechnet, dass allein der Handelsapparat „einen gewaltigen Anteil des Volkseinkommens [verschlingt]: mehr als ein Zehntel der Bruttoproduktion". Danach ergriff die Macht die notwendigen Maßnahmen, um solche Berechnungen unmöglich zu machen. Doch eben darum sind die Unkosten nicht gesunken. sondern gestiegen.

Nicht besser als in der Sphäre des Handels steht es auch auf den anderen Gebieten. Es bedurfte, wie Rakowski 1930 schrieb, eines vorübergehenden Zanks zwischen der Partei- und Gewerkschaftsbürokratie, damit die Bevölkerung aus der Presse erfuhr, dass von den 400 Millionen Rubeln des Gewerkschaftsbudgets 80 Millionen auf den Unterhalt des Personals draufgingen. Wir bemerken: es war nur vom legalen Budget die Rede. Darüber hinaus erhält ja die Gewerkschaftsbürokratie zum Zeichen der Freundschaft von der Industriebürokratie große Geldgeschenke, Wohnungen, Transportmittel usw. „Wie viel geht auf den Unterhalt der Partei-, Genossenschafts-, Kolchos-, Sowchos-, Industrie-, Verwaltungsapparate drauf mit allen ihren Verzweigungen?" fragte Rakowski. „Darüber", antwortete er, „fehlen uns selbst mutmaßliche Angaben".

Das Fehlen von Kontrolle hat unvermeidlich Missbräuche zur Folge, und zwar auch in bezug auf Geld. Am 29. September 1935 konstatierte die Regierung, gezwungenermaßen, wieder einmal die Frage der schlechten Arbeit im Genossenschaftswesen aufs Tapet zu bringen, unter Molotows und Stalins Unterschrift, nicht zum ersten Mal das „Vorhandensein umfangreicher Diebstähle und Unterschlagungen und die verlustbringende Arbeit in vielen ländlichen Verbrauchervereinen". Auf der Tagung des Zentralexekutivkomitees vom Januar 1936 beklagte sich der Volkskommissar für Finanzwesen darüber, dass die lokalen Exekutivkomitees eine ganz willkürliche Verausgabung der staatlichen Mittel zulassen. Wenn der Volkskommissar von den Zentralbehörden schwieg, so nur weil er selbst zu ihnen gehört.

Es besteht keinerlei Möglichkeit zu berechnen, welchen Teil des Volkseinkommens die Bürokratie sich aneignet. Dies ist nicht nur so, weil sie sorgfältig sogar ihre legalisierten Einkünfte verbirgt, und auch nicht nur, weil sie, weitgehend nicht vorgesehene Einkünfte genießt, und dabei die Grenze des Missbrauchs streift und häufig überschreitet. Sondern es ist hauptsächlich deshalb so, weil der gesamte Fortschritt des gesellschaftlichen Lebens, der städtischen Technik, des Komforts, der Kultur und der Kunst bislang vor allem, wenn nicht ausschließlich der privilegierten Spitzenschicht dient.

Hinsichtlich der Bürokratie als Verbraucherin kann man, mit den notwendigen Änderungen, wiederholen, was an anderer Stelle von der Bourgeoisie gesagt wurde: es gibt keinen Grund und es hat keinen Sinn, ihren Appetit nach einfachen Gebrauchsartikeln zu übertreiben.. Doch die Lage ändert sich schroff, sobald wir unser Augenmerk auf ihre fast monopolartige Nutznießung; der alten und neuen Errungenschaften der Zivilisation lenken. Formell stehen diese Güter natürlich der gesamten Bevölkerung offen oder wenigstens der städtischen, in Wirklichkeit aber hat diese dazu nur ausnahmsweise Zutritt. Die Bürokratie dagegen verfügt über sie in der Regel wann und soviel sie will, genau wie über Gegenstände ihres eigenen Hauswesens. Rechnet man nicht nur das Gehalt, alle Art Naturaldienste und mannigfachen halbgesetzlichen zusätzlichen Einkommensquellen. sondern fügt man dem auch den Anteil der Bürokratie und der Sowjetaristokratie an den Theatern, Erholungspalästen, Krankenhäusern, Sanatorien, Kurorten. Museen, Klubs, Sporteinrichtungen usw. usf. hinzu, so müsste man wahrscheinlich sagen, dass auf diese 15, sagen wir 20% der Bevölkerung nicht mehr und nicht weniger entfällt als auf die übrigen 80 bis 85%.

Möchten die „Freunde" unsere Ziffern bestreiten? Dann sollen sie uns andere, genauere geben. Mögen sie die Bürokratie veranlassen, das Buch der Einnahmen und Ausgaben der Sowjetgesellschaft zu veröffentlichen. Bis dahin werden wir bei unserer Meinung bleiben. Die Verteilung des Bodens ist in der UdSSR unbestreitbar viel demokratischer als im zaristischen Russland und selbst in den demokratischsten Ländern des Westens. Aber mit Sozialismus hat das bisher noch recht wenig gemein.

VII. Familie, Jugend, Kultur

Thermidor in der Familie

Die Oktoberrevolution tat der Frau gegenüber ehrlich ihre Pflicht. Die junge Macht gab ihr nicht nur dieselben politischen und gesetzlichen Rechte wie dem Mann, sondern, was noch wichtiger ist, tat alles was sie konnte und jedenfalls unvergleichlich mehr als irgendein anderer Staat, um ihr wirklich zu allen Zweigen der Wirtschafts- und Kulturarbeit Zutritt zu verschaffen. Jedoch selbst die kühnste Revolution könnte ebenso wenig wie das „allmächtige" britische Parlament die Frau in einen Mann verwandeln oder besser gesagt die Last der Schwangerschaft, des Gebärens, Säugens und der Kindererziehung zu gleichen Teilen zwischen beiden verteilen. Die Revolution machte einen heroischen Versuch, den sogenannten „Familienherd" zu zerstören, d.h. jene archaische, muffige und starre Einrichtung, in der die Frau der werktätigen Klassen von der Kindheit bis zum Tode wahre Zwangsarbeit leisten muss. An die Stelle der Familie als geschlossenem Kleinbetrieb sollte, so war es gedacht, ein vollendetes System öffentlicher Pflegen und Dienste treten: Entbindungsanstalten, Krippen, Kindergärten, Schulen, öffentliche Speisehäuser, öffentliche Waschanstalten, Kliniken, Krankenhäuser, Sanatorien, Sportvereine, Kinos, Theater usw. Die völlige Aufsaugung der wirtschaftlichen Funktionen der Familie durch Einrichtungen der sozialistischen Gesellschaft, die die gesamte Generation in Solidarität und gegenseitigem Beistand eint, sollte der Frau und dadurch auch dem Ehepaar wirkliche Befreiung aus den tausendjährigen Fesseln bringen. Solange diese Aufgabe der Aufgaben nicht gelöst ist, bleiben 40 Millionen Sowjetfamilien in ihrer erdrückenden Mehrheit Brutstätten einer mittelalterlichen Daseinsweise, weiblicher Knechtschaft und Hysterie, täglicher Demütigung der Kinder, weiblichen und kindlichen Aberglaubens. Keinerlei Illusion kann in dieser Beziehung gestattet sein. Eben darum sind die aufeinandergefolgten Abänderungen an der Einstellung zur Familie in der UdSSR bezeichnend für das Wesen der Sowjetgesellschaft und die Evolution ihrer herrschenden Schicht.

Es ist nicht gelungen, die alte Familie im Sturm zu nehmen. Nicht weil es an gutem Willen gefehlt hätte. Auch nicht weil die Familie so fest in den Herzen wurzelte. Im Gegenteil, nach einer kurzen Periode des Misstrauens zum Staat, zu seinen Krippen, Kindergärten und ähnlichen Anstalten wussten die Arbeiterinnen und nach ihnen auch die fortgeschrittenen Bäuerinnen die unermesslichen Vorzüge der kollektiven Kinderpflege wie der Vergesellschaftung der gesamten Familienwirtschaft wohl zu schätzen. Leider erwies sich die Gesellschaft als zu arm und zu unkultiviert. Den Plänen und Absichten der kommunistischen Partei entsprachen die realen Mittel des Staates nicht. Man kann die Familie nicht „abschaffen", man muss sie ersetzen, Eine wirkliche Befreiung der Frau ist auf dem Fundament der „verallgemeinerten Not" nicht zu verwirklichen. Die Erfahrung veranschaulichte bald diese bittere Wahrheit, die Marx 80 Jahre zuvor formuliert hatte.

In den Hungerjahren ernährten sich die Arbeiter, zum Teil auch ihre Familien, überall wo sie konnten in Fabrik- und anderen Gemeinschaftsrestaurants, und diese Tatsache wurde offiziell als ein Übergang zu sozialistischen Lebensformen betrachtet. Es ist nicht erforderlich, nochmals bei den Besonderheiten der einzelnen Perioden zu verweilen: dem Kriegskommunismus, der NEP, dem ersten Fünfjahresplan. Tatsache ist, dass seit der Abschaffung des Kartensystems im Jahre 1935 alle besser gestellten Arbeiter an den häuslichen Tisch zurückzukehren begannen. Es wäre jedoch falsch, diesen Rückschritt als eine Verurteilung des sozialistischen Systems zu werten, das ja überhaupt noch nicht erprobt worden war. Ein um so vernichtenderes Urteil fällten die Arbeiter und ihre Frauen über die von der Bürokratie organisierte „gesellschaftliche Ernährung". Denselben Schluss muss man auch auf die öffentlichen Waschanstalten ausdehnen, wo die Wäsche mehr gestohlen und verdorben als gewaschen wird. Zurück zum Familienherd! Aber Küche und Wäsche zu Hause, was heute von den Rednern und Journalisten halb verschämt gepriesen wird, bedeutet für die Arbeiterfrauen ein Zurück an die Töpfe und Tröge, d.h. zur alten Sklaverei. Die Resolution der Komintern über den „vollständigen und unwiderruflichen Sieg des Sozialismus in der UdSSR" klingt kaum sehr überzeugend für die Hausfrauen der Vorstädte!

Die Bauernfamilie, die nicht nur durch die Haus-, sondern auch durch die Ackerwirtschaft gebunden ist, ist noch viel zäher und konservativer als die der Städter. Nur an Zahl kleine und in der Regel ungesunde landwirtschaftliche Gemeinden führten bei sich in der ersten Periode die Gemeinschaftsernährung und Krippen ein. Die Kollektivierung sollte, wie es anfangs hieß, eine entscheidende Umwälzung auch auf dem Gebiet der Familie bringen: nicht von ungefähr expropriierte man bei den Bauern nicht nur die Kühe, sondern auch die Hühner. An Meldungen über den Triumphzug der Gemeinschaftsernährung auf dem Lande war jedenfalls kein Mangel. Als aber der Rückzug begann, kam unter dem Schaum der Prahlerei sogleich die Wirklichkeit zum Vorschein. Vom Kolchos erhält der Bauer in der Regel nur Brot für sich und Futter fürs Vieh. Fleisch, Milchprodukte und Gemüse werden fast ausschließlich von der eigenen Parzelle bezogen. Wo aber die hauptsächlichen Lebensmittel durch die isolierten Arbeitsleistungen der Familie beschafft werden, kann von Gemeinschaftsernährung nicht die Rede sein. So laden die Zwergwirtschaften, die dem häuslichen Herd eine neue Grundlage geben, der Frau ein doppeltes Joch auf.

Die Zahl der 1932 in den Krippen verfügbaren ständigen Plätze war alles in allem 600.000; die der Saisonplätze, nur für die Zeit der Feldarbeiten, rund 4 Millionen. 1935 wurden rund 5,6 Millionen Krippenstellen gezählt, aber die ständigen Plätze bildeten wie bisher lediglich einen unbedeutenden Teil der Gesamtzahl. Außerdem werden die bestehenden Krippen selbst in Moskau, Leningrad und anderen Zentren in der Regel auch den bescheidensten Anforderungen nicht gerecht. „Krippen, wo das Kind sich unbehaglicher fühlt als zu Hause, sind keine Krippen, sondern ein schlechtes Asyl", klagt eine führende Sowjetzeitung. Kein Wunder, wenn die besser gestellten Arbeiterfamilien die Krippen meiden. Für die Hauptmasse der Werktätigen ist aber auch die Zahl dieser „schlechten Asyle" viel zu gering. In allerletzter Zeit erließ das Zentralexekutivkomitee eine Verfügung, dass Findlinge und Waisen Privaten zur Erziehung übergeben werden sollen: in der Person seines höchsten Organs gab der bürokratische Staat auf diese Weise sein Unvermögen in einer höchst wichtigen sozialistischen Funktion zu. Die von den Kindergärten erfasste Zahl der Kinder stieg in dem Jahrfünft 1930-1935 von 370.000 auf 1.181.000. Man erstaunt über die Winzigkeit der Zahl für 1930! Aber auch die Zahl für 1935 ist nur ein Tropfen im Meer der Sowjetfamilien.

Eine eingehendere Untersuchung würde zweifelsohne den Nachweis erbringen, dass der größte und jedenfalls der beste Teil dieser Kindergärten auf die Familien der Verwaltungen, des technischen Personals, der Stachanowisten usw. entfällt.

Das Zentralexekutivkomitee war unlängst ebenfalls gezwungen, offen zu gestehen, dass „der Beschluss über die Liquidierung der Kinderverwahrlosung und -nichtbeaufsichtigung nur in geringem Maße verwirklicht wird". Was verbirgt sich hinter diesem kühlen Geständnis? Nur zufällig erfahren wir aus in kleiner Schrift gedruckten Pressenotizen, dass sich in Moskau mehr als tausend Kinder „in außerordentlich schweren Familiendaseinsbedingungen" befinden, dass es in den sogenannten Kinderheimen der Hauptstadt 1,500 Halbwüchsige gibt, die nirgendwo Zutritt haben und denen nur die Straße übrig bleibt, dass in zwei Herbstmonaten des Jahres 1935 in Moskau und Leningrad „7.500 Eltern, die ihre Kinder ohne Aufsicht gelassen hatten, zur Verantwortung gezogen wurden". Von welchem Erfolg waren diese gerichtlichen Verfolgungen begleitet? Wie viel tausend Eltern entgingen diesem Schicksal? Wie viel Kinder, die sich in „außerordentlich schweren Bedingungen" befinden, blieben unerfasst? Worin unterscheiden sich die *außerordentlich* schweren von den *einfach* schweren Bedingungen? Das sind Fragen, die ohne Antwort bleiben. Die gewaltigen Ausmaße der Kinderverwahrlosung, nicht nur der sichtbaren und offenen, sondern auch der verschleierten, sind ein unmittelbares Resultat der großen sozialen Krise, in der die alte Familie viel rascher weiterverfällt, als die neuen Einrichtungen imstande sind, sie zu ersetzen.

Aus denselben zufälligen Pressenotizen. aus den Episoden der Kriminalchronik kann der Leser von der Existenz der Prostitution in der UdSSR, erfahren, d.h. der tiefsten Degradierung der Frau im Interesse des zahlungsfähigen Mannes. Im Herbst vergangenen Jahres meldete die **Iswestija** beispielsweise überraschend aus Moskau die Verhaftung von „an die 1.000 Frauen, die sich auf den Straßen der proletarischen Hauptstadt heimlich verkauften". Unter den Verhafteten waren: 177 Arbeiterinnen, 92 Angestellte, 5 Studentinnen usw. Was trieb sie aufs Trottoir? Unzureichende Entlohnung, Not, die Notwendigkeit „sich nebenher Kleider und Schuhe zu verdienen". Vergebens versuchten wir auch nur annähernd den Umfang dieses sozialen Übels kennen zu lernen. Die züchtige

Bürokratie befiehlt der Statistik Schweigen. Aber gerade das erzwungene Schweigen ist ein einwandfreies Zeugnis für den großen Umfang der „Klasse" der Sowjetprostituierten. Hier kann es sich aus der Natur der Sache heraus nicht um „Überreste der Vergangenheit" handeln: die Prostituierten rekrutieren sich aus der jungen Generation. Keinem vernünftigen Menschen wird es natürlich einfallen, diese Plage, die so alt ist wie die Zivilisation, dem Sowjetregime speziell zur Last zu legen. Doch unverzeihlich ist es, vom Triumph des Sozialismus zu reden, wo Prostitution besteht. Die Zeitungen behaupten zwar – soweit es ihnen überhaupt gestattet ist, dies heikle Thema anzurühren – dass „die Prostitution sich verringert":

Möglich, dass dem wirklich so ist, im Vergleich mit den Jahren des Hungers und Zerfalls (1931-1933). Aber die danach erfolgte Wiederherstellung der Geldverhältnisse, die alle Naturalformen der Ernährung verdrängte, führte unvermeidlich zum Wiederaufleben der Prostitution und der Kinderverwahrlosung. Wo Privilegierte, sind auch Parias!

Die massenhafte Kinderverwahrlosung ist zweifellos das unfehlbarste und tragischste Zeichen für die schwere Lage der Mütter. In dieser Hinsicht ist selbst die optimistische **Prawda** gezwungen, zuweilen bittere Geständnisse zu machen. „Die Geburt eines Kindes ist für viele Frauen eine ernste Bedrohung ihrer Lage..." Eben deshalb hatte die Revolutionsmacht der Frau das Recht auf Abtreibung gebracht, das, wo Not und Familienjoch bestehen, eines der bedeutendsten politischen und kulturellen Bürgerrechte ist, was darüber auch die Eunuchen und alten Jungfern beiderlei Geschlechts sagen mögen. Allein, auch dies an sich traurige Recht der Frau verwandelt sich bei faktischer sozialer Ungleichheit in ein Vorrecht. Vereinzelte in die Presse gedrungene Angaben über die Abtreibungspraxis sind wahrhaft erschütternd. So waren 1935 allein in einem einzigen Dorfkrankenhaus eines Bezirks im Ural „195 von den Engelmacherinnen verstümmelte Frauen" gelegen, davon 33 Arbeiterinnen, 28 Angestellte, 65 Kolchosbäuerinnen. 58 Hausfrauen usw. Der Uralbezirk unterscheidet sich von den meisten anderen Bezirken nur dadurch, dass von ihm Kunde in die Presse drang. Wie viel Frauen werden tagtäglich auf dem gesamten Territorium der UdSSR verstümmelt?...

Nachdem der Staat seine Unfähigkeit bewiesen hatte, den Frauen, die zur Abtreibung Zuflucht nehmen mussten, die notwendige medizinische Hilfe und hygienischen Einrichtungen zur Verfügung zu stellen, änderte er jäh den Kurs und beschritt den Weg der Verbote. Wie auch bei anderen Gelegenheiten macht die Bürokratie aus der Not eine Tugend. Eines der Mitglieder des Obersten Sowjetgerichtshofs Solz, Spezialist in Ehefragen, begründet das bevorstehende Abtreibungsverbot damit, dass in der Sozialistischen Gesellschaft, wo es keine Arbeitslosigkeit gibt. usw. usf., die Frau kein Recht habe, auf die „Mutterschaftsfreuden" zu verzichten. Philosophie eines Pfaffen, der zudem die Macht des Gendarmen ausübt! Soeben erst vernahmen wir aus dem Zentralorgan der regierenden Partei, dass die Geburt eines Kindes für viele Frauen – richtiger wäre zu sagen, für die erdrückende Mehrheit – eine „Bedrohung ihrer Lage" ist. Soeben erst hörten wir aus dem Munde der höchsten Sowjetinstitution: „Die Liquidierung der Kinderverwahrlosung und -nichtbeaufsichtigung wird schwach verwirklicht", was zweifellos ein neues Wachstum der Kinderverwahrlosung bedeutet. Und da kündigt uns ein hoher Sowjetrichter an, im Lande wo es „eine Lust ist zu leben" müssten Abtreibungen mit Gefängnis bestraft werden, genau ebenso wie in den kapitalistischen Ländern, wo das Leben eine Trübsal ist. Es ist von vornherein klar, dass in der UdSSR ebenso wie im Westen hauptsächlich Arbeiterinnen Dienstbotinnen, Bäuerinnen dem Kerkermeister in die Fänge geraten werden, da es für sie schwer ist, ihren Zustand zu verbergen. Was „unsere Frauen" betrifft, die es nach guten Parfums und anderen schönen Dingen verlangt, so werden sie nach wie vor tun, was ihnen beliebt vor der Nase einer wohlwollenden Justiz. „Wir brauchen Leute", ergänzt sich Solz vor den Besprisornyje die Augen verschließend. „Dann gebt euch nur Mühe und macht selber welche", möchten die Millionen werktätiger Frauen dem hohen Richter antworten, hätte die Bürokratie ihnen nicht den Mund versiegelt, Diese Herren haben offenbar vollends vergessen, dass der Sozialismus die Ursachen, welche die Frau zur Abtreibung treiben, beseitigen und nicht ihr durch gemeines Eingreifen der Polizei in ihr intimes Leben „Mutterfreuden" aufzwingen soll.

Der Gesetzentwurf über das Abtreibungsverbot wurde zur sogenannten Volksdiskussion gestellt. Selbst durch das feine Sieb der Sowjetpresse drangen nicht wenig bittere Klagen und verhaltene Proteste. Die Diskussion wurde ebenso plötzlich eingestellt, wie sie begonnen worden war. Am 27. Juni machte das Zentralexekutivkomitee aus dem unverschämten Gesetzentwurf ein dreifach unverschämtes Gesetz. Selbst unter den geschworenen Advokaten der Bürokratie geriet so manch einer in Verlegenheit. Louis Fischer erklärte diesen gesetzgebenden Akt für eine Art bedauerliches Missverständnis. In Wirklichkeit ist das neue Gesetz gegen die Frauen – mit Ausnahmen für die Damen – eine ganz gesetzmäßige Frucht der thermidorianischen Reaktion!

Die feierliche Rehabilitierung der Familie, die – welch ein Wunder der Vorsehung! – mit der Rehabilitierung des Rubels zusammenfiel, war durch ein materielles und kulturelles Versagen der Staates verursacht. Statt offen zu sagen: es zeigte sich, dass wir noch zu arm und zu roh sind, um sozialistische Beziehungen zwischen den Menschen zu schaffen, diese Aufgabe werden unsere Kinder und Enkel erfüllen, verlangen die Führer, nicht bloß die Scherben der zerbrochenen Familie wieder zusammenzuleimen, sondern sie auch, unter Androhung schlimmster Strafen, als geheiligte Urzelle des siegreichen Sozialismus zu betrachten. Schwerlich ist das Ausmaß dieses Rückzugs mit bloßem Auge zu ermessen!

Alles und alle werden in den neuen Kurs mitgerissen: Gesetzgeber und Belletristen, Richter und Milizionäre, Presse und Schule. Wenn ein naiver und aufrichtiger Jungkommunist sich erkühnt, an seine Zeitung zu schreiben: „Ihr tätet besser, euch mit der Lösung der Frage zu befassen, wie die Frau aus dem Schraubstock der Familie herauskommen soll", so erhält er zur Antwort ein paar tüchtige Fausthiebe und – schweigt. Das ABC des Kommunismus wird für eine „ultralinke Abweichung" erklärt. Die stumpfsinnigen und beschränkten Vorurteile des kulturarmen Spießertums erstehen wieder auf im Namen der neuen Moral. Und was geht im Alltagsleben in allen Ecken und Winkeln des unermesslichen Landes vor? Die Presse gibt nur in ganz winzigem Maße ein Bild von der Tiefe der thermidorianischen Reaktion auf dem Gebiet der Familie.

Da die edle Leidenschaft der Prediger zusammen mit den Lastern wächst, erlangt das siebente Gebot große Popularität in der herrschenden Schicht. Die Sowjetmoralisten brauchen die Phraseologie nur leicht aufzufrischen. Ein Feldzug hat begonnen gegen die allzu häufigen und leichten Scheidungen, Das schöpferische Denken des Gesetzgebers ersann bereits eine so „sozialistische" Maßnahme wie die Erhebung einer Gebühr bei der Eintragung einer Scheidung, mit Zuschlägen im Wiederholungsfall. Nicht umsonst wiesen wir weiter oben darauf hin, dass die Wiedergeburt der Familie Hand in Hand geht mit einer Steigerung der erzieherischen Rolle des Rubels. Die Steuer erschwert zweifellos die Eintragung für alle, denen das Zahlen schwer fällt. Für die Spitzen bildet die Gebühr ja hoffentlich kein Hindernis. Außerdem regeln Leute, die gute Wohnungen, Automobile und andere schöne Sachen besitzen, ihre persönlichen Angelegenheiten ohne überflüssige Bekanntmachungen und folglich auch ohne Eintragungen. Ist ja die Prostitution nur am Bodensatz der Gesellschaft Bürde und Erniedrigung – an den Spitzen der Sowjetgesellschaft, wo Macht sich mit Komfort paart, nimmt die Prostitution die elegante Form kleiner gegenseitiger Gefälligkeiten und selbst die Gestalt der „sozialistischen Familie" an. Von Sosnowski erfuhren wir bereits die Bedeutung des „Auto-Harem-Faktors" in der Entartung der herrschenden Schicht.

Die lyrischen, akademischen und anderen „Freunde der Sowjetunion" haben Augen, um nichts zu sehen. Unterdessen wird die Ehe- und Familiengesetzgebung der Oktoberrevolution, auf die man einst mit Fug und Recht stolz war, auf dem Wege umfassender Anleihen aus dem Gesetzesarsenal der bürgerlichen Länder umgestaltet und verkrüppelt. Wie um den Verrat noch den Stempel des Hohns aufzudrücken werden dieselben Argumente, die früher für die unbedingte Scheidungs- und Abtreibungsfreiheit ins Feld geführt wurden – „Befreiung der Frau", „Verteidigung der Persönlichkeitsrechte", „Schutz der Mutterschaft" – heute für ihre Einschränkung oder völlige Aufhebung wiederholt.

Der Rückzug kleidet sich nicht nur in abscheuliche Heuchelei, sondern geht im Grunde viel weiter, als die eiserne Notwendigkeit der Wirtschaft es erfordert. Zu objektiven Ursachen, die durch die Rückkehr zu bürgerlichen Normen wie der Zahlung von Alimenten hervorgerufen sind, gesellt sich das soziale Interesse der herrschenden Schicht an der Ausweitung des bürgerlichen Rechts. Das gebieterischste Motiv für den heutigen Familienkult ist zweifelsohne das Bedürfnis der Bürokratie nach einer stabilen Hierarchie der gesellschaftlichen Beziehungen und nach der

Disziplinierung der Jugend durch 40 Millionen Stützpunkte der Autorität und der Macht.

Als die Hoffnung noch lebendig war, die Erziehung der jungen Generationen dem Staat in die Hand zu geben, kümmerte sich die Macht nicht nur nicht darum, die Macht der „Alten", insbesondere von Vater und Mutter, aufrechtzuerhalten, sondern trachtete im Gegenteil danach, die Kinder so viel wie möglich von der Familie zu trennen, um sie so vor den Traditionen der althergebrachten Lebensart zu bewahren. Noch ganz vor kurzem, während des ersten Fünfjahresplans, bedienten sich Schule und Komsomol weitgehend der Kinder, um den trunksüchtigen Vater oder die religiöse Mutter zu entlarven, zu beschämen, überhaupt „umzuerziehen"; mit welchem Erfolg, ist eine Frage für sich. Jedenfalls bedeutete diese Methode, die elterliche Autorität in ihren Grundfesten zu erschüttern. Heute ist auch auf diesem nicht unwichtigen Gebiet ein jäher Wechsel eingetreten: neben dem siebenten ist auch das fünfte Gebot wieder vollständig in seine Rechte eingesetzt, allerdings noch ohne Berufung auf Gott; aber auch die französische Schule kommt ohne dies Attribut aus, was sie nicht hindert, mit Erfolg Konservatismus und Routine zu züchten.

Die Sorge um die Autorität der Erwachsenen führte übrigens bereits auch zu einer Änderung in der Religionspolitik. Die Leugnung Gottes, seiner Gehilfen und seiner Wunder war von allen Keilen, welche die revolutionäre Macht zwischen Kinder und Eltern trieb, der spitzeste. Der Kampf gegen die Kirche überholte das Wachstum der Kultur, der ernsten Propaganda und wissenschaftlichen Erziehung und artete unter der Leitung von Leuten wie Jaroslawski oft in Mummenschanz und Unfug aus. Heute ist es mit der Himmelsstürmerei ebenso wie mit der Familienstürmerei vorbei. Besorgt um die Reputation ihrer Tüchtigkeit, wies die Bürokratie die jungen Gottlosen an, das Waffengeschirr abzulegen und sich hinter die Bücher zu setzen. In bezug auf die Religion greift allmählich ein Regime ironischer Neutralität Platz. Doch das ist nur eine erste Etappe. Die zweite und die dritte wären unschwer vorherzusehen, wenn der Gang der Ereignisse nur von der obersten Gewalt abhinge.

Die Heuchelei der herrschenden Anschauungen entwickelt sich stets und überall im Quadrat oder in der dritten Potenz zu den sozialen Widersprüchen; so ungefähr lautet das historische Gesetz der Ideologien, übersetzt in die Sprache der Mathematik. Sozialismus, wenn er überhaupt diesen Namen verdient, bedeutet: menschliche Beziehungen ohne Gewinnsucht, Freundschaft ohne Neid und Intrigen, Liebe ohne niedrige Berechnung. Die offizielle Doktrin erklärt diese Idealnormen um so nachdrücklicher für bereits verwirklicht, je lauter die Wirklichkeit gegen diese Behauptungen protestiert. „Auf der Grundlage der tatsächlichen Gleichheit von Mann und Frau", sagt zum Beispiel das neue Komsomolprogramm, das im April 1936 angenommen wurde, „bildet sich die neue Familie, um deren Blühen der Sowjetstaat bemüht ist". Ein offizieller Kommentar ergänzt das Programm „Unsere Jugend kennt bei der Wahl des Lebensgefährten – Mann oder Frau – nur ein Motiv, einen Trieb: die Liebe. Die bürgerliche Interessen- oder Geldheirat existiert für unsere heranwachsende Generation nicht". (**Prawda**, 4. April 1936). Soweit von einfachen Arbeitern und Arbeiterinnen die Rede ist, ist dies mehr oder weniger wahr. Aber die „Interessenheirat" ist auch bei den Arbeitern der kapitalistischen Länder verhältnismäßig wenig im Brauch. Ganz anders steht die Sache bei den mittleren und höheren Schichten. Die neuen sozialen Gruppierungen unterwerfen sich automatisch das Gebiet der persönlichen Beziehungen. Die Laster, die von Macht und Geld um die sexuellen Beziehungen geschaffen werden, blühen in den Kreisen der Sowjetbürokratie so üppig, als hätte sie sich in dieser Hinsicht zum Ziel gesetzt, die Bourgeoisie des Westens zu überholen.

Ganz im Widerspruch zu der soeben zitierten Behauptung der **Prawda** ist die „Interessenheirat", wie die Sowjetpresse selber in Stunden zufälliger oder erzwungener Offenheit es zugibt, heute im vollen Umfange wiedererstanden. Befähigung, Verdienst, Stellung, Zahl der Tressen an der Militäruniform erlangen immer größere Bedeutung, denn damit verbunden sind Fragen wie Schuhe, Pelz, Wohnung, Badezimmer und höchster aller Träume – das Auto. Einzig und allein der Kampf ums Zimmer vereint und trennt täglich in Moskau keine geringe Anzahl Paare. Zu außerordentlicher Bedeutung gelangte die Verwandtenfrage: es ist nützlich, einen Militärkommandeur oder einflussreichen Kommunisten zum Schwiegervater oder die Schwester eines hohen Beamten zur Schwiegermutter zu haben. Soll man sich darüber wundern? Könnte dem anders sein?

Ein sehr dramatisches Kapitel im großen Sowjetbuch bildet die Erzählung von der Zwietracht und dem Zerfall der Sowjetfamilien, wo der Mann als Parteimensch, Gewerkschaftler, Militärkommandeur oder Verwalter emporstieg. sich entwickelte, neuen Geschmack am Leben fand, die von der Familie unterdrückte Frau aber auf dem alten Niveau blieb. Der Weg zweier Generationen der Sowjetbürokratie ist mit Tragödien zurückbleibender und verstoßener Frauen besät! Dieselbe Erscheinung ist heute in der jungen Generation zu beobachten. Die größte Rohheit und Grausamkeit ist wohl gerade an den Spitzen der Bürokratie anzutreffen, wo ein hoher Prozentsatz aus unkultivierten Emporkömmlingen besteht, die meinen, ihnen sei alles erlaubt. Die Archive und Memoiren werden einmal zu Tage fördern, welch geradezu kriminelle Verbrechen an den Ehefrauen und Frauen überhaupt begangen wurden von Seiten der gerichtlich nicht belangbaren Priester der Familienmoral und der obligatorischen „Mutterfreuden".

Nein, die Sowjetfrau ist noch nicht frei, Die völlige Gleichberechtigung brachte bisher unvergleichlich größere Vorteile für die Frauen der oberen Schichten, die Vertreterinnen der bürokratischen, technischen, pädagogischen, überhaupt geistigen Arbeit, als für die Arbeiterinnen und besonders die Bäuerinnen. Solange die Gesellschaft nicht imstande ist, die materiellen Familiensorgen zu übernehmen, kann eine Mutter nur dann mit Erfolg eine gesellschaftliche Funktion ausüben, wenn ihr eine weiße Sklavin zu Diensten steht – als Kinderwärterin, Dienstmädchen, Köchin usw. Von 40 Millionen Familien, die die Bevölkerung der Sowjetunion bilden, gründen 5%, vielleicht auch 10% ihren „Herd" direkt oder indirekt auf die Arbeit von Haussklavinnen und -sklaven. Die genaue Anzahl der Sowjetdienstboten wäre von nicht geringerer Bedeutung für eine sozialistische Beurteilung der Lage der Frauen in der UdSSR als die gesamte Sowjetgesetzgebung, so fortschrittlich sie auch sein mag. Aber eben deshalb versteckt die Statistik die Dienstboden in der Rubrik „Arbeiterinnen" oder „Diverse"!

Die Lage einer Familienmutter, die eine geachtete Kommunistin ist, ihre Köchin hat, Bestellungen in den Kaufläden per Telefon erledigt, Auto fährt usw., hat wenig mit der Lage einer Arbeiterin gemein, die von Laden zu Laden laufen, selbst die Mahlzeiten zubereiten, die Kinder zu Fuß aus dem Kindergarten abholen muss – wenn überhaupt einer da ist.

133

Keine sozialistischen Etiketten können diesen sozialen Kontrast verdecken der nicht geringer ist als der Kontrast zwischen einer bürgerlichen Dame und der Proletarierin in einem beliebigen Lande des Westens.

Die wirklich sozialistische Familie, der die Gesellschaft die Last der unerträglichen und erniedrigenden Alltagssorgen abnimmt, wird keiner Reglementierung bedürfen, und die bloße Vorstellung von Abtreibungs- oder Scheidungsgesetzen wird ihr nicht schöner erscheinen als die Erinnerung an Freudenhäuser oder Menschenopfer. Die Oktobergesetzgebung tat einen kühnen Schritt zu einer solchen Familie hin. Wirtschaftliche und kulturelle Zurückgebliebenheit erzeugten eine heftige Reaktion. Die thermidorianische Gesetzgebung geht zu den bürgerlichen Vorbildern zurück und verhüllt ihren Rückzug mit falschen Reden über die Heiligkeit der „neuen" Familie. Das Versagen des Sozialismus verbirgt sich auch in dieser Frage hinter frömmelnder Respektabilität.

Es gibt aufrichtige Beobachter, die, besonders in der Frage der Kinder, erschüttert sind von dem Widerspruch zwischen den hohen Prinzipien und der hässlichen Wirklichkeit. Allein, eine Tatsache wie die grausamen Kriminalstrafen gegen verwahrloste Kinder kann einen denken lassen, dass die sozialistische Gesetzgebung zum Schutze der Frau und des Kindes nichts weiter ist als eine einzige Heuchelei. Es gibt den umgekehrten Typ von Beobachtern, die sich von der Weite und Großzügigkeit der Absicht bestechen lassen, wie sie in den Gesetzen und Verwaltungsorganen sich äußert; beim Anblick der mit dem Elend ringenden Mütter, Prostituierten und Besprisornyje sagen sich diese Optimisten, dass das weitere Wachsen des materiellen Reichtums allmählich den sozialistischen Gesetzen Fleisch und Blut verleihen wird. Es ist nicht leicht zu entscheiden, welche von diesen beiden Denkweisen falscher und schädlicher ist. Die Weite und Kühnheit des sozialen Plans die Bedeutsamkeit der ersten Etappen seiner Erfüllung und der eröffneten gewaltigen Möglichkeiten können nur Leute übersehen, die mit historischer Blindheit geschlagen sind. Doch andererseits kann man auch nicht umhin, sich über den passiven, im Grunde gleichgültigen Optimismus derer zu empören, die die Augen vor dem Wachsen der sozialen Widersprüche verschließen und sich mit Ausblicken auf eine Zukunft vertrösten, deren Schlüssel sie ehrerbietig in den Händen der Bürokratie zu belassen vorschlagen. Als ob die Rechtsgleichheit von Mann und Frau nicht bereits zur Gleichheit ih-

rer Rechtlosigkeit vor der Bürokratie geworden wäre! Und als ob es ein
für allemal feststünde, dass die Sowjetbürokratie statt der Befreiung
nicht auch ein neues Joch bringen könne.

Wie der Mann die Frau versklavte, wie der Ausbeuter sie sich alle beide
unterwarf, wie die Werktätigen sich um den Preis ihres Bluts aus der
Sklaverei zu befreien versuchten und nur ihre Ketten gegen andere ver-
tauschten – von all dem weiß die Geschichte uns viel zu erzählen; ja im
Grunde erzählt sie gar nichts anderes. Wie aber tatsächlich das Kind, die
Frau, der Mensch befreit werden, davon gibt es noch keine positiven
Beispiele. Die gesamte, durch und durch negative historische Vergangen-
heit fordert von den Werktätigen vor allen Dingen unversöhnliches
Misstrauen gegen ihre privilegierten und unkontrollierten Vormünder!

Kampf gegen die Jugend

Jede revolutionäre Partei findet ihre Stütze vor allem in der jungen Generation der aufsteigenden Klasse. Politische Altersschwäche äußert sich
im Verlust der Fähigkeit, die Jugend um das eigene Banner zu scharen.
Gewöhnlich sind die von der Szene abtretenden Parteien der bürgerlichen Demokratie gezwungen, entweder der Jugend der Revolution oder
der des Faschismus zu weichen. Der Bolschewismus war in der Illegalität
stets eine Partei von jungen Arbeitern. Die Menschewiki stützten sich
auf die solideren Facharbeiter, die Oberschicht des Proletariats, brüste-
ten sich sehr damit und blickten auf die Bolschewiki von oben herab.
Die späteren Ereignisse zeigten ihnen unbarmherzig ihren Fehler: im
entscheidenden Augenblick riss die Jugend die reiferen Schichten und
sogar die Alten mit sich.

Die revolutionäre Umwälzung gab den neuen Sowjetgenerationen einen
grandiosen historischen Antrieb, riss sie mit einem Schlage aus den konservativen Daseinsformen heraus und offenbarte ihnen das große Geheimnis – das oberste Geheimnis der Dialektik – dass nichts auf der
Welt unveränderlich ist und die Gesellschaft sich aus plastischen Materia-
lien formt. Wie dumm ist doch im Lichte der Ereignisse unserer Epoche
die Theorie von den unveränderlichen Rassentypen! Die Sowjetunion
stellt einen grandiosen Tiegel dar, in dem der Charakter dutzender Völ-

kerschaften umgeschmolzen wird. Die Mystik der „slawischen Seele" scheidet wie Schlacke ab.

Doch der Antrieb, den die jungen Generationen erhielten, hat noch keine Auswirkung in einem entsprechenden historischen Werk gefunden. Freilich ist die Jugend sehr regsam auf dem Gebiet der Wirtschaft. In der UdSSR zählen die Arbeiter im Alter bis zu 23 Jahren sieben Millionen: 3.140.000 in der Industrie, 700.000 in den Eisenbahnen, 700.000 im Bauwesen. In den neuen Fabrikgiganten bilden die jungen Arbeiter rund die Hälfte der Belegschaft. In den Kolchosen arbeiten heute allein schon 1.200.000 Jungkommunisten. Hunderttausende von Komsomolmitgliedern wurden in den letzten Jahren im Bauwesen, in der Holzfällerei, in den Kohlenschächten, der Goldindustrie, zu Arbeiten in den arktischen Regionen, auf Sachalin oder am Amur mobilisiert; dort am Amur entsteht eine neue Stadt mit Namen Komsomolsk. Die junge Generation stellt die Stoßbrigadisten, die sich besonders auszeichnenden Arbeiter, die Stachanowisten, Werkmeister, unteren Verwalter Die Jugend lernt, und ein bedeutender Teil mit Fleiß, Nicht minder regsam, eher noch mehr, ist sie auf dem Gebiet des Sports. in seinen waghalsigsten Formen wie dem Fallschirmspringen, oder den kriegerischsten wie dem Schießen. Die Unternehmungslustigen und Verwegenen begeben sich auf allerlei gefahrvolle Expeditionen.

„Der beste Teil unsere Jugend", sagte kürzlich der bekannte Polarforscher Schmidt, „will dort arbeiten, wo ihn Schwierigkeiten erwarten". So ist es ohne Zweifel auch. Aber auf allen Gebieten bleiben die nachrevolutionären Generationen noch unter Vormundschaft. Was sie und wie sie es zu tun haben, wird ihnen von oben her zugewiesen, Die Politik als höchste Kommandoform bleibt gänzlich in den Händen der sogenannten „alten Garde". Und bei allen heißen oft schmeichelnden Aussprachen an die Jugend wachen die Alten scharf über ihr Monopol.

Engels, der sich die Entwicklung der sozialistischen Gesellschaft nicht ohne Absterben des Staates dachte, d.h. ohne Ersetzung aller Art Polizeiherrschaft durch die Selbstverwaltung der kultivierten Erzeuger und Verbraucher, teilte die Vollendung dieser Aufgabe der jungen Generation zu, „die in neuen, freien gesellschaftlichen Bedingungen aufwächst und in der Lage ist, den ganzen Staatsplunder ganz fortzuwerfen." Lenin fügt selbst hinzu: „jedes Staatswesen abzuschaffen, auch das demokratisch-republikanische..." Folgendermaßen etwa zeichnete sich in Engels und Lenins Bewusstsein die Perspektive des Aufbaus der sozialistischen Gesellschaft: die Generation, die die Macht eroberte, die „alte Garde", beginnt das Werk der Liquidierung des Staats, die nächste Generation vollendet es.

Wie steht es in Wirklichkeit? 43% der Bevölkerung der UdSSR sind nach der Oktoberumwälzung geboren. Nimmt man eine Altersgrenze von 23 Jahren, so ergibt sich, dass über 50% der Sowjetbürger sie nicht erreichen. Die größere Hälfte der Landesbevölkerung kennt folglich aus persönlicher Erinnerung kein anderes Regime als das der Sowjets. Aber diese neuen Generationen formen sich eben nicht in „freien gesellschaftlichen Bedingungen", wie Engels es sich vorstellte, sondern unter dem unerträglichen und ständig wachsenden Druck der herrschenden Schicht, derselben, die der offiziellen Fiktion gemäß die große Umwälzung vollbrachte. In der Fabrik, im Kolchos, in der Kaserne, in der Universität, in der Schule, selbst im Kindergarten wenn nicht gar in den Krippen gilt als Haupttugend des Menschen Führertreue und unbedingter Gehorsam. Viele der pädagogischen Aphorismen und Vorschriften der letzten Zeit könnten von Goebbels geschrieben sein, wenn dieser sie nicht selbst in hohem Maße bei Stalins Mitarbeitern abgeschrieben hätte.

Die Schule und das gesellige Leben der Schüler sind ganz und gar von Formalismus und Heuchelei durchdrungen. Die Kinder haben gelernt, unzählige sterbenslangweilige Versammlungen zu veranstalten mit dem unvermeidlichen Ehrenpräsidium, mit Lobpreisungen der teuren Führer und den vorher auswendig gelernten, rechtgläubigen Debatten, bei denen man ganz wie die Erwachsenen eines sagt und etwas anderes dabei denkt. Die unschuldigsten Schülerzirkel, die versuchen, in der Wüste des Amtsgeistes sich eine Oase zu schaffen, werden wütend unterdrückt, Durch ihre Agentur träufelt die GPU in die sogenannte „sozialistische" Schule das entsetzliche Gift der Petzerei und Verräterei ein. Die nachdenklichsten Pädagogen und Kinderschriftsteller können zuweilen trotz erzwungenem Optimismus angesichts dieses, das Schulmilieu ertötenden Geistes des Zwangs, der Falschheit und der Langeweile ihr Entsetzen nicht verbergen.

Da die jungen Generationen in ihrer Vergangenheit keine Klassen-kampf- und Revolutionserfahrungen aufzuweisen haben, könnten sie zu selbständiger Teilnahme am Gesellschaftsleben des Landes nur inmitten einer Sowjetdemokratie, nur bei bewusster Verarbeitung der Erfahrung der Vergangenheit und der Lehren der Gegenwart heranreifen. Selbstän-dige Charaktere und selbständiges Denken können sich ohne Kritik nicht entfalten. Indes ist der Sowjetjugend rundweg die elementarste Möglichkeit versagt, Gedanken auszutauschen, sich zu irren, eigene und fremde Fehler zu prüfen und zu verbessern. Alle Fragen einschließlich die sie selbst betreffenden, werden ohne sie entschieden. Sie hat nur aus-zuführen und lobzusingen. Auf jedes Wort der Kritik antwortet die Bü-rokratie mit Halsumdrehen. Alles irgendwie Hervorragende und Unbot-mäßige unter der Jugend wird systematisch ausgemerzt, unterdrückt oder physisch vernichtet. Daraus erklärt sich auch die Tatsache, dass die Millionen und Abermillionen Jungkommunisten nicht eine einzige grö-ßere Gestalt hervorbrachten.

Die Jugend wirft sich auf Technik, Wissenschaft, Literatur, Sport oder Schachspiel und verdient sich so gleichsam die Sporen für kommende große Dinge. Auf all diesen Gebieten wetteifert sie mit der schlecht vor-bereiteten alten Generation, hie und da sie ein- und überholend. Aber bei jeder Berührung mit der Politik verbrennt sie sich die Finger. Ihr bleiben somit drei Möglichkeiten: sich der Bürokratie einverleiben und Karriere machen: schweigend sich unter das Joch bücken und in der Wirtschaft, der Wissenschaft oder den kleinen Privatangelegenheiten aufgehen; schließlich in die Illegalität tauchen, um für die Zukunft kämpfen zu lernen und sich zu stählen. Der Weg der bürokratischen Karriere steht nur einer kleinen Minderheit offen. Am anderen Pol tritt eine kleine Minderheit in die Reihen der Opposition. Die mittlere Grup-pe, d.h. die überwiegende Masse, ist ihrerseits äußerst ungleichartig. Un-ter der eisernen Presse spielen sich, wenn auch verborgene, so doch al-lerhöchstbedeutsame Prozesse ab, die in vielem für die Zukunft der So-wjetunion bestimmend sein werden.

Die asketischen Tendenzen der Bürgerkriegsepoche machten während der NEP epikureischeren, um nicht zu sagen genusssüchtigeren Stim-mungen Platz. Der erste Fünfjahresplan wurde wieder eine Zeit des un-freiwilligen Asketismus, doch allein für die Massen und die Jugend: die herrschende Schicht hatte sich auf ihren Positionen persönlichen Wohlstands festzuschanzen vermocht. Der zweite Fünfjahresplan ist unbezweifelbar von einer scharfen Reaktion gegen den Asketismus gefärbt. Die Sorge um das eigene Gedeihen ergreift breite Bevölkerungsschichten, besonders die Jugend. Tatsache ist jedoch, dass auch in der jungen Sowjetgeneration Auskommen und Wohlstand nur für die dünne Schicht erreichbar sind, die sich über die Masse zu erheben vermag und sich so oder so der herrschenden Schicht einverleibt. Andererseits züchtet und siebt die Bürokratie bewusst die Apparatmenschen und Karrieristen.

„Der Sowjetjugend", versicherte auf dem Komsomolkongress (April 1936) der Hauptberichterstatter, „sind Gewinndurst, spießige Beschränktheit, niedriger Egoismus unbekannt". Diese Worte tönen wie eine Dissonanz neben der heute herrschenden Losung vom „behaglichen und schönen Leben", neben den Akkordmethoden, Prämien und Orden. Der Sozialismus ist nicht asketisch, im Gegenteil dem Asketismus des Christentums wie überhaupt jeglicher Religion zutiefst feind, und nur *dieser* Welt, nur ihr allein zugetan. Aber der Sozialismus hat seine eigene Skala der irdischen Werte. Die menschliche Persönlichkeit beginnt für ihn nicht mit der Sorge um ein behagliches Dasein, sondern im Gegenteil beim Wegfall dieser Sorge. Jedoch noch keiner Generation war es gegeben, über ihren eigenen Kopf hinwegzuspringen. Die ganze Stachanowbewegung baut sich bislang auf den „niedrigen Egoismus". Der Erfolgsmaßstab selbst: die Anzahl der verdienten Hosen und Krawatten, zeugt just von „spießiger Beschränktheit". Mag sogar dies Stadium historisch unvermeidlich sein, doch muss man es sehen, wie es ist. Die Wiederherstellung der Marktverhältnisse ermöglicht ohne Zweifel eine bedeutende Steigerung des persönlichen Wohlstands. Dass die Sowjetjugend so sehr erpicht ist, Ingenieur zu werden, erklärt sich nicht so sehr aus der Verlockung des sozialistischen Aufbaus, als dadurch, dass Ingenieure viel mehr verdienen als Ärzte oder Lehrer. Wo sich derartige Tendenzen herausbilden inmitten geistiger Bedrückung und ideologischer Reaktion, bei bewusster Entfesselung der Streberinstinkte von oben her, da läuft durch die Bank die Anpflanzung „sozialistischer Kultur" auf eine Erziehung im Geiste des extremsten antisozialen Egoismus hinaus.

Und dennoch wäre es eine grobe Verleumdung der Jugend, sie als ausschließlich oder auch nur vorwiegend durch persönliche Interessen beherrscht darzustellen. Nein, in ihrer Masse ist sie großzügig, empfänglich, unternehmungslustig. Karrierismus färbt nur ihre Oberfläche. In der Tiefe sind verschiedenartige, noch längst nicht ausgestaltete Tendenzen lebendig, auf einem Untergrund von Heroismus, der erst noch nach Verwendung sucht. Aus diesen Stimmungen nährt sich im besonderen der ganz neue Sowjetpatriotismus. Er ist zweifellos sehr tief, aufrichtig und dynamisch. Aber auch durch den Patriotismus zieht sich ein Riss, der die Jungen von den Alten trennt.

Für die jungen gesunden Lungen ist es unerträglich, die Luft der Heuchelei zu atmen, welche vom Thermidor, d.h. von der Reaktion, die sich noch mit dem Gewand der Revolution zu schmücken gezwungen ist, nicht zu trennen ist. Das schreiende Missverhältnis zwischen den sozialistischen Plakaten und dem wirklichen Leben untergräbt das Vertrauen in die offiziellen Glaubensgrundsätze. Erhebliche Schichten von Jugendlichen tragen Geringschätzung gegenüber der Politik, Grobheit und Liederlichkeit zur Schau. In vielen, wahrscheinlich den meisten Fällen sind Gleichgültigkeit und Zynismus eine primitive Form von Unzufriedenheit und des geheimen Wunsches, auf eigenen Füßen zu stehen. Die Ausschlüsse aus dem Komsomol und der Partei, Verhaftungen und Verbannungen von Hunderttausenden jungen „Weißgardisten" und „Opportunisten" einerseits, „Bolschewiki-Leninisten" andererseits, zeugen davon, dass die Quellen der bewussten politischen Opposition, der rechten wie der linken, nicht versiegen; im Gegenteil, in den letzten ein, zwei Jahren sprudelten sie mit neuer Kraft. Schließlich die Ungeduldigsten, Hitzigsten, Unausgeglichensten, in ihren Interessen oder Gefühlen Verletztesten sinnen auf terroristische Rache. Das etwa ist das Spektrum der politischen Stimmungen der Sowjetjugend.

Die Geschichte des individuellen Terrors in der UdSSR bezeichnet deutlich die Etappen der allgemeinen Entwicklung des Landes. In der Frühzeit der Sowjetmacht wurden terroristische Attentate von Weißen oder Sozialrevolutionären verübt, in der Atmosphäre des noch nicht beendeten Bürgerkriegs. Als die ehemals herrschenden Klassen die Hoffnung auf eine Restauration verloren hatten, verschwand auch der Terrorismus. Der Kulakenterror, dessen Nachklänge bis in die letzte Zeit hinein zu beobachten waren, war stets lokaler Natur und ergänzte den Partisanenkrieg gegen das Sowjetregime. Was den Terrorismus der jüngsten Zeit betrifft, so stützt er sich weder auf die alten herrschenden Klassen noch auf den Kulaken. Die Terroristen des letzten Aufgebots rekrutieren sich ausschließlich aus der Sowjetjugend, aus den Reihen des Komsomol und der Partei, oft sogar aus den Sprösslingen der herrschenden Schicht. Völlig außerstande, die Aufgaben zu lösen, die er sich selbst stellt, ist der individuelle Terror doch von überaus symptomatischer Bedeutung und bezeichnend für die Schärfe des Gegensatzes zwischen der Bürokratie und den breiten Volksmassen, insbesondere der Jugend.

Alles zusammen: wirtschaftliches Draufgängertum, Fallschirmsport, Polarexpeditionen, betonte Gleichgültigkeit, „Rowdytum", terroristische Stimmungen und vereinzelte Terrorakte, bereitet eine Explosion der jungen Generation gegen die unerträgliche Vormundschaft der Alten vor. Der Krieg könnte gewiss den angesammelten Dämpfen der Unzufriedenheit zum Ventil dienen. Aber nicht lange. Die Jugend würde in kurzer Frist die nötige Kampftüchtigkeit und die ihr heute so mangelnde Autorität erlangen. Zugleich damit würde die Reputation der meisten „Alten" nicht wieder gutzumachenden Schaden nehmen. Bestenfalls würde der Krieg der Bürokratie lediglich kurzen Aufschub gewähren; um so schärfer wird der politische Konflikt bei Kriegsende ausbrechen.

Es wäre natürlich zu einseitig, das politische Grundproblem der UdSSR auf das Generationenproblem zurückzuführen. Unter den Alten zählt die Bürokratie nicht wenig erklärte oder heimliche Gegner, wie es auch unter der Jugend Hunderttausende ausgemachter Bürokraten gibt. Doch gleich von welcher Seite die Attacke auf die Positionen der herrschenden Schicht kommen wird, von links oder rechts, die Angreifer werden ihre Hauptstreitkräfte unter der bedrückten, politisch rechtlosen und unzufriedenen Jugend anwerben. Die Bürokratie versteht das ausgezeichnet. Sie besitzt überhaupt eine feine Empfindungsgabe für alles, was ihre Herrscherstellung gefährden kann. Natürlich bemüht sie sich, zur rechten Zeit ihre Positionen zu festigen. Ihre Hauptschützengräben und Betonbefestigungen errichtet sie dabei eben gegen die junge Generation.

Im April 1936 tagte im Kreml wie bereits erwähnt der 10. Komsomolkongress. Niemand gab sich natürlich die Mühe zu erklären, warum entgegen den Statuten der Kongress volle fünf Jahre nicht einberufen worden war. Dafür stellte sich bald heraus, dass der sorgfältig ausgelesene und gesiebte Kongress diesmal ausschließlich tagte, um die Jugend politisch zu enteignen: nach dem neuen Statut ist der Komsomol sogar gesetzlich des Rechts beraubt, am Gesellschaftsleben des Landes teilzunehmen. Seine einzige Sphäre ist nunmehr: Aufklärung und kulturelle Erziehung. Der Generalsekretär des Komsomol erklärte im Auftrag von oben in seinem Bericht: „Wir müssen *aufhören mit dem Geschwätz* über Industrie- und Finanzplan, Unkostensenkung, Wirtschaftsberechnung, Aussaat und andere höchst wichtige Staatsaufgaben, *als ob wir darüber entscheiden würden*". Das ganze Land könnte die letzten Worte nachsprechen: „Als ob wir darüber entschieden!" Der freche Verweis: „Mit dem Geschwätz aufhören!", der bei dem stramm gehorsamen Kongress gar keine Begeisterung auslöste, scheint um so verblüffender, als das Sowjetgesetz die politische Mündigkeit auf das 18. Lebensjahr festgesetzt hat, von welchem Alter an junge Männer und Frauen volles Wahlrecht haben, während die Altersgrenze beim Komsomol dem alten Statut gemäß 23 Jahre war, wobei faktisch ein ganzes Drittel der Organisationsmitglieder diese Grenze überschritten hatte. Der letzte Kongress nahm gleichzeitig zwei Reformen vor; er legalisierte die Beteiligung der alten Jahrgänge am Komsomol und erhöhte damit die Zahl der Komsomolwähler, und nahm zugleich der gesamten Organisation das Recht, sich nicht nur in das Gebiet der allgemeinen Politik (davon kann schon gar keine Rede sein!), sondern auch in die laufenden Wirtschaftsfragen einzumischen. Die Aufhebung der früheren Altersgrenze war dadurch diktiert, dass der Übergang aus dein Komsomol in die Partei, der sich sonst fast automatisch vollzog, heute enorm erschwert ist. Der Entzug des letzten Rests, selbst des Scheins von politischen Rechten, hat das Bestreben zur Ursache, den Komsomol vollständig und endgültig der gereinigten Partei unterzuordnen. Beide einander deutlich widersprechenden Maßnahmen gehen dennoch auf ein und dieselbe Quelle zurück: die Furcht der Bürokratie vor der jungen Generation.

Die Berichterstatter, die nach ihren eigenen Worten direkte Aufträge Stalins ausführten – diese Warnungen sollten von vornherein selbst die bloße Möglichkeit von Debatten ausschließen – erläuterten das Ziel der Reform mit einer beinahe verblüffenden Offenheit: „Wir brauchen keine zweite Partei". Dies Argument ließ durchblicken, dass nach Ansicht der herrschenden Spitze der Komsomol, wenn er nicht ein für allemal erwürgt wird, sich in eine zweite Partei zu verwandeln droht. Wie um deren mögliche Tendenzen zu umreißen, erklärte der Berichterstatter warnend: „ Seinerzeit versuchte niemand anders als Trotzki, demagogisch mit der Jugend schäkernd, ihr den antileninistischen, antibolschewistischen Gedanken von der Notwendigkeit, eine zweite Partei zu schaffen, einzuimpfen", usw. Die historische Anspielung des Berichterstatters enthält einen Anachronismus: in Wirklichkeit warnte Trotzki „seinerzeit" nur, dass eine weitere Bürokratisierung des Regimes unvermeidlich zum Bruch mit der Jugend führen und die Gefahr einer zweiten Partei heraufbeschwören müsse. Doch gleichwohl: der Gang der Ereignisse hat die Warnung bekräftigt und sie damit zu einem Programm gemacht. Die entartete Partei übt nur noch auf die Karrieristen Anziehungskraft aus. Die ehrlichen und denkenden jungen Männer und Frauen muss es ekeln vor der byzantinischen Kriecherei, vor der falschen, Privilegien und Willkür deckenden Rhetorik, vor der Prahlerei der mittelmäßigen, sich gegenseitig beweihräuchernden Bürokraten, vor all diesen Marschällen, die noch keine Sterne am Himmel pflückten, sich dafür aber welche an alle Körperteile heften. Es handelt sich folglich nicht mehr um die „Gefahr" einer zweiten Partei wie vor zwölf, dreizehn Jahren, sondern um ihre historische Notwendigkeit, als der einzigen Kraft, die imstande ist, die Sache der Oktoberrevolution weiterzutreiben. Die Änderung der Komsomolstatuten wird, sei sie auch durch Androhung neuer Polizeistrafen verstärkt, die politische Reifung der Jugend nicht aufhalten und ihren feindlichen Zusammenstoß mit der Bürokratie nicht verhüten.

Auf welche Seite wird sich die Jugend im Falle einer großen politischen Erschütterung schlagen? Um welches Banner wird sie sich scharen? Jetzt kann noch niemand auf diese Frage eine sichere Antwort geben, am wenigsten die Jugend selber. Widersprechende Tendenzen arbeiten an ihrem Bewusstsein. Letzten Endes wird die Selbstbestimmung ihrer Hauptmasse von den historischen weltbedeutenden Ereignissen abhängen: Krieg, neue Erfolge des Faschismus oder umgekehrt Sieg der proletarischen Revolution im Westen. Auf jeden Fall wird sich die Bürokratie überzeugen müssen, dass diese rechtlose Jugend ein historisches Geschoss von kolossaler Sprengkraft darstellt.

1894 antwortete das russische Selbstherrschertum durch den Mund des jungen Zaren Nikolaus II. den Landschaftsabgeordneten, die schüchtern träumten, des politischen Lebens teilhaftig zu werden, mit den berühmten Worten: „Unsinnige Träumereien!". 1936 antwortete die Sowjetbürokratie auf die noch verworrenen Ansprüche der jungen Generation mit dem noch gröberen Anschnauzer: „Mit dem Geschwätz aufhören!". Diese Worte werden ebenfalls in die Geschichte eingehen. Stalins Regime mag nicht weniger schwer dafür zahlen als jenes, an dessen Spitze Nikolaus II. stand.

Nation und Kultur

Die nationale Politik des Bolschewismus sicherte den Sieg der Oktoberrevolution und half der Sowjetunion, sich trotz der internen zentrifugalen Kräfte und trotz der feindlichen Umkreisung auch in der Folgezeit zu halten. Die bürokratische Entartung des Staates lastete auf der nationalen Politik wie ein schwerer Stein. Gerade in der nationalen Frage gedachte Lenin gegen die Bürokratie, und vor allem gegen Stalin, auf dem 12. Parteikongress im Herbst 1923 den ersten Schlag zu führen. Allein, bevor noch der Kongress tagte, trat Lenin aus der Reihe. Die Dokumente, die er damals vorbereitete, sind bis heute von der Zensur mit Beschlag belegt.

Die kulturellen Bedürfnisse der von der Revolution erweckten Nationen benötigen breiteste Autonomie. Gleichzeitig kann die Wirtschaft sich nur bei Unterordnung aller Teile der Union unter einen gemeinsamen zentralistischen Plan erfolgreich entwickeln. Wirtschaft und Kultur sind aber voneinander nicht durch undurchdringliche Scheidewände getrennt. Die Tendenzen nach kultureller Autonomie und wirtschaftlichem Zentralismus geraten darum von Zeit zu Zeit miteinander in Konflikt. Jedoch ist der Gegensatz zwischen ihnen keineswegs unversöhnlich. Gibt es zu seiner Lösung auch keine fix und fertige Formel und kann es eine solche auch gar nicht geben, so ist dafür doch der geschmeidige Wille der interessierten Massen selbst da: nur ihre tätige Beteiligung an der Leitung des eigenen Geschicks vermag auf jeder neuen Etappe den notwendigen Trennungsstrich zwischen den rechtmäßigen Anforderungen des wirtschaftlichen Zentralismus und den Lebensansprüchen der nationalen Kulturen zu ziehen. Das Unglück ist jedoch eben, dass in der UdSSR der Wille der Bevölkerung, vertreten durch all ihre nationalen Bestandteile, heute ganz und gar dem Willen der Bürokratie untergeordnet ist, die sowohl an die Wirtschaft wie an die Kultur vom Standpunkt der Bequemlichkeit für die Leitung und der spezifischen Interessen der herrschenden Schicht herantritt.

Allerdings fährt die Sowjetbürokratie auf dem Gebiet der nationalen Politik wie auf dem der Wirtschaft noch fort, eine gewisse progressive Arbeit zu leisten, wenn auch mit maßlosen Unkosten. Dies bezieht sich vor allem auf die zurückgebliebenen Völkerschaften der Union, die notwendigerweise eine mehr oder weniger lange Periode der Übernahme. Nachahmung und Verarbeitung des Fertigen durchmachen müssen. Die Bürokratie baut ihnen eine Brücke zu den Elementargütern der bürgerlichen, zum Teil auch noch vorbürgerlichen Kultur. Hinsichtlich einer Reihe von Bezirken und Völkerschaften leistet die Sowjetmacht in erheblichem Masse das historische Werk, das Peter I. und seine Gesellschafter in bezug auf das alte Moskowien vollbrachte, nur in größerem Maßstab und in schnellerem Tempo.

In den Schulen der Union wird heute in nicht weniger als achtzig Sprachen unterrichtet. Für die meisten musste ein neues Alphabet geschaffen oder das asiatische, sehr aristokratische durch ein demokratischeres, das lateinische ersetzt werden. In ebenso vielen Sprachen erscheinen Zeitungen, welche die Bauern und Hirtennomaden zum erstenmal in die elementaren Ideen der menschlichen Kultur einweihen. In den entlegensten Randgebieten des Zarenreichs entstehen eigene Industrien. Das alte halbe Stammesdasein birst unter dem Traktor. Neben der Schriftkunde tauchen Ackerbau- und Heilkunde auf. Schwerlich lässt sich die Bedeutung dieses Aufbauwerks an neuen Menschenschlägen überschätzen. Nicht ohne Grund sagte Marx, die Revolution sei die Lokomotive der Geschichte.

Aber auch die stärkste Lokomotive vollbringt keine Wunder: sie ändert die Gesetze des Raums nicht, sondern beschleunigt bloß die Bewegung. Die Notwendigkeit allein, Dutzende von Millionen Erwachsener mit dem ABC, der Zeitung oder den einfachsten Hygieneregeln bekannt zu machen, zeigt, ein wie großer Weg noch zurückzulegen ist. bevor man wirklich die Fragen der neuen sozialistischen Kultur wird stellen können. Die Presse teilt beispielsweise mit, dass die Oiraten in Westsibirien, die früher nicht wussten, was sich waschen heißt, jetzt „in vielen Dörfern Bäder haben, wohin man zuweilen 30 Kilometer weit kommt, um sich zu waschen", Des extreme, am tiefsten Pol der Kultur genommene Beispiel, beleuchtet jedoch grell das Niveau vieler anderer Errungenschaften, und nicht nur in den rückständigen Randgebieten. Wenn das Oberhaupt der Regierung zur Illustrierung des Kulturwachstums darauf hinweist, dass in den Kolchosen die Nachfrage nach „eisernen Betten, Wanduhren, Strickkleidung, Wolljacken, Fahrrädern" usw. steigt, so bedeutet das nur, dass die wohlhabenden Spitzen des Sowjetdorfs beginnen, sich der Industrieartikel zu erfreuen, die seit langem zum Bedarf der Bauernmassen im Westen gehören. Tagaus tagein werden in den Reden und der Presse Lehren zum Thema des „kultivierten sozialistischen Handels" erteilt. Im Grunde handelt es sich nur darum, den Staatsläden ein sauberes und anziehendes Aussehen zu geben, sie mit der nötigen technischen Ausstattung und einer ausreichenden Warenauswahl zu versehen, die Äpfel nicht verfaulen zu lassen, den Strümpfen Stopfgarn beizulegen, schließlich den Verkäufern beizubringen, sich aufmerksam und höflich zum Käufer zu verhalten, mit einem Wort, das zu erreichen, was beim kapitalistischen Handel die Regel ist. Bis zur Lösung dieser sehr wichtigen Aufgabe, die jedoch kein Quäntchen Sozialismus enthält, ist es bis jetzt noch ziemlich weit.

Lassen wir eine Minute lang die Gesetze und Institutionen beiseite und nehmen wir das Alltagsleben der großen Masse der Bevölkerung, ohne uns selbst noch anderen absichtlich etwas vorzumachen, so muss man zugeben, dass in den Sitten und in der Lebensweise des Sowjetlandes das Erbe des zaristischen und bürgerlichen Russlands die Keime des Sozialismus noch bei weitem überwiegt. Davon spricht am überzeugendsten die Bevölkerung selbst, die bei der geringsten Erhöhung des Lebensstandards sich gierig auf die fertigen westlichen Muster stürzt. Die jungen Sowjetangestellten, häufig auch Arbeiter. bemühen sich, in Kleidung und Manieren die amerikanischen Ingenieure und Techniker nachzuahmen, mit denen sie gelegentlich in der Fabrik eng in Berührung kommen. Die Industriearbeiterinnen oder weiblichen Büroangestellten verschlingen die ausländischen Touristinnen mit den Augen, um ihnen Mode und Manieren abzugucken. Die Glückliche, der dies gelungen ist, wird zum Gegenstand der allgemeinen Nachahmung. Statt der alten Haarwickel lassen sich die besser bezahlten Arbeiterinnen „Dauerwellen" machen. Die Jugend schreibt sich mit Vorliebe in Zirkel für „westliche Tänze" ein, in gewissem Sinne ist all dies ein Fortschritt. Doch drückt sich darin bislang nicht die Überlegenheit des Sozialismus über den Kapitalismus aus, sondern die der kleinbürgerlichen Kultur über die patriarchale, der Stadt über das Land, des Zentrums über den Krähwinkel, des Westens über den Osten.

Die privilegierten Sowjetschichten machen ihre Entlehnungen bei den höheren kapitalistischen Sphären; als Schiedsrichter fungieren dabei die Diplomaten, Trustdirektoren, Ingenieure, die häufig Gelegenheit haben, nach Europa und Amerika zu reisen. Die Sowjetsatire schweigt darüber, da es ihr streng verboten ist, an die oberen „Zehntausend" zu rühren. Indessen kann man nicht ohne Bitterkeit bemerken, dass die hohen Sendboten der Sowjetunion es nicht verstanden haben vor der kapitalistischen Zivilisation einen eigenen Stil oder auch nur irgendeinen selbständigen Zug aufzuweisen. Sie haben in sich nicht genug innere Standhaftigkeit gefunden, um den äußeren Schein zu verachten und die nötige Distanz zu wahren, ihr Hauptehrgeiz ist gewöhnlich, sich so wenig wie möglich von den vollendetsten bürgerlichen Snobs zu unterscheiden, Mit einem Wort, sie fühlen und benehmen sich in der Mehrzahl nicht wie Vertreter einer neuen Welt sondern wie gewöhnliche Parvenüs!

Zu sagen, die Sowjetunion leiste heutzutage im Grunde die Kulturarbeit, welche die fortgeschrittenen Länder auf der Basis des Kapitalismus längst vollbracht haben, würde jedoch nur die halbe Wahrheit sein. Die neuen Gesellschaftsformen sind durchaus nicht gleichgültig: sie ermöglichen dem zurückgebliebenen Land nicht nur, das Niveau der fortgeschrittenen zu erreichen, sondern gestatten ihm auch, diese Aufgabe in viel kürzerer Zeit durchzuführen, als dazu seinerzeit im Westen benötigt wurde. Die Lösung des Rätsels dieser Beschleunigung im Vormarsch ist einfach: die bürgerlichen Pioniere mussten ihre Technik erfinden und sie in Wirtschaft und Kultur anzuwenden lernen. Die Sowjetunion übernimmt das Fertige in seiner letzten Vervollkommnung und wendet dank der vergesellschafteten Produktionsmittel das Entlehnte nicht stückweise und allmählich. sondern mit einem Mal und in gigantischem Maßstab an.

Die militärischen Autoritäten der Vergangenheit haben nicht selten die Rolle der Armee als Kulturträgerin gerühmt, im besonderen in bezug auf die Bauernschaft. Ohne uns Illusionen zu machen über die spezifische „Kultur", die der bürgerliche Militarismus züchtet, kann man dennoch nicht bestreiten, dass viele progressive Gebräuche durch die Armee in die Volksmassen gebracht wurden: nicht ohne Grund waren es in revolutionären, insbesondere bäuerlichen Bewegungen gewöhnlich gewesene Soldaten und Unteroffiziere, die an der Spitze standen. Das Sowjetregime hat die Möglichkeit, auf das tägliche Leben des Volkes nicht nur durch die Armee einzuwirken, sondern durch den gesamten Staatsapparat und die mit ihm verflochtenen Apparate der Partei, des Komsomol und der Gewerkschaften. Die Aneignung der fertigen Muster der Technik, Hygiene, Kunst, des Sports in so ungleich kürzeren Fristen, als in ihrer Heimat zu ihrer Ausarbeitung benötigt wurde, ist durch die staatlichen Eigentumsformen, die politische Diktatur und die planmäßige Leitung gewährleistet.

Hätte die Oktoberrevolution weiter nichts als dies beschleunigte Tempo gebracht. schon das würde sie historisch rechtfertigen, denn das bürgerliche Verfallsregime erwies sich im letzten Vierteljahrhundert außerstande. auch nur in einem Erdteil einem einzigen der rückständigen Länder einen ernsthaften Ruck nach vorwärts zu geben. Jedoch das russische Proletariat vollbrachte den Umsturz namens viel weiter gehender Aufgaben. Wie sehr es jetzt auch politisch unterdrückt ist, sein bester Teil hat auf das kommunistische Programm und die damit verbundenen gewaltigen Hoffnungen nicht verzichtet. Die Bürokratie ist gezwungen, dem Proletariat Rechnung zu tragen, zum Teil in der eigentlichen Richtung ihrer Politik, zur Hauptsache in ihrer Auslegung, Daher wird jeder Schritt vorwärts auf dem Gebiet der Wirtschaft oder des Daseins, unabhängig von seinem tatsächlichen historischen Gehalt oder seiner realen Bedeutung für das Leben der Massen, als unerhörte, noch nie dagewesene Errungenschaft der „sozialistischen Kultur" ausgerufen. Toilettenseife und Zahnbürsten zum erworbenen Gut von Millionen zu machen, die bis gestern nicht einmal die einfachsten Sauberkeitsansprüche kannten, ist ohne Frage ein sehr großes Kulturwerk, Aber weder Seife, noch Bürsten, oder gar Parfums, wie sie „unsere Frauen" begehren, machen bereits die sozialistische Kultur, vor allem nicht dann, wenn diese armseligen Attribute der Zivilisation nur für einige 15% der Bevölkerung erschwinglich sind.

Die „Umgestaltung der Menschen", von der in der Sowjetpresse so häufig geredet wird, ist tatsächlich voll im Gange. Aber in welchem Maße ist dies eine sozialistische Umgestaltung? Das russische Volk kannte in der Vergangenheit weder eine große religiöse Reformation wie die Deutschen, noch eine große bürgerliche Revolution wie die Franzosen. Aus diesen beiden Schmelzöfen – lässt man die Reformation-Revolution der britischen Inselbewohner im 17. Jahrhundert beiseite kam die bürgerliche Individualität zur Welt, diese sehr bedeutende Stufe in der Entwicklung der menschlichen Persönlichkeit überhaupt. Die russischen Revolutionen von 1905 und 1917 bezeichneten notwendigerweise ein erstes Erwachen der Individualität in den Massen, ihre Loslösung aus dem primitiven Milieu, d.h. sie leisteten in verkleinertem Umfang und beschleunigtem Marsch das Erziehungswerk der bürgerlichen Reformationen und Revolutionen des Westens. Jedoch schon lange bevor dieses Werk auch nur im Groben beendet gewesen wäre, wurde die russische Revolution, ausgebrochen beim Niedergang des Kapitalismus, durch den Gang des Klassenkampfes auf sozialistische Geleise geschoben. Die Widersprüche auf dem Gebiet der Sowjetkultur spiegeln und brechen nur die aus diesem Sprung erwachsenen wirtschaftlichen und sozialen Widersprüche. Das Erwachen der Persönlichkeit bekommt dabei notwendigerweise mehr oder weniger kleinbürgerlichen Charakter, nicht bloß in der Wirtschaft, sondern auch im Familienleben und in der Lyrik. Trägerin eines extremen, zuweilen zügellosen bürgerlichen Individualismus wurde die Bürokratie selbst. Sie erlaubt und fördert die Entwicklung des ökonomischen Individualismus (Akkordwesen. Hofwirtschaften, Prämien, Orden) und unterdrückt zugleich grausam die fortschrittlichen Seiten des Individualismus in der Sphäre der Geisteskultur (kritische Anschauung, Bildung einer eigenen Meinung, Erziehung zu persönlicher Würde).

Je höher das Entwicklungsniveau einer gegebenen nationalen Gruppe oder je mehr ihr kulturelles Schaffen entfaltet ist, um so mehr nimmt sie sich der Probleme der Gesellschaft und der Persönlichkeit an, um so drückender und unerträglicher wird die bürokratische Umklammerung. Es kann in der Tat von einer Eigenart der Nationalkulturen nicht die Rede sein, wenn ein und derselbe Taktstock, richtiger Polizeiknüppel, sich anmaßt, alle geistigen Betätigungen sämtlicher Völker der Union zu dirigieren. Die ukrainischen, weißrussischen, georgischen oder türkischen Zeitungen und Bücher sind nur Übersetzungen der bürokratischen Imperative in die Sprache der betreffenden Völkerschaften. Als Muster des Volksschaffens publiziert die Moskauer Presse täglich in russischer Übersetzung die Oden preisgekrönter Nationaldichter zu Ehren der Führer, in Wahrheit klägliche Knüttelverse, die sich voneinander nur durch den Grad der Talentlosigkeit und der Speichelleckerei unterscheiden.

Die großrussische Kultur, die unter dem Hauptwachtregime nicht weniger leidet als die anderen, lebt vornehmlich auf Kosten der alten, noch vor der Revolution geformten Generation. Die Jugend ist gleichsam unter einer eisernen Plane erdrückt. Es handelt sich somit nicht um die Unterjochung einer Nationalität durch die andere im eigentlichen Sinne des Wortes, sondern um die Unterjochung der kulturellen Entwicklung aller Nationen. angefangen mit der großrussischen, durch den zentralisierten Polizeiapparat. Wir können indes nicht umhin, die Aufmerksamkeit darauf zu lenken, dass 90% aller Publikationen in der UdSSR in russischer Sprache erscheinen. Freilich, wenn auch dieser Prozentsatz zur Verhältniszahl der großrussischen Bevölkerung in schreiendem Missverhältnis steht, so entspricht er schon eher dem allgemeinen Einfluss der russischen Kultur sowohl in bezug auf ihr Eigengewicht wie auf ihre Rolle als Vermittlerin zwischen den rückständigen Völkern des Landes und dem Westen. Bedeutet nicht bei alledem der übermäßige Anteil der Großrussen am Verlagswesen (und nicht nur daran, natürlich), dass sie faktisch eine privilegierte Großmachtstellung auf Kosten der übrigen Nationalitäten der Union einnehmen? Durchaus möglich. Doch man kann auf diese hochbedeutsame Frage nicht so kategorisch antworten, wie es nötig wäre, denn im Leben wird sie nicht so sehr durch Zusammenarbeit, Wetteifern und gegenseitige Befruchtung der Kulturen entschieden als vielmehr durch berufungslosen Schiedsspruch der Bürokratie. Da nun aber die Residenz der Macht der Kreml ist und die Peripherie sich nach dem Zentrum richten muss, bekommt die Bürokratie unvermeidlich einen großmachtähnlichen, russifizierenden Anstrich; den anderen Nationalitäten lässt sie nur ein unbestrittenes Recht: dem Schiedsrichter in ihrer Sprache lobzusingen.

* * *

Die offizielle Doktrin von der Kultur wechselt je nach den Wirtschaftszickzacks und dem administrativen Gutdünken; bei allen Wendungen aber behält sie ihr absolutes und kategorisches Wesen, Gleichzeitig mit der Theorie vom „Sozialismus in einem Lande" gelangte die bis dahin vernachlässigte Theorie von der „proletarischen Kultur" offiziell zu Ehren. Die Gegner dieser Theorie beriefen sich darauf, dass das Regime der proletarischen Diktatur nichts weiter als ein Übergangsregime ist, dass zum Unterschied von der Bourgeoisie das Proletariat sich nicht anschickt, während mehreren Geschichtsepochen zu herrschen, dass die gegenwärtige Generation der neuen herrschenden Klasse vor allem die Aufgabe verfolgt, alles Wertvolle in der bürgerlichen Kultur zu assimilieren, dass je mehr das Proletariat Proletariat bleibt, d.h. ihm noch die Spuren der gestrigen Bedrückung anhaften, es um so weniger imstande ist, sich über das historische Erbteil der Vergangenheit hinauszuheben, dass die Möglichkeiten neuen Schaffens sich in Wahrheit nur in dem Masse auftun werden, wie das Proletariat sich in der sozialistischen Gesellschaft auflöst. All dies bedeutet mit anderen Worten, dass die bürgerliche Kultur von der sozialistischen und nicht proletarischen abgelöst werden muss.

In der Polemik gegen die Theorie einer im Laboratorium geschaffenen „proletarischen Kunst" schrieb der Autor dieser Zeilen: „Die Kultur nährt sich von den Säften der Wirtschaft, und es bedarf eines materiellen Überflusses, damit die Kultur wachsen, und sich sublimieren [=verfeinern] kann". Selbst die erfolgreichste Lösung der elementaren Wirtschaftsaufgaben würde „noch keineswegs den völligen Sieg des neuen geschichtlichen Prinzips – des Sozialismus – bedeuten. Nur die Weiterentwicklung des wissenschaftlichen Denkens auf der Grundlage des ganzen Volks und die Entwicklung einer neuen Kunst würden bedeuten, dass der geschichtliche Keim nicht allein ein Halm, sondern auch eine Blüte gezeitigt hat. In diesem Sinne ist die Entwicklung der Kunst die beste Kontrolle für die Lebensfähigkeit und Bedeutung einer jeden Epoche". Dieser Gesichtspunkt, der kurz zuvor der herrschende gewesen war, wurde plötzlich in einer offiziellen Erklärung als „Kapitulation" gebrandmarkt, diktiert vorn „Unglauben" an die schöpferischen Kräfte des Proletariats. Es begann die Periode Stalin-Bucharin; von diesen war letzterer schon von jeher ein Herold der „proletarischen Kultur", jener dagegen hatte überhaupt nie über diese Fragen nachgedacht. Beide zusammen waren jedenfalls der Meinung, die Bewegung zum Sozialismus werde im „Schneckentempo" geschehen und das Proletariat werde Dutzende von Jahren zur Verfügung haben, um sich eine eigene Kultur zu schaffen. Was deren Charakter betrifft, so waren die Ideen der Theoretiker darüber ebenso verworren wie anspruchslos.

Die stürmischen Jahre des ersten Fünfjahresplans stießen die Schneckenperspektive über den Haufen. Das Land trat bereits 1931, am Vorabend der grausamsten Hungersnot, „in den Sozialismus ein". Bevor somit die offiziell protegierten Schriftsteller, Künstler und Maler noch die proletarische Kunst hatten schaffen können, oder auch nur erste bemerkenswerte Proben davon ablegen, verlautbarte die Regierung, das Proletariat löse sich in der klassenlosen Gesellschaft auf. Es blieb nur übrig, sich mit der Tatsache abzufinden, dass dem Proletariat zur Schaffung einer proletarischen Kultur die notwendigste Voraussetzung fehlte: die Zeit. Die gestrige Konzeption geriet sofort in Vergessenheit. auf die Tagesordnung kam ohne Umschweife die „sozialistische Kultur". Weiter oben haben wir zum Teil bereits kennen gelernt, was sie enthält.

Geistiges Schaffen erfordert Freiheit. Der eigentliche Vorsatz des Kommunismus: die Natur der Technik und die Technik dem Plan zu unterwerfen, damit die Rohmaterie ohne Sträuben alles hergebe was der Mensch braucht und noch weit mehr, hat zum höchsten Ziel, die schöpferischen Kräfte des Menschen endgültig und ein für allemal aus allen Umklammerungen, Beschränkungen und erniedrigenden Abhängigkeiten zu befreien. Die persönlichen Beziehungen, die Wissenschaft und Kunst werden keinen von außen aufgezwungenen „Plan". noch auch nur den Schatten eines Zwangs kennen. In welchem Maße das geistige Schaffen ein individuelles oder kollektives sein wird, das wird ganz allein von den Schaffenden selbst abhängen.

Anders das Übergangsregime. Die Diktatur ist ein Ausdruck der früheren Barbarei und nicht der künftigen Kultur. Sie legt notwendigerweise allen Betätigungsarten, und zwar auch dem geistigen Schaffen, harte Beschränkungen auf. Das Revolutionsprogramm erblickte von Anfang an in diesen Beschränkungen ein vorübergehendes Übel und verpflichtete sich, in dem Maße, wie das neue Regime sich festigen würde, alle Freiheitsschranken eine nach der anderen aufzuheben. Jedenfalls war es den Revolutionsführern auch in den heißesten Bürgerkriegsjahren klar, dass die Regierung, von politischen Erwägungen geleitet, wohl die Schaffensfreiheit einschränken, keinesfalls aber auf eine kommandierende Rolle in der Wissenschaft, Literatur und Kunst Anspruch erheben könne. Bei einem ziemlich „konservativen" persönlichen Kunstgeschmack blieb Lenin politisch in Kunstfragen äußerst vorsichtig und schützte gern seine Unzuständigkeit vor. Dass Lunatscharski, der Volkskommissar für Unterricht und Kunst, alle Art Modernismen protegierte, setzte Lenin oft in Verlegenheit, doch beschränkte er sich auf ironische Bemerkungen in Privatgesprächen, und der Gedanke, seinen literarischen Geschmack zum Gesetz zu erheben, lag ihm gänzlich fern. 1924, bereits an der Schwelle der neuen Periode, formulierte der Autor dieses Buchs das Verhältnis des Staats zu den verschiedenen Künstlergruppen und Kunstrichtungen folgendermaßen: „Indem wir sie alle vor das kategorische Kriterium stellen: *Für* die Revolution oder *gegen* die Revolution?" , müssen wir „ihnen auf dem Gebiet der künstlerischen Selbstbestimmung völlige Freiheit geben".

Als die Diktatur noch unter sich eine feurige Massenbasis und vor sich die Perspektive des Weltumsturzes hatte, fürchtete sie Experimente, Suchen und Kämpfe der Schulen nicht, denn sie begriff, dass nur auf diesem Wege die neue Kulturepoche vorbereitet werden kann. Die Volksmassen bebten noch in allen ihren Fibern und begannen, zum erstenmal nach tausend Jahren laut zu denken. Alle besten jungen Kräfte der Kunst waren vom Leben gepackt. In den ersten, an Hoffnungen und Verwegenheit reichen Jahren wurden nicht nur die kostbarsten Vorbilder sozialistischer Gesetzgebung geschaffen, sondern auch die besten Erzeugnisse der revolutionären Literatur. In dieselbe Zeit fallen übrigens auch die berühmten Sowjetfilme, die bei ihrer Armut an technischen Mitteln das Staunen der gesamten Welt hervorriefen durch die Frische und Intensität, mit der sie die Wirklichkeit anpackten.

Im Verlauf des Kampfes gegen die Parteiopposition wurden die literarischen Schulen eine nach der anderen unterdrückt. Es blieb übrigens nicht bei der Literatur allein. Auf allen Gebieten der Ideologie griff eine um so entschiedenere Verheerung um sich, als sie größtenteils unbewusst war. Die heutige herrschende Schicht hält sich für berufen, nicht nur politisch das geistige Schaffen zu kontrollieren, sondern ihm auch seinen Entwicklungsweg vorzuschreiben. Das Kommando, gegen das es keine Berufung gibt, erstreckt sich in gleichem Masse über Konzentrationslager, Ackerbau und Musik. Das Zentralorgan der Partei druckt anonyme, richtunggebende Artikel in der Art militärischer Befehle, über Architektur, Literatur, dramatische Kunst. Ballette, ganz zu schweigen von Philosophie, Naturwissenschaft und Geschichte.

Die Bürokratie fürchtet abergläubisch alles, was ihr nicht unmittelbar dient, oder was sie nicht versteht. Wenn sie eine Verbindung zwischen Naturwissenschaft und Produktion fordert, hat sie – in großen Zügen – recht; wenn sie aber verordnet, dass die Forscher sich nur unmittelbare praktische Ziele setzen sollen, droht sie die kostbarsten Quellen des Schaffens zu verstopfen, und damit auch die praktischen Entdeckungen zu verhindern, die meistens auf unvorgesehenen Wegen gemacht werden. Bittere Erfahrung hat die Naturwissenschaftler, Mathematiker, Philologen, Kriegstheoretiker gelehrt, breite Verallgemeinerungen zu meiden, aus Furcht, dass irgendein „roter Professor", meistens ein ungebildeter Streber, den Neuerer mit einem an den Haaren herbeigezogenen Lenin- oder sogar Stalinzitat schrecklich zurechtweisen könne. In solchen Fällen seinen Gedanken und seine wissenschaftliche Würde verteidigen, heißt sich todsicher Repressionen zuzuziehen.

Aber noch viel schlimmer ist es um die Gesellschaftswissenschaften bestellt. Die Ökonomen, Historiker, sogar Statistiker, gar nicht zu reden von Journalisten, sind vornehmlich darum besorgt, ja nicht, und sei es auch nur Indirekt, in Gegensatz zum jeweiligen Haken des offiziellen Zickzackkurses zu geraten. Über die Sowjetwirtschaft, Innen- und Außenpolitik kann man nicht anders schreiben, als indem man sich den Rücken und die Flanken mit Banalitäten aus den Reden des „Führers" deckt und sich von vornherein zur Aufgabe macht nachzuweisen, dass alles just so läuft, wie es laufen soll, und gar noch besser. Mag der hundertprozentige Konformismus auch von irdischen Ungemach befreien, dafür zieht er die schwerste aller Strafen nach sich: Unfruchtbarkeit.

Obgleich formell der Marxismus in der UdSSR Staatsdoktrin ist, erschien in den letzten zwölf Jahren nicht eine einzige marxistische Untersuchung. weder in der Ökonomie, noch der Soziologie, der Geschichte oder Philosophie, welche Aufmerksamkeit oder Übersetzung in fremde Sprachen verdiente. Die marxistische Produktion geht über scholastisches Flickwerk nicht hinaus, worin in einem fort ein und dieselben vorher gebilligten Gedanken wiedergekäut und alte Zitate aufgewärmt werden, je nach den konjunkturellen Bedürfnissen des Apparats. In Millionen Exemplaren werden durch die Staatskanäle Bücher und Broschüren vertrieben, die niemand braucht, und die mit Hilfe von Kleister, Schmeichelei und anderen Klebstoffen hergestellt werden. Die Marxisten, die etwas Wertvolles und Selbständiges zu sagen hätten, sitzen hinter Schloss und Riegel oder sind gezwungen zu schweigen. Und das, obwohl die Evolution der Gesellschaftsformen auf Schritt und Tritt grandiose wissenschaftliche Probleme aufwirft!

Geschmäht und mit Füßen getreten ist auch die Lauterkeit, ohne die theoretische Arbeit unmöglich ist. Selbst die Anmerkungen zu Lenins Werken werden in jeder neuen Auflage vom Gesichtspunkt der persönlichen Interessen des herrschenden Stabs radikal umgearbeitet, zum Ruhm der „Führer", zur Herabsetzung der Gegner und Verwischung der Spuren. Das gleiche gilt von den Partei- und Revolutionsgeschichtsbüchern. Tatsachen werden entstellt, Dokumente unterschlagen oder auch fabriziert, Reputationen geschaffen oder vernichtet. Die einfache Gegenüberstellung der aufeinanderfolgenden Varianten ein und desselben Buches in den letzten zwölf Jahren erlaubt, untrüglich den Prozess der Entartung von Denken und Gewissen der herrschenden Schicht zu verfolgen.

Nicht weniger unheilbringend handelt das „totalitäre" Regime an der schönen Literatur. Der Kampf der Richtungen und Schulen ist ersetzt durch die Deutung des Willens der Führer. Für alle Gruppierungen besteht eine gemeinsame Zwangsorganisation, eine Art Konzentrationslager für das gestaltete Wort. Zu Klassikern werden mittelmäßige, aber rechtmeinende Erzähler erhoben wie Serafimowitsch oder Gladkow. Begabten Schriftstellern, die sich nicht genügend Gewalt anzutun verstehen, heftet sich eine Meute von Lehrmeistern auf die Fersen, bewaffnet mit Skrupellosigkeit und einem Dutzend Zitate. Hervorragende Künstler enden entweder mit Selbstmord, suchen ihren Stoff in zurückliegenden Zeiten, oder schweigen still. Ehrliche und talentvolle Bücher erscheinen gleichsam aus Versehen, irgendwoher aus dem Verborgenen hervorschlüpfend, und stellen eine Art künstlerischer Schmuggelware dar.

Das Leben der Sowjetkunst ist ein eigener Martyrolog. Nach einem richtunggebenden Artikel der **Prawda** gegen den „Formalismus" setzt eine

Epidemie demütiger Beichten von Schriftstellern, Malern, Regisseuren und selbst Opernsängerinnen ein. Alle sagen sie sich von den eigenen vergangenen Sünden los, hüten sich jedoch – auf alle Fälle – vor einer genaueren Umschreibung des Formalismus, um nicht in Verlegenheit zu geraten. Zuletzt ist die Macht gezwungen, durch einen neuen Befehl dem überschäumenden Reuestrom Einhalt zu gebieten. Innerhalb weniger Wochen werden literarische Urteile revidiert, Schulbücher umgearbeitet, Straßen umbenannt, Denkmäler errichtet auf Grund einer lobenden Bemerkung Stalins über den Dichter Majakowski. Der Eindruck einer neuen Oper auf hohe Zuschauer verwandelt sich unverzüglich in eine musikalische Direktive für die Komponisten. Der Komsomolsekretär sagt auf einer Schriftstellertagung: „Die Weisungen des Genossen Stalin sind uns allen Gesetz". und alles applaudiert, wenn auch wahrscheinlich einige vor Scham erröten. Wie um die Literatur vollends zu verspotten, wird Stalin, der keinen richtigen russischen Satz bilden kann, zum Klassiker des Stils erkoren. Es ist etwas tief Tragisches in diesem Byzantinismus und dieser Polizeiherrschaft, trotz der unfreiwilligen Komik einzelner seiner Erscheinungen!

Die offizielle Formel lautet: die Kultur soll sozialistisch sein im Inhalt, national in der Form. Jedoch über den Inhalt der sozialistischen Kultur kann man nur mehr oder weniger liebliche Hypothesen aufstellen. Sie auf eine unzureichende Wirtschaftsbasis zu verpflanzen, ist niemandem gegeben. Die Kunst ist in viel geringerem Grade als die Wissenschaft imstande, die Zukunft vorwegzunehmen. Jedenfalls vermögen Rezepte wie: „den Bau der Zukunft darstellen", „dem Sozialismus den Weg weisen", „den Menschen umgestalten", der schöpferischen Einbildung nicht viel mehr zu sagen als eine Preisliste für Feilen oder ein Eisenbahnfahrplan.

Die nationale Form der Kunst wird gleichgesetzt mit ihrer Allgemeinverständlichkeit. „Was das Volk nicht braucht", schreibt die „Prawda den Künstlern vor, „kann auch keine ästhetische Bedeutung besitzen". Diese alte Formel der Narodniki, welche die Aufgabe der künstlerischen Erziehung der Massen leugnet, ist um so reaktionärer geworden, als das Recht zu entscheiden, welche Kunst das Volk braucht und welche nicht, der Bürokratie überlassen bleibt: sie druckt die Bücher nach eigener Auslese und verkauft sie zwangsweise, ohne dem Leser irgendwelche Wahl zu lassen. Letzten Endes läuft die Sache für sie darauf hinaus, dass die Kunst sich ihrer Interessen annimmt und ihnen solche Formen verleiht, dass die Bürokratie den Volksmassen so reizend wie möglich erscheine.

Vergebens! Keine Literatur wird dieser Aufgabe gerecht werden. Die Führer müssen selber zugeben, dass „weder der erste noch der zweite Fünfjahresplan bislang eine neue literarische Welle gebracht, welche die erste, aus dem Oktober geborene Welle überträfe". Das ist sehr gelinde gesagt. In Wirklichkeit wird die Epoche des Thermidor trotz einzelner Ausnahmen in die Geschichte des Kunstschaffens vorzugsweise eingehen als eine „Epoche" von Stümpern, Laureaten und Leisetretern!

VIII. Außenpolitik und Heer

Von der Weltrevolution zum Status quo

Die Außenpolitik ist immer und überall eine Fortsetzung der Innen-
politik. denn sie wird von derselben herrschenden Klasse betrieben und
verfolgt historisch dieselben Aufgaben. Die Entartung der herrschenden
Schicht in der UdSSR musste mit einer entsprechenden Änderung in den
Zielen und Methoden der Sowjetdiplomatie einhergehen. Bereits die
„Theorie" vom Sozialismus in einem Lande, die zum erstenmal im
Herbst 1924 verkündet wurde, deutete auf den Wunsch hin, die Sowjetaußenpolitik vom Programm der internationalen Revolution zu befrei-
en. Die Bürokratie hatte jedoch nicht im Sinn, dabei ihre Verbindung mit
der Komintern zu liquidieren, denn diese hätte sich unvermeidlich in
eine oppositionelle internationale Organisation verwandelt mit den daraus folgenden ärgerlichen Wirkungen auf das Kräfteverhältnis innerhalb
der UdSSR Im Gegenteil, je weniger die Kremlpolitik sich von ihrem
ehemaligen Internationalismus leiten ließ, um so fester nahm die herrschende Spitze das Ruder der Komintern in die Hand. Unter dem alten
Namen musste die Komintern nunmehr neuen Zielen dienen. Für die
neuen Ziele bedurfte es jedoch neuer Menschen. Ab Herbst 1923 ist die
Geschichte der Komintern eine Geschichte der vollständigen Erneue-
rung ihres Moskauer Stabs und der Stäbe aller nationalen Sektionen vermittels einer Serie von Palastrevolutionen, Säuberungen von oben, Aus-
schlüssen usw. Gegenwärtig stellt die Komintern einen ganz und gar gehorsamen und allezeit zu jedem beliebigen Zickzack bereiten Apparat im
Dienste der Sowjetaußenpolitik dar.

Die Bürokratie hat nicht nur mit der Vergangenheit gebrochen, sondern
auch die Fähigkeit eingebüßt, deren wichtigste Lehren zu begreifen, Die
bedeutendste dieser Lehren ist: die Sowjetmacht hätte keine zwölf Monate standgehalten, wären nicht die direkte Hilfe des internationalen, insbesondere des europäischen Proletariats und die revolutionäre Bewegung der Kolonialvölker gewesen. Ihren Angriff auf Sowjetrussland

führte die österreichisch-deutsche Soldateska nur deswegen nicht zu Ende, weil sie in ihrem Rücken den glühenden Atem der Revolution verspürte. Nach knapp dreiviertel Jahr bereiteten die Aufstände in Deutschland und Österreich-Ungarn dem Friedensvertrag von Brest-Litowsk ein Ende. Die Meuterei der französischen Matrosen im Schwarzen Meer vom April 1919 nötigte die Regierung der Dritten Republik, auf weitere Militäroperationen im Süden des Sowjetlandes zu verzichten. Die Regierung Großbritanniens zog im September 1919 unter dem unmittelbaren Druck der englischen Arbeiter ihre Expeditionstruppen aus dem Sowjetnorden zurück. Nach dem Rückzug der Roten Armee vor Warschau im Jahre 1920 hinderte nur die machtvolle Welle revolutionärer Proteste die Entente, Polen zu Hilfe zu kommen, um die Sowjets zu zerschmettern. Lord Curzon waren, als er 1923 Moskau das drohende Ultimatum stellte, im entscheidenden Augenblick durch den Widerstand der britischen Arbeiterorganisationen die Hände gebunden. Diese leuchtenden Episoden stehen nicht vereinzelt da. sie geben der ganzen ersten, allerschwersten Daseinsperiode der Sowjets die Farbe; wenn auch die Revolution außer in Russland nirgends siegte, die Hoffnungen auf sie waren nicht vergebens gewesen.

Die Sowjetregierung schloss bereits in jenen Jahren mehrere Verträge mit bürgerlichen Regierungen : den Vertrag von Brest-Litowsk vom März 1918, den Vertrag mit Estland im Februar 1920, den Frieden von Riga mit Polen im Oktober 1920, den Rapallovertrag mit Deutschland vom April 1922, und andere weniger bedeutende diplomatische Abkommen. Weder der Sowjetregierung als Ganzem, noch irgendeinem ihrer Mitglieder im besonderen konnte es jedoch in den Sinn kommen, ihre bürgerlichen Vertragspartner als „Friedensfreunde" hinzustellen, und noch weniger, die kommunistischen Parteien Deutschlands, Polens oder Estlands aufzufordern. mit ihren Stimmen die bürgerlichen Regierungen, die diese Verträge abgeschlossen hatten, zu unterstützen. Indes ist gerade diese Frage von entscheidender Bedeutung für die revolutionäre Erziehung der Massen. Die Sowjets konnten nicht umhin, den Frieden von Brest-Litowsk zu unterzeichnen, wie restlos erschöpfte Streikende nicht umhin können, die härtesten Bedingungen des Kapitalisten anzunehmen: dass aber die deutsche Sozialdemokratie in der heuchlerischen Form der „Stimmenthaltung" für diesen Frieden stimmte, wurde von den Bolschewiki als Unterstützung der Gewalt und der Gewalttätigen gebrandmarkt. Wenn das Rapalloabkommen mit dem demokratischen Deutschland vier Jahre später auch auf der Grundlage formeller „Gleichberechtigung" der Partner getroffen wurde, so würde doch die deutsche Kommunistische Partei, wäre ihr bei diesem Anlass eingefallen, der Diplomatie ihres Landes das Vertrauen auszusprechen, sofort aus der Internationale ausgeschlossen worden sein. Die Grundlinie der internationalen Politik der Sowjets ging davon aus, dass diese oder jene Handels-, diplomatischen oder militärischen Abmachungen des Sowjetstaats mit den Imperialisten, an sich unvermeidlich, auf keinen Fall den Kampf des Proletariats der betreffenden kapitalistischen Länder beeinträchtigen oder abschwächen dürften, denn letzten Endes wird allein die Entwicklung der Weltrevolution dem Arbeiterstaat zum Heil gereichen. Als Tschitscherin während der Vorbereitung zur Genua-Konferenz vorschlug, mit Rücksicht auf die „öffentliche Meinung" Amerikas an der Sowjetverfassung eine „demokratische" Änderung vorzunehmen, empfahl Lenin in einem offiziellen Brief vom 23. Januar 1922 nachdrücklichst, Tschitscherin unverzüglich in ein Sanatorium zu schicken. Hätte sich damals irgend jemand erkühnt, die Gewogenheit eines „demokratischen" Imperialismus durch den Beitritt sagen wir zum leeren und verlogenen Kelloggpakt oder durch eine Abschwächung der Kominternpolitik zu erkaufen, so würde Lenin seinerseits zweifellos vorgeschlagen haben, den Neuerer ins Irrenhaus zu stecken, und kaum würde er im Politbüro auf Widerstand gestoßen sein.

Besonders unversöhnlich zeigte sich die damalige Führung in bezug auf pazifistische Illusionen aller Art über Völkerbund, kollektive Sicherheit, Schiedsgerichtshöfe, Abrüstung usw. Sie erblickte darin nur ein Mittel, die Arbeitermassen einzulullen, um sie desto sicherer im Augenblick des Ausbruchs eines neuen Krieges zu überrumpeln. In dem von Lenin ausgearbeiteten und 1919 auf dem Kongress angenommenen Parteiprogramm finden wir darüber folgende unzweideutige Zeilen:

„Das wachsende Andrängen seitens des Proletariats und besonders seine Siege in einzelnen Ländern verstärken den Widerstand der Ausbeuter und rufen bei ihnen die Schaffung neuer Formen der internationalen Vereinigung der Kapitalisten hervor (Völkerbund usw.), die, indem sie die systematische Ausbeutung aller Völker der Erde im Wertmaßstab organisieren, ihre nächsten Anstrengungen darauf richten, die revolutionären Bewegungen des Proletariats in allen Ländern unmittelbar zu unterdrücken.

All dies führt unvermeidlich zur Verknüpfung des Bürgerkriegs innerhalb der einzelnen Staaten mit den revolutionären Kriegen sowohl der sich verteidigenden proletarischen Länder wie der unterdrückten Völker gegen das Joch der imperialistischen Mächte.

Unter diesen Bedingungen sind die Losungen des Pazifismus, der internationalen Abrüstung unter dem Kapitalismus der Schiedsgerichtshöfe usw. nicht nur eine reaktionäre Utopie, sondern auch ein direkter Betrug an den Werktätigen mit der Absicht, das Proletariat zu entwaffnen und es von der Aufgabe der Entwaffnung der Ausbeuter abzulenken".

Diese Zeilen des bolschewistischen Programms enthalten eine vorweggenommene und darum wahrhaft schlagende Verurteilung der heutigen Sowjetaußenpolitik und der Politik der Komintern nebst all ihren pazifistischen „Freunden" in allen Erdteilen.

Nach der Interventions- und Blockadeperiode erwies sich der wirtschaftliche und militärische Druck der kapitalistischen Welt auf die Sowjetunion allerdings erheblich schwächer, als man hatte befürchten können. Europa stand noch unter dem Zeichen des vergangenen, nicht des künftigen Krieges. Dann brach eine unerhörte Weltwirtschaftskrise herein, die die herrschenden Klassen der ganzen Welt mit Ohnmacht schlug. Nur dank diesen Umständen vermochte die Sowjetunion ungestraft die Probe des ersten Fünfjahresplans zu bestehen, während dessen das Land aufs neue zur Arena des Bürgerkriegs, Hungers und der Seuchen wurde. Die ersten Jahre des zweiten Fünfjahresplans die eine deutliche Besserung der inneren Lage der UdSSR mit sich brachten, fielen mit dem Beginn einer wirtschaftlichen Wiederbelebung in der kapitalistischen Welt, einem neuen Anschwellen der Hoffnungen, Appetite, der Ungeduld und der Kriegsrüstungen zusammen. Die Gefahr eines kombinierten Überfalls auf die UdSSR nimmt vor unseren Augen nur darum greifbare Formen an, weil das Land der Sowjets immer noch isoliert ist, weil auf dem „sechsten Teil der Erdoberfläche" in bedeutenden Gebieten primitive Rückständigkeit herrscht, weil die Arbeitsproduktivität trotz Nationalisierung der Produktionsmittel noch viel niedriger ist als in den kapitalistischen Ländern, weil schließlich – und das ist jetzt das Wichtigste – die Haupttruppen des Weltproletariats geschlagen, ihrer selbst nicht sicher und einer verlässlichen Führung bar sind. So liefert die Oktoberrevolution, in der ihre Führer nur einen Ansatz zur Weltrevolution erblickten, die aber durch den Lauf der Dinge zeitweise selbstgenügsame Bedeutung erlangte, auf einer neuen Stufe der Geschichte den Beweis für ihre tiefe Abhängigkeit von der Weltentwicklung. Wieder wird es offenkundig, dass die historische Frage: „*Wer wen?*" nicht im nationalen Rahmen gelöst werden kann, dass die Erfolge oder Misserfolge im Innern lediglich mehr oder weniger günstige Bedingungen für ihre Lösung auf der Weltarena schaffen.

Die Sowjetbürokratie – man muss ihr diese Gerechtigkeit widerfahren lassen – erwarb eine gewaltige Erfahrung in der Lenkung der Menschenmassen durch Einlullen, Teilung und Schwächung, durch direkten Betrug. um uneingeschränkt über sie herrschen zu können. Aber aus eben diesem Grund verlor sie jede Spur der Fähigkeit, die Massen revolutionär zu erziehen. Während sie daheim die Selbständigkeit und Initiative der unteren Volksschichten erstickt, kann sie in der Welt natürlich nicht kritisches Denken und revolutionären Wagemut wecken. Außerdem schätzt sie als herrschende und privilegierte Schicht im Westen weit mehr die Hilfe und Freundschaft der ihr dem sozialen Typus nach verwandten bürgerlichen Radikalen, reformistischen Parlamentarier, Gewerkschaftsbürokraten als die der von ihr sozial durch einen Abgrund getrennten einfachen Arbeiter. Hier ist nicht die Stelle für eine Geschichte des Verfalls und der Entartung der Dritten Internationale – eine Frage, der der Autor mehrere eigene Untersuchungen gewidmet hat, die in fast allen Sprachen der zivilisierten Welt veröffentlicht wurden. Tatmache ist, dass die nationalbeschränkte und konservative, ungebildete und verantwortungslose Sowjetbürokratie als Führerin der Komintern der Weltarbeiterbewegung nichts als Unheil gebracht hat. Gleichsam als geschichtliche Vergeltung ist die heutige internationale Lage der UdSSR in weit höherem Grade durch die Auswirkungen der Niederlagen des Weltproletariats bestimmt als durch die Fortschritte des isolierten sozialistischen Aufbaus. Es genügt daran zu erinnern, dass die Zerschlagung der chinesischen Revolution von 1925-1927, wodurch dem japanischen Militarismus im Osten die Hände gelöst wurden, und die Zerschlagung des deutschen Proletariats, die zu Hitlers Triumph und zum wütenden

Wachsen des deutschen Militarismus führte, in gleichem Masse Früchte der Kominternpolitik sind.

Die thermidorianische Bürokratie verriet die Weltevolution, fühlte sich aber dabei selbst von ihr verraten, und richtete daraufhin ihre Hauptanstrengungen darauf, die Bourgeoisie zu „neutralisieren". Dazu musste sie als gemäßigte, solide, echte Ordnungsstütze erscheinen. Um aber lange und mit Erfolg als etwas zu erscheinen. muss man es wirklich werden. Dafür sorgte die organische Entwicklung der herrschenden Schicht. So kam die Bürokratie, nach und nach vor den Auswirkungen der eigenen Fehler zurückweichend, auf den Gedanken, die Unantastbarkeit der UdSSR durch ihren Anschluss an das System des europäisch-asiatischen Status quo zu garantieren. Was kann es in der Tat Besseres geben als einen ewigen Nichtangriffspakt zwischen Sozialismus und Kapitalismus? Die heutige offizielle Formel der Außenpolitik. die nicht nur von der Sowjetdiplomatie, der es erlaubt ist, in der konventionellen Sprache ihres Handwerks zu reden, sondern auch von der Komintern, der es zuständе, die Sprache der Revolution zu führen, breit propagiert wird, lautet: „Keinen Fußbreit Boden wollen wir, aber auch keinen Zoll unseres Bodens werden wir abtreten". Als ob es sich um bloße Zusammenstöße wegen Stücken Bodens handelte und nicht um den weltumfassenden Kampf zweier unversöhnlicher Gesellschaftsordnungen!

Als die UdSSR es für ratsamer hielt, Japan die ostchinesische Eisenbahn abzutreten, wurde dieser durch den Zusammenbruch der chinesischen Revolution vorbereitete Schwächeakt als Äußerung selbstsicherer Kraft im Dienste des Friedens besungen. In Wirklichkeit hat die Sowjetregierung, dadurch dass sie diesen strategisch so ungemein wichtigen Schienenstrang dem Feinde auslieferte, es Japan. erleichtert, in Nordchina weitere Eroberungen zu machen und heute die Mongolei zu bedrohen. Das erzwungene Opfer bedeutete keine „Neutralisierung" der Gefahr, sondern bestenfalls einen kurzen Aufschub, und entfachte gleichzeitig außerordentliche den Appetit der regierenden Militärclique in Tokio.

Die Frage der Mongolei ist bereits eine Frage der nächstgelegenen strategischen Positionen Japans im Kriege gegen die UdSSR Die Sowjetregierung sah sich diesmal gezwungen, offen zu erklären, dass sie auf einen Einfall der japanischen Truppen in die Mongolei mit Krieg antworten werde. Indes handelt es sich hier gar nicht unmittelbar um den Schutz „unseres Bodens": die Mongolei ist ein unabhängiger Staat.

Die passive Verteidigung der Sowjetgrenzen schien zu genügen in einer Periode, als niemand sie ernsthaft bedrohte. Die wirkliche Methode, die UdSSR zu verteidigen, besteht darin, die Positionen des Imperialismus zu schwächen und die Positionen des Proletariats und der Kolonialvölker in der ganzen Welt zu stärken. Ein ungünstiges Kräfteverhältnis kann dazu zwingen, so manchen „Fußbreit" Bodens abzutreten, wie dies bei den Frieden von Brest-Litowsker und dann von Riga und schließlich bei der Abtretung der ostchinesischen Eisenbahn der Fall war. Zugleich macht es der Kampf um eine vorteilhafte Änderung des Weltkräfteverhältnisses dem Arbeiterstaat zur ständigen Pflicht, den Befreiungsbewegungen in den anderen Ländern zu Hilfe zu eilen, Aber diese Hauptaufgabe steht eben in unversöhnlichem Widerspruch zur konservativen Status-quo-Politik.

Völkerbund und Komintern

Die durch den Sieg des deutschen Nationalsozialismus verursachte Annäherung und dann direkte militärische Verständigung mit Frankreich, dem hauptsächlichen Hüter des Status quo, bringt Frankreich ungleich größere Vorteile als den Sowjets. Die Verpflichtung der UdSSR zu militärischem Beistand ist laut Vertrag eine unbedingte; der Beistand Frankreichs hingegen ist bedingt durch das vorherige Einverständnis Englands und Italiens, was den der UdSSR feindlichen Machenschaften ein unbeschränktes Feld offen lässt. Die mit der Wiederbesetzung der Rheinlandzone verbundenen Ereignisse bewiesen, dass Moskau bei realistischerer Einschätzung der Lage und größerem Nachdruck von Frankreich viel ernstere Garantien hätte erlangen können, soweit Verträge überhaupt als „Garantien" angesehen werden können in einer Epoche schroffer Wendungen in der Lage, beständiger diplomatischer Krisen, Annäherungen und Abbrüchen der Beziehungen. Doch nicht zum erstenmal zeigt es sich, dass die Sowjetbürokratie viel mehr Festigkeit im Kampf gegen die fortgeschrittenen Arbeiter ihres eigenen Landes aufbringt, als in den Verhandlungen mit bürgerlichen Diplomaten.

Den Behauptungen, die Hilfe Russlands sei wenig wirksam angesichts des Fehlens einer gemeinsamen Grenze zwischen der UdSSR und Deutschland, kann man keine ernste Bedeutung beimessen. Im Falle eines Angriffs Deutschlands auf die UdSSR wird die angreifende Seite die notwendige gemeinsame Grenze schon finden. Im Falle eines Angriffs Deutschlands auf Österreich, die Tschechoslowakei oder Frankreich kann Polen nicht einen Tag lang neutral bleiben: anerkennt es seine Bundespflichten gegenüber Frankreich, so wird es unvermeidlich der Roten Armee den Durchmarsch gestatten; bricht es dagegen seinen Bündnisvertrag, so wird es unverzüglich Deutschlands Helfer werden: in diesem Fall wird die UdSSR ohne Mühe die „gemeinsame Grenze" finden. Obendrein spielen im kommenden Krieg die See- und Luft„grenzen" eine nicht geringere Rolle als die zu Lande.

Der Eintritt der UdSSR in den Völkerbund, der dem eigenen Volk mit Hilfe einer des Herrn Goebbels würdigen Regie als Triumph des Sozialismus und Resultat des „Drucks" seitens des Weltproletariats geschildert wurde, war für die Bourgeoisie nur infolge der großen Abschwächung der revolutionären Gefahr annehmbar: es war kein Sieg der UdSSR, sondern eine Kapitulation der thermidorianischen Bürokratie vor der durch und durch kompromittierten Genfer Anstalt, die nach den uns bereits bekannten Worten des Programms „ihre nächsten Anstrengungen darauf richtet, die revolutionären Bewegungen zu unterdrücken". Was hat sich seit der Zeit, als die Charte des Bolschewismus angenommen wurde, so grundlegend verändert: das Wesen des Völkerbunds, die Funktion des Pazifismus in der kapitalistischen Gesellschaft oder die Politik der Sowjets? Diese Frage stellen, heißt sie bereits beantworten.

Die Erfahrung sollte bald zeigen, dass die Beteiligung am Völkerbund nichts einbrachte, außer praktischen Vorteilen, die man auch durch Abkommen mit den einzelnen bürgerlichen Regierungen erreichen konnte. dafür aber erhebliche Einschränkungen und Pflichten auferlegt, die gerade von der UdSSR im Interesse ihres noch frischen konservativen Prestiges aufs pedantischste erfüllt werden. Die Notwendigkeit, sich innerhalb des Völkerbunds nicht nur nach Frankreich, sondern auch nach dessen Verbündeten zu richten, zwang die Sowjetdiplomatie zu einer äußerst zweideutigen Haltung im italienisch-äthiopischen Konflikt. Während Litwinow, der in Genf nur Lavals Schatten war, Frankreichs und Englands

Diplomaten seinen Dank aussprach für ihre Bemühungen „zugunsten des Friedens", die so glücklich durch Äthiopiens Eroberung gekrönt wurden, versorgte das kaukasische Erdöl nach wie vor die italienische Flotte. Kann man noch verstehen, dass die Moskauer Regierung es vermied, offen den Handelsvertrag zu brechen, die Gewerkschaften jedenfalls waren nicht verpflichtet, auf die Verpflichtungen des Außenhandelssekretariats Rücksicht zu nehmen. Eine faktische Einstellung des Exports nach Italien auf Beschluss der Sowjetgewerkschaften hätte zweifellos eine weltumfassende Boykottbewegung ausgelöst, die unvergleichlich wirksamer gewesen wäre als die heimtückischen, vorher von den Diplomaten und Juristen im Einverständnis mit Mussolini abgemessenen „Sanktionen", Wenn jedoch die Sowjetgewerkschaften zum Unterschied von 1926, als sie offen Millionen von Rubeln für den britischen Bergarbeiterstreik sammelten, es diesmal nicht wagten. den kleinen Finger zu rühren, so nur, weil ihnen eine derartige Initiative von der herrschenden Bürokratie, hauptsächlich Frankreich zu Gefallen, untersagt war. Indes, keine Militärbündnisse werden im nächsten Weltkrieg die UdSSR für das verlorene Vertrauen Seitens der Kolonialvölker wie überhaupt der werktätigen Massen entschädigen.

Begreift man das etwa nicht im Kreml? „Das Hauptziel des deutschen Faschismus", antwortet uns ein halb. amtliches Sowjetblatt, „bestand in der Isolierung der UdSSR. Und nun? Die UdSSR hat jetzt mehr Freunde in der Welt denn je" (**Iswestija**, 17. Sept. 1935). Das italienische Proletariat vom Faschismus in Fesseln geschlagen, die chinesische Revolution zerschlagen und Japan schaltet und waltet in China, – das deutsche Proletariat derart zermalmt, dass Hitlers Plebiszite auf keinerlei Widerstand stoßen; das Proletariat Österreichs an Händen und Füßen gefesselt, die revolutionären Parteien auf dem Balkan zertreten, – in Frankreich und Spanien laufen die Arbeiter im Fahrwasser der radikalen Bourgeois. Und trotz alledem hat die Sowjetregierung seit ihrem Eintritts in den Völkerbund „mehr Freunde in der Welt denn je"! Diese auf den ersten Blick fantastisch erscheinende Prahlerei bekommt durchaus realen Sinn, bezieht man sie nicht auf den Arbeiterstaat, sondern auf die herrschende Schicht. Gerade die grausamen Niederlagen des Weltproletariats erlaubten ja der Sowjetbürokratie, im eigenen Lande die Macht zu usurpieren und sich das mehr oder weniger große Wohlwollen der „öffentlichen Meinung" in den kapitalistischen Ländern zu verdienen. Je weniger die

Komintern imstande ist, die Positionen des Kapitals zu gefährden, um so kreditfähiger wird damit politisch die Kremlregierung in den Augen der französischen, tschechischen und anderen Bourgeoisien. So erweist sich die interne und internationale Stärke der Bürokratie als umgekehrt proportional zur Stärke der UdSSR als sozialistischem Staat und Stützbasis der proletarischen Revolution. Allein, dies ist nur die eine Seite der Medaille, es gibt noch eine andere.

Lloyd George, dessen Bocksprünge und Sensationen nicht selten große Scharfsichtigkeit durchblicken lassen, warnte im November 1934 das Unterhaus vor einer Verurteilung des faschistischen Deutschland, das seinen Worten nach berufen sei, das zuverlässigste Bollwerk gegen den Kommunismus in Europa zu werden. „Wir werden es noch als unseren Freund begrüßen". Hochbedeutende Worte! Die halb gönnerhaften, halb ironischen Lobe seitens der Weltbourgeoisie gegenüber dem Kreml sind an sich nicht die mindeste Garantie für den Frieden oder auch nur eine Linderung der Kriegsgefahr. Die Evolution der Sowjetbürokratie interessiert die Weltbourgeoisie letzten Endes vom Gesichtspunkt möglicher Veränderungen der Eigentumsformen. Napoleon I., der radikal mit den jakobinischen Traditionen Schluss gemacht, sich die Krone aufgesetzt und den katholischen Kult wiedereingeführt hatte, blieb nichtsdestoweniger Gegenstand des Hasses des gesamten regierenden, halbfeudalen Europa, insofern er das von der Revolution geschaffene neue Eigentum zu schützen fortfuhr. Solange das Außenhandelsmonopol nicht aufgehoben und das Kapital nicht wieder in seine Rechte eingesetzt ist, bleibt in den Augen der Bourgeoisie der ganzen Welt die UdSSR trotz aller Verdienste ihrer herrschenden Schicht, ein unversöhnlicher Feind und der deutsche Nationalsozialismus ein Freund, wenn nicht von heute, so von morgen. Bereits während der Unterhandlungen Barthous und Lavals mit Moskau weigerte sich die französische Großbourgeoisie beharrlich, auf die Sowjetkarte zu setzen, trotz der scharfen Gefahr seitens Hitler und der jähen Wendung der französischen kommunistischen Partei zum Patriotismus. Der Unterzeichner des Paktes mit der UdSSR, Laval, wurde von den Linken beschuldigt, er habe, indem er Berlin mit Moskau schreckte, in Wirklichkeit eine Annäherung mit Berlin und Rom gegen Moskau gesucht, Diese Darstellung nimmt vielleicht die Ereignisse etwas vorweg, steht aber keineswegs im Widerspruch zu ihrer natürlichen Entwicklung.

Gleichwie man auch die Vor- und Nachteile des französisch-russischen Paktes beurteilt, kein einziger revolutionärer Politiker wird dem Sowjetstaat das Recht absprechen, in zeitweiligen Abkommen mit dem einen oder anderen Imperialismus ergänzenden Schutz für seine Unantastbarkeit zu suchen. Man muss nur klar und deutlich den Massen die Stelle weisen, die ein solches taktisches Teilabkommen im allgemeinen System der historischen Kräfte einnimmt. Um im besonderen den französisch-deutschen Gegensatz auszunutzen, ist es nicht im geringsten erforderlich, den bürgerlichen Verbündeten oder die Imperialistenkombination, die sich momentan hinter dem Schirm des Völkerbunds verbirgt, zu idealisieren, Indes, die Sowjetdiplomatie und in ihrem Gefolge die Komintern tünchen systematisch jeden episodischen Verbündeten Moskaus in einen „Friedensfreund" um, täuschen die Arbeiter mit Losungen wie „kollektive Sicherheit" und „Abrüstung" und werden den Arbeitermassen gegenüber in Wirklichkeit zur politischen Agentur des Imperialismus.

Das berüchtigte Interview, das Stalin dem Vorsitzenden der Scripps-Howard Newspapers, Roy Howard, am 1. März 1936 gab, ist ein unschätzbares Dokument zur Charakterisierung der bürokratischen Blindheit in den großen Fragen der Weltpolitik und der Verlogenheit, die zwischen den Führern der UdSSR und der Weltarbeiterbewegung gang und gäbe geworden ist. Auf die Frage: Ist ein Krieg unvermeidlich? antwortet Stalin: „Ich bin der Meinung, dass die Positionen der Friedensfreunde sich festigen: die Friedensfreunde können offen arbeiten, sie stützen sich auf die Macht der öffentlichen Meinung, es stehen ihnen Instrumente zur Verfügung wie beispielsweise der Völkerbund". In diesen Worten steckt nicht ein Körnchen Realismus. Die bürgerlichen Staaten teilen sich durchaus nicht in Friedens„freunde" und Friedens„feinde", um so weniger, als es überhaupt keinen „Frieden" an sich gibt, Jedes imperialistische Land ist an der Erhaltung *seines* Friedens interessiert, und zwar um so heftiger, je unerträglicher dieser Frieden für seine Gegner ist. Die den Stalin, Baldwin, Léon Blum usw. gemeinsame Formel: „Der Frieden wäre wirklich gesichert" wenn alle Staaten sich im Völkerbund zu seinem Schutz zusammenschlössen", bedeutet nur, dass der Frieden gesichert wäre, gäbe es keine Ursachen ihn zu verletzen. Der Gedanke ist wohl richtig" aber nicht sehr gehaltvoll, Die Großmächte, die dem Völkerbund nicht angehören, wie die Vereinigten Staaten, schätzen eine freie Hand offenbar mehr als die Abstraktion „Frieden". Wozu sie freie Hand brauchen, das werden sie zu gegebener Zeit schon zeigen. Die Staaten, die aus dem Völkerbund austreten, wie Japan und Deutschland, oder sich zeitweilig von ihm „entfernen", wie Italien, haben dafür ebenfalls genug materielle Gründe. Ihr Bruch mit dem Völkerbund verändert nur die diplomatische Form der Gegensätze, nicht aber ihr Wesen noch das des Völkerbunds selbst. Die Gerechten, die da dem Völkerbund ewige Treue schwören, gedenken ihn nur um so entschiedener zur Wahrung *ihres* Friedens auszunutzen. Doch auch zwischen ihnen herrscht kein Einvernehmen. England ist vollauf bereit, die Friedensperiode zu verlängern, wenn es auf Kosten der Interessen Frankreichs in Europa oder Afrika geschieht, Frankreich seinerseits ist bereit, die Sicherheit der britischen Seewege zu opfern, um Italiens Unterstützung zu erlangen. Aber sie alle sind bereit zur Verteidigung der eigenen Interessen, zum Krieg zu greifen. versteht sich: zum gerechtesten aller Kriege. Schließlich werden die Kleinstaaten, die mangels eines Besseren im Schatten des Völkerbunds Schutz suchen, letzten Endes nicht auf der Seite des „Friedens", sondern der stärksten Gruppe im Kriege stehen.

Der Völkerbund zur Verteidigung des Status quo ist kein „Friedens"verein, sondern eine Organisation der Gewalt der imperialistischen Minderheit über die erdrückende Mehrheit der Menschheit. Diese „Ordnung" lässt sich nur mit Hilfe beständiger Kriege, großer und kleiner, aufrechterhalten, heute in den Kolonien, morgen zwischen den Mutterländern. Die imperialistische Treue zum Status quo ist immer eine bedingte, zeitweilige und begrenzte. Italien war gestern für den Status quo in Europa, aber nicht in Afrika; welches morgen seine Politik in Europa sein wird, ist niemandem bekannt. Doch bereits die Grenzveränderung in Afrika wirkte sofort auf Europa zurück. Hitler wagte nur darum, mit seinen Truppen die Rheinlandzone wiederzubesetzen, weil Mussolini über Abessinien herfiel. Schwerlich kann man Italien *zu* den Friedens„freunden" zählen. Indes, Frankreich liegt Italiens Freundschaft weit mehr am Herzen als die der Sowjetunion. England seinerseits sucht Deutschlands Freundschaft. Die Gruppierungen wechseln, die Appetite bleiben. Die Aufgabe der sogenannten Anhänger des Status quo besteht im wesentlichen darin, im Völkerbund die vorteilhafteste Kräftekombination und die günstigste Deckung für die Vorbereitung des künftigen Krieges zu finden. Wer ihn und wie er beginnen wird, das hängt von Umständen zweiter Ordnung ab. Doch irgendwer wird anfangen müssen, denn der Status quo ist ein einziges großes Pulverfass.

Das Programm der „Abrüstung" bei Erhaltung der imperialistischen Gegensätze ist die schädlichste aller Fiktionen. Selbst wenn sie durch ein allgemeines Einvernehmen verwirklicht wäre – eine sichtlich fantastische Annahme! – würde dadurch keinesfalls ein neuer Krieg verhindert. Die Imperialisten führen nicht Krieg, weil sie Waffen haben, sondern umgekehrt: sie schmieden Waffen, weil sie Krieg führen müssen. Die Möglichkeit einer neuen, dabei sehr raschen Wiederaufrüstung ist durch die moderne Technik gegeben. Bei allen Vereinbarungen, Beschränkungen und „Abrüstungen" verlieren die Waffenlager, Kriegsfabriken, Laboratorien, die kapitalistische Industrie in ihrer Gesamtheit nichts von ihrer Stärke. So wird das unter wachsamer Kontrolle der Sieger entwaffnete Deutschland (nebenbei gesagt die einzig reale Form der „Abrüstung"!) dank seiner mächtigen Industrie wieder zur Zitadelle des europäischen Militarismus. Es schickt sich seinerseits an, gewisse Nachbarn zu „entwaffnen". Der Gedanke der sogenannten „allmählichen Abrüstung" ist nur ein Versuch, in Friedenszeiten die über das Maß der Kräfte gehenden Militärausgaben herabzuschrauben: es ist eine Frage der Kasse und nicht der Friedensliebe, Doch auch dies Vorhaben erweist sich als undurchführbar. Infolge der Verschiedenheiten in der geographischen Lage, der ökonomischen Macht und der Sättigung mit Kolonien müsste jede beliebige Abrüstungsnorm das Kräfteverhältnis zum Vorteil der einen und zum Nachteil der anderen verändern. Daher die Fruchtlosigkeit der Genfer Versuche. Beinahe zwanzig Jahre Verhandlungen und Unterredungen über die Abrüstung haben lediglich zu einer neuen Aufrüstungswelle geführt, die alles übertrifft, was auf diesem Gebiet je zu sehen war, Die revolutionäre Politik des Proletariats auf das Abrüstungsprogramm bauen, heißt nicht einmal auf Sand bauen, sondern auf den Rauchschleier des Militarismus.

Die Abwürgung des Klassenkampfs im Interesse eines ungehinderten Verlaufs des imperialistischen Krieges ist nur durch Vermittlung seitens der Führer der Arbeitermassenorganisationen zu erreichen. Die Losungen, unter denen diese Aufgabe 1914 gelöst wurde: „der letzte Krieg", „Krieg gegen den preußischen Militarismus", „Krieg für die Demokratie", sind durch die Geschichte der letzten zwei Jahrzehnte zu stark kompromittiert. Die „kollektive Sicherheit" und die „allgemeine Abrüstung" lösten sie ab, Unter dem Schein der Unterstützung des Völkerbunds bereiten die Führer der europäischen Arbeiterorganisationen eine Neuauflage der „heiligen Einheit", des „Burgfriedens" vor, die der Krieg nicht weniger notwendig braucht als Tanks, Flugzeuge und „verbotene" Giftgase.

Die Dritte Internationale wurde aus dem empörten Protest gegen den Sozialpatriotismus geboren. Doch der revolutionäre Gehalt, den ihr die Oktoberrevolution verlieh, ist längst dahin. Die Komintern steht heute ebenso wie die Zweite Internationale im Zeichen des Völkerbunds, nur mit einem frischeren Vorrat an Zynismus. Als der britische Sozialist Sir Stafford Cripps den Völkerbund als eine internationale Banditenvereinigung bezeichnete – was vielleicht unhöflich, aber gar nicht so unrichtig ist – fragte die **Times** ironisch: „Wie soll man sich in diesem Fall den Beitritt der Sowjetunion zum Völkerbund erklären?" Die Antwort ist nicht so leicht. So verleiht heute die Moskauer Bürokratie dem Sozialpatriotismus, dem die Oktoberrevolution seinerzeit einen vernichtenden Schlag versetzte, eine mächtige Stütze.

Roy Howard versuchte, darüber Aufklärung zu erhalten. „Wie steht es", fragte er Stalin, „mit den Plänen und Absichten in bezug auf die Weltrevolution?" „Solche Pläne und Absichten hatten wir niemals". „Ja aber..." „Das ist die Folge eines Missverständnisses". Howard: „Eines tragischen Missverständnisses?" Stalin „Nein, eines komischen, oder eher: eines tragikomischen". Wir zitieren wörtlich. „Ich sehe nicht ", fuhr Stalin fort, „welche Gefahr die umliegenden Staaten in den Ideen der Sowjetmenschen sehen können, wenn diese Staaten tatsächlich fest im Sattel sitzen?" Wenn sie nun aber – hätte der Interviewer fragen können – nicht so fest sitzen? Stalin führte noch ein beruhigendes Argument an: „Export der Revolution – das ist Unsinn. Jedes Land führt seine Revolution selbst durch, wenn es so will, wenn es aber nicht will, so wird es keine Revolution geben. Unser Land zum Beispiel wollte die Revolution durchführen und hat sie durchgeführt." Wohlgemerkt, wir zitieren wörtlich. Von der Theorie des Sozialismus in einem Lande ist ein ganz natürlicher Übergang zur Theorie der Revolution in einem Lande. Wozu aber dann die Internationale?, könnte der Interviewer fragen. Aber er ist sichtlich an der Grenze seiner berechtigten Neugier angelangt. In Stalins beruhigenden Erklärungen, die nicht nur von Kapitalisten, sondern auch von Arbeitern gelesen werden, klaffen jedoch Lücken. Bevor „unser Land" die Revolution durchführen wollte, importierten wir die Ideen des Marxismus aus verschiedenen Ländern und machten uns fremde revolutionäre Erfahrung zunutze. Wir hatten jahrzehntelang im Ausland unsere Emigration, die den Kampf in Russland leitete. Wir erhielten moralische und materielle Hilfe von den Arbeiterorganisationen Europas und Amerikas. Nach unserem Sieg organisierten wir 1919 die Kommunistische Internationale. Wir proklamierten mehr als einmal die Pflicht des Proletariats im Lande der siegreichen Revolution, den unterdrückten und aufständischen Klassen zu Hilfe zu eilen, und zwar nicht nur mit Ideen, sondern wenn möglich auch mit der Waffe. Wir begnügten uns nicht mit Erklärungen. Wir halfen seinerzeit mit Waffengewalt den Arbeitern Finnlands, Lettlands, Estlands, Georgiens. Wir machten den Versuch, einem Aufstand des polnischen Proletariats durch den Marsch der Roten Armee auf Warschau beizustehen. Wir schickten Organisatoren und Kommandeure, um den aufständischen Chinesen zu helfen. 1926 sammelten wir Millionen Rubel für die britischen Streikenden. Jetzt stellt sich heraus, dass all das nur ein Missverständnis war. Ein tragisches? Nein, ein komisches. Nicht von ungefähr erklärte Stalin, das Leben in der Sowjetunion sei eine „Lust" geworden: selbst die Kommunistische Internationale verwandelte sich aus einer ernsten in eine komische Figur.

Stalin würde auf seinen Gesprächspartner einen überzeugenderen Eindruck gemacht haben, hätte er, statt die Vergangenheit zu verleumden, die Politik des Thermidor offen der Politik des Oktober gegenübergestellt. „In Lenins Augen", so hätte er sagen sollen, „war der Völkerbund eine Maschine zur Vorbereitung eines neuen imperialistischen Krieges. Wir erblicken in ihm ein Instrument des Friedens. Lenin sprach von der Unvermeidlichkeit revolutionärer Kriege. Wir aber halten den Export der Revolution für einen Unsinn. Lenin brandmarkte ein Bündnis des Proletariats mit der imperialistischen Bourgeoisie als Verrat. Wir jedoch stoßen mit allen Kräften das internationale Proletariat auf diesen Weg. Lenin geißelte die Losung der Abrüstung unter dem Kapitalismus als Betrug an den Werktätigen. Wir hingegen bauen auf diese Losung unsere gesamte Politik. „Ihr tragikomisches Missverständnis", so hätte Stalin enden können, „besteht darin, dass Sie uns für die Fortsetzer des Bolschewismus halten, während wir doch seine Totengräber sind".

Die Rote Armee und ihre Doktrin

Der alte russische Soldat, erzogen in den patriarchalischen Bedingungen des Dorf-„Mir", zeichnete sich am meisten durch seinen blinden Herdengeist aus. Suworow, Generalissimus Katharinas II. und Pauls I., war der unbestrittene Meister des Heers aus leibeigenen Sklaven. Die große französische Revolution machte der Militärkunst des alten Europa und des zaristischen Russland auf immerdar den Garaus. Das Imperium verzeichnete freilich in seiner Geschichte auch später noch gewaltige Gebietsaneignungen, doch Siege über Armeen zivilisierter Nationen kannte es bereits nicht mehr. Es bedurfte einer Reihe äußerer Niederlagen und innerer Erschütterungen, um in ihrem Feuer den Nationalcharakter umzuschmelzen. Erst auf der neuen sozialen und psychologischen Grundlage konnte die Rote Armee entstehen. Passivität, Herdengeist und Unterordnung unter die Natur machten in den jungen Generationen Wagemut und einem Kult der Technik Platz. Mit dem Erwachen der Persönlichkeit begann ein rasches Steigen des Kulturniveaus. Die analphabetischen Rekruten werden immer seltener; die Rote Armee entlässt niemanden, der nicht lesen und schreiben kann. In der Armee und in ihrem Umkreis entwickeln sich stürmisch alle Arten Sport. Unter den Arbeitern, Angestellten und Studierenden gelangte die Auszeichnung für gutes Schießen zu großer Popularität. Skier vermitteln den Truppenteilen in den Wintermonaten eine früher nicht erreichte Beweglichkeit. Auf dem Gebiet des Fallschirmspringens, des motorlosen Gleitflugs und des Flugwesens werden hervorragende Erfolge erzielt. Die arktischen Flüge und die Aufstiege in die Stratosphäre sind in aller Gedächtnis. Diese Gipfel charakterisieren die gesamte Gebirgskette des Erreichten.

Es besteht kein Grund, das Organisations- oder Operativniveau der Roten Armee in den Bürgerkriegsjahren zu idealisieren, Für den jungen Kommandostab war es jedoch die Zeit einer großen Feuertaufe, Einfache Soldaten der Zarenarmee, Unteroffiziere, Fähnriche bewiesen Organisatoren- und Heerführertalente und stählten ihren Willen in einem Kampf großen Ausmaßes. Diese Autodidakten sollten mehr als einmal geschlagen werden, aber letzten Endes siegten sie doch. Die besten von ihnen haben dann fleißig studiert. Unter den heutigen Oberbefehlshabern, die samt und sonders durch die Bürgerkriegsschule gegangen sind, hat die überwiegende Mehrzahl die Akademie oder spezielle Vervollkommnungskurse absolviert. Von dem alten Kommandobestand erhielt rund die Hälfte die höchste militärische Auszeichnung, die anderen die mittlere. Die Kriegstheorie hat ihnen die notwendige Denkdisziplin vermittelt, ohne aber ihren in den dramatischen Operationen des Bürgerkriegs geweckten Wagemut zu töten. Diese Generation ist jetzt rund 40 bis 50 Jahre alt, d.h. im Alter des Gleichgewichts der körperlichen und geistigen Kräfte, wo kühne Initiative sich auf Erfahrung stützt, aber noch nicht von ihr erdrückt wird.

Partei, Komsomol, Gewerkschaften – selbst unabhängig davon, wie sie ihre sozialistische Mission erfüllen – die Verwaltungen der nationalisierten Industrie, des Genossenschaftswesens, der Kolchosen und Sowchosen – selbst unabhängig davon, wie sie mit ihren Wirtschaftsaufgaben fertig werden – bilden zahllose Kader junger Verwalter heran, gewohnt, mit Menschen- und Warenmassen umzugehen und sich mit dem Staat zu identifizieren: sie sind die natürliche Reserve des Kommandostabs. Die höhere Vordienstausbildung der studierenden Jugend bildet ein anderes selbständiges Reservoir. Die Studenten sind in besonderen Lehrbataillonen zusammengefasst, die sich im Mobilisierungsfalle in Schnellschulen für den Kommandostab verwandeln können. Zur Beurteilung des Umfangs dieser Quelle genügt es darauf hinzuweisen, dass die Zahl der jährlich die höheren Lehranstalten Absolvierenden momentan 80.000 beträgt, die Zahl der Studenten hat die halbe Million überschritten, und die Gesamtzahl der Schüler sämtlicher Lehranstalten des Landes ist annähernd 28 Millionen.

Auf dem Gebiet der Wirtschaft, besonders der Industrie, brachte die soziale Umwälzung der Sache der Verteidigung Vorzüge, wie sie das alte Russland nicht einmal ahnen konnte. Die Planmethoden bedeuten dem Wesen nach eine ständige Mobilisierung der Industrie in den Händen der Regierung und gestatten es, schon beim Bau und bei der Ausstattung der neuen Unternehmungen die Interessen der Verteidigung voranzustellen. Was das Verhältnis zwischen lebendiger und mechanischer Kraft angeht, darf die Rote Armee im großen und ganzen als auf dem Niveau der fortgeschrittenen Armeen des Westens stehend betrachtet werden. Hinsichtlich der Neuausrüstung der Artillerie wurden bereits während des ersten Fünfjahresplans ausschlaggebende Erfolge errungen. Riesige Mittel werden aufgebracht zur Herstellung von Transportern, leichten und schweren Panzern und Flugzeugen. Im Lande gibt es jetzt rund eine halbe Million Traktoren; 1936 sollen 160,000 Stück fertiggestellt werden mit einer Gesamtleistung von 8,5 Millionen Pferdestärken. Die Panzerfabrikation hält damit Schritt. Die Mobilmachungspläne der Roten Armee rechnen mit 30 bis 45 Tanks pro Kilometer aktiver Front.

Der Weltkrieg hatte einen Rückgang der *Seeflotte* von 548.000 Tonnen im Jahre 1917 auf 82.000 im Jahre 1928 zur Folge. Hier galt es fast ganz von vorn anzufangen. Im Januar 1936 erklärte Tuchatschewski auf der Sitzung des Zentralexekutivkomitees: „Wir schaffen eine mächtige Seeflotte: in erster Linie konzentrieren wir unsere Bemühungen auf die Entwicklung der Unterseeflotte". Der japanische Marinestab dürfte über die auf diesem Gebiet erzielten Fortschritte gut unterrichtet sein. Nicht weniger Aufmerksamkeit wird jetzt der Ostsee gewidmet. Trotzdem wird die Kriegsmarine in den kommenden Jahren bei der Verteidigung der Seegrenzen lediglich eine Hilfsrolle beanspruchen können.

Dafür ist die *Luftflotte* weit vorgeschritten. Vor mehr als zwei Jahren war die Delegation der französischen Flugtechniker den Worten der Presse zufolge über die auf diesem Gebiet gemachten Fortschritte „erstaunt und entzückt". Sie hatte im besonderen Gelegenheit, sich davon zu überzeugen, dass die Rote Armee in wachsender Anzahl schwere Bombenflugzeuge mit einem Aktionsradius von 1.200 bis 1.500 Kilometern baut: im Falle eines Krieges im Fernen Osten lägen somit die politischen und militärischen Zentren Japans im Aktionsbereich der Sowjetküste bei Wladiwostok, Nach Angaben, die in die Presse drangen, sah der Fünfjahresplan der Roten Armee für 1935 62 Flugregimenter vor, imstande, gleichzeitig 5.000 Flugzeuge an die Feuerlinie zu werfen. Kaum kann man zweifeln, dass der Plan erfüllt, ja, eher übertroffen wurde.

Das Flugwesen ist untrennbar verknüpft mit einem Industriezweig, den es im zaristischen Russland fast nicht gab, der aber in der letzten Periode kolossale Fortschritte machte: der Chemie. Es ist kein Geheimnis, dass die Sowjetregierung, wie übrigens alle Regierungen in der Welt, nicht eine Minute lang den wiederholten „Verboten" der Giftgasanwendung traute. Das Werk der Zivilisatoren in Äthiopien hat aufs neue anschaulich gezeigt, was die humanitären Beschränkungen der internationalen Mordbrennerei wert sind. Man darf annehmen, dass die Rote Armee ge-

gen irgendwelche katastrophalen Überraschungen seitens der Kriegsche-
mie oder der Kriegsbakteriologie, dieser geheimsten und teuflischsten aller Fächer, kaum schlechter gewappnet ist als die Armeen des Westens.

Berechtigte Zweifel muss die Frage der Qualität der Kriegsindustrieer-
zeugnisse hervorrufen. Erinnern wir jedoch daran, dass in der UdSSR
Produktionsmittel gediegener ausgeführt werden als Massengebrauchsartikel. Wo die Besteller einflussreiche Gruppen der herrschenden Bürokratie selber sind, übersteigt die Produktionsqualität erheblich den
Durchschnitt, der sehr niedrig ist. Der einflussreichste Kunde ist die Mi-
litärkommandantur. Kein Wunder, dass die Mordmaschinen an Qualität
nicht nur die Verbrauchsgegenstände, sondern auch die Produktionsmittel überragen. Die Kriegsindustrie bleibt nichtsdestoweniger ein Teil der
Gesamtindustrie und spiegelt daher, wenn auch abgeschwächt, all deren
Mängel wider. Woroschilow und Tuchatschewski verpassen keine Gelegenheit, um den ... Wirtschaftsverantwortlichen öffentlich einzuprägen:
„Wir sind nicht immer vollauf befriedigt von der Qualität der Produktion, die ihr der Roten Armee liefert". In den geschlossenen Sitzungen
drücken sich die Leiter der Militärverwaltung gewiss kategorischer aus.
Das Material zur Versorgung der Intendantur ist in der Regel minder-
wertiger als das Kampfmaterial. Die Stiefel sind schlechter als die Ma-
schinengewehre. Aber auch der Flugmotor bleibt trotz unbestreitbarer
Fortschritte noch erheblich hinter den besten westlichen Typen zurück.
Das alte Gebot der Militärtechnik als Ganzes bleibt in Geltung: sich dem
Niveau der künftigen Feinde so weit möglich anzunähern.

Schlimmer ist es mit der Landwirtschaft bestellt. In Moskau wird nicht
selten wiederholt, die UdSSR sei, da das Einkommen aus der Industrie
bereits das aus der Landwirtschaft übersteigt schon dadurch allein aus einem industriellen Agrarland zu einem agrarischen Industrieland geworden. In Wahrheit ist die neue Einkommensverteilung nicht so sehr durch
das Wachsen der Industrie bestimmt, wie bedeutend es auch sei, als vielmehr durch das außerordentlich niedrige Niveau der Landwirtschaft. Die
außergewöhnliche Nachgiebigkeit, welche die Sowjetdiplomatie jahrelang
Japan gegenüber an den Tag legte, war unter anderem durch die heftigen
Ernährungsschwierigkeiten hervorgerufen. Die letzten drei Jahre brachten jedoch beträchtliche Erleichterung und gestatteten im besonderen,

im Fernen Osten ernst zu nehmende militärische Proviantdepots zu schaffen.

Der verwundbarste Punkt der Armee, so paradox es klingen mag, ist das Pferd. Im Taumel der restlosen Kollektivierung kamen rund 55% des Pferdebestands um. Allein, trotz der Motorisierung braucht die moderne Armee wie zu Napoleons Zeiten ein Pferd auf drei Soldaten. Im letzten Jahr ist jedoch ein günstiger Umschwung auch in dieser Hinsicht einge-treten: die Zahl der Pferde begann im Lande aufs neue zu steigen. Auf jeden Fall würde es, selbst wenn der Krieg in ein paar Monaten ausbrä-che, einem Staat mit einem 170 Millionenvolk immer möglich sein, die für die Front erforderlichen Nahrungsmittel und Pferde aufzubringen, versteht sich, auf Kosten der Zivilbevölkerung. Aber die Volksmassen aller Länder dürfen im Falle eines Krieges ja ohnedies auf nichts anderes gefasst sein als auf Hunger, Giftgase und Seuchen.

Die große französische Revolution schuf ihre Armee durch eine Vermi-schung der neuen Formationen mit den königlichen Linienbataillonen. Die Oktoberrevolution ließ von dem Zarenheer nicht einen Stein auf dem anderen. Die Rote Armee wurde von Grund auf neu gemauert. Von gleichem Alter wie das Sowjetregime, teilte sie im Großen wie im Kleinen dessen Los. Ihr unermessliches Übergewicht über das Zaren-heer verdankte sie gänzlich der großen sozialen Umwälzung, Sie blieb je-doch von den Entartungsprozessen des Sowjetregimes nicht unberührt; im Gegenteil, diese kamen in ihr am vollendetsten zum Ausdruck. Bevor wir versuchen, die wahrscheinliche Rolle der Roten Armee im Weltenge-witter des kommenden Krieges zu ermitteln, müssen wir bei der Evoluti-on ihrer leitenden Ideen wie ihrer Struktur verweilen.

Der Erlass des Rats der Volkskommissare vom 12. Januar 1918, der den Grundstein für die regulären Streitkräfte legte, umriss ihre Bestimmung mit folgenden Worten: „Mit dem Übergang der Macht an die werktäti-gen und ausgebeuteten Klassen entstand die Notwendigkeit, eine neue Armee zu schaffen, die gegenwärtig zu einem Bollwerk für die Sowjet-macht ... und zur Unterstützung für die vorwärtsschreitende sozialisti-sche Revolution in Europa wird". An jedem 1, Mai sprechen die jungen Rotarmisten den „sozialistischen Eid", der sich seit 1918 bis heute erhal-ten hat, und mit dem sie sich „vor dem Angesicht der werktätigen Klassen Russlands und der ganzen Welt" verpflichten, im Kampf „für die Sache des Sozialismus und der Völkerverbrüderung weder Kräfte noch Leben zu schonen". Wenn Stalin heute den internationalen Charakter der Revolution ein „komisches Missverständnis" und „Unsinn" nennt, so bekundet er unter anderem mangelnde Achtung vor Grunderlassen der Sowjetmacht, die bis auf den heutigen Tag nicht aufgehoben sind.

Die Armee nährte sich natürlich von denselben Ideen wie die Partei und der Staat. Gesetzgebung, Publizistik, mündliche Agitation waren gleichermaßen von der internationalen Revolution als praktischer Aufgabe beseelt. Im Rahmen des Militärs bekam das Programm des revolutionären Internationalismus häufig ein übertriebenes Aussehen. Der verstorbene 5. Gussew, eine Zeitlang Vorsteher der Politischen Armeebehörde und in der Folgezeit engster Bundesgenosse Stalins, schrieb 1921 in einer offiziellen Militärzeitschrift: „Wir bereiten die Klassenarmee des Proletariats vor..., nicht nur zur Verteidigung gegen die bürgerlich-grundherrschaftliche Konterrevolution, sondern auch zu revolutionären (sowohl Verteidigungs- wie Angriffs-)Kriegen gegen die imperialistischen Mächte". wobei Gussew dem damaligen Kriegskommissar [Trotzki] vorwarf, die Rote Armee für ihre internationalen Aufgaben ungenügend vorzubereiten. Der Autor dieser Zeilen erklärte ihm in der Presse, dass die auswärtige Militärgewalt im revolutionären Prozess nicht berufen sei, die Haupt-, sondern eine Hilfsrolle zu spielen: nur bei Vorhandensein günstiger Bedingungen vermöge sie den Ausgang zu beschleunigen und den Sieg zu erleichtern. „Die militärische Intervention wirt ähnlich wie die Geburtszange: rechtzeitig angewandt, kann sie die Geburtswehen kürzen; vorzeitig ins Werk gesetzt, kann sie nur eine Fehlgeburt zeitigen" (5. Dezember 1921). Wir können hier leider nicht mit der notwendigen Ausführlichkeit die ganze Geschichte dieses nicht unwichtigen Problems darlegen. Bemerken wir jedoch, dass sich im Jahre 1921 Tuchatschewski, heute Marschall, an die Kommunistische Internationale mit dem schriftlichen Vorschlag wandte, ihrem Präsidium einen „internationalen Generalstab" anzugliedern; dieser interessante Brief wurde damals von Tuchatschewski in einem Sammelband seiner Artikel veröffentlicht unter dem sprechenden Titel: „Klassenkrieg". Der talentierte, aber zu ausnehmendem Ungestüm neigende Feldherr musste aus einer gedruckten Erwiderung erfahren, dass „ein internationaler Generalstab nur auf der Grundlage von nationalen Stäben *mehrerer* proletarischer Staaten entstehen könnte; solange das nicht der Fall ist, wird sich ein internationaler Stab unvermeidlich in eine Karikatur verwandeln". Viele von Stalins späteren engsten Mitarbeitern – wenn nicht vielleicht Stalin selbst, der es damals überhaupt vermied, in prinzipiellen Fragen vor allem neuen, eine bestimmte Stellung einzunehmen – standen in jenen Jahren „links" von der Leitung der Partei und der Armee. In ihren Anschauungen gab es nicht wenig naive Übertreibungen oder, wenn man will, „komische Missverständnisse": ist jedoch eine große Umwälzung möglich ohne das? Gegen die linke „Karikatur" des Internationalismus führten wir den Kampf, lange bevor wir die Waffen gegen die nicht weniger karikaturenhafte Theorie vom „Sozialismus in einem Lande" kehren mussten.

Entgegen den später in Kurs gesetzten retrospektiven Darstellungen war das geistige Leben gerade in der schwersten Periode des Bürgerkriegs ungemein rege. Auf allen Stockwerken der Partei und des Staatsapparats, und zwar auch der Armee, fanden breite Diskussionen statt über alle, vor allem aber militärische Fragen; die Politik der Leitung war einer freien, oft erbitterten Kritik unterworfen, Anlässlich gewisser Übergriffe der Militärzensur schrieb der damalige Kriegskommissar in einer führenden Militärzeitschrift: „Ich gebe gern zu, dass sich die Zensur eine Unmasse Fehlgriffe geleistet hat, und ich halte es für höchst notwendig, dieser anerkannten Einrichtung einen bescheideneren Platz zuzuweisen. Die Zensur soll das Kriegsgeheimnis hüten... alles übrige geht sie nichts an" (23. Februar 1919).

Die Frage des internationalen Generalstabs war nur eine harmlose Episode in diesem Ideenkampf, der sogar, sich im Rahmen der Aktionsdisziplin haltend, zur Bildung einer Art oppositioneller Fraktion innerhalb der Armee, zumindest ihrer Oberschicht führte. Die Schule der „proletarischen Kriegsdoktrin", der Frunse, Tuchatschewski, Gussew, Woroschilow u.a. angehörten oder sich anschlossen, ging von der apriorischen Überzeugung aus, dass die Rote Armee nicht nur in ihren politischen Zielen, sondern auch ihrer Struktur, Strategie und Taktik, nichts mit den Nationalheeren der kapitalistischen Länder gemein haben dürfe. Die neue herrschende Klasse müsse ein in jeder Beziehung besonderes Militärsystem besitzen. Man brauche es nur zu schaffen. Während des Bürgerkriegs beschränkte sich die Sache übrigens hauptsächlich auf prinzipielle Proteste gegen die Heranziehung der „Generäle" d.h. ehemaliger

Offiziere des Zarenheers, zum Heeresdienst, sowie auf eine Fronde gegen das Oberkommando. das mit lokalen Improvisationen und häufigen Disziplinverletzungen zu kämpfen hatte. Die extremsten Verkünder des neuen Worts versuchten sogar, namens der ins Absolute erhobenen strategischen Prinzipien der „Manövrierfähigkeit" und der „Angriffsbereitschaft", die zentralisierte Organisation der Armee als hinderlich für die revolutionäre Initiative auf den künftigen internationalen Schlachtfeldern abzulehnen. Im wesentlichen war dies ein Versuch, die Freischärlermethoden der ersten Bürgerkriegsperiode zu einem dauernden und universellen System zu erheben. Einige der revolutionären Feldherren traten um so lieber für die neue Doktrin ein, als sie die alte nicht erlernen wollten. Hauptherd dieser Stimmungen war Zarizyn (heute Stalingrad [inzwischen Wolgograd]), wo Budjonny, Woroschilow und später Stalin ihre militärische Wirksamkeit begannen.

Erst nach Eintritt des Friedens wurden systematischere Versuche unternommen, die Neuerungstendenzen in eine abgeschlossene Doktrin zu bringen. Als Initiator trat einer der hervorragendsten Befehlshaber des Bürgerkriegs auf, der verstorbene Frunse, ein ehemaliger politischer Verbannter, unterstützt von Woroschilow und zum Teil von Tuchatschewski. Im Grunde war die Proletarische Kriegsdoktrin völlig analog der Doktrin der „proletarischen Kultur" und teilte gänzlich deren Schematismus und Metaphysik. In den wenigen von den Anhängern dieser Richtung hinterlassenen Arbeiten wurden diese und jene praktischen. gewöhnlich gar nicht neuen Rezepte durch Deduktion aus einer klischeehaften Charakterisierung des Proletariats als internationaler und angreifender Klasse abgeleitet, d.h. aus starren psychologischen Abstraktionen, und nicht aus den realen Bedingungen von Raum und Zeit. Der in jeder Zeile verkündigte Marxismus, verwandelte sich in Wirklichkeit in puren Idealismus. Bei aller Aufrichtigkeit dieser Gedankenverirrungen ist darin unschwer der Keim des rasch wachsenden Dünkels der Bürokratie zu entdecken, der Bürokratie, die glauben und andere glauben machen wollte, dass sie auf allen Gebieten ohne besondere Vorbereitung und selbst ohne materielle Voraussetzungen imstande sei, historische Wunder zu vollbringen.

Der damalige Kriegskommissar antwortete Frunse in der Presse: „Auch ich bezweifle nicht, dass die Strategie eines Landes mit *entwickelter sozialis-*

tischen Wirtschaft, wäre es gezwungen, mit einem bürgerlichen Land Krieg zu führen, von völlig anderen Gesichtspunkten ausgehen würde. Doch das ist kein Grund, sich *heute* eine „proletarische Strategie" aus den Fingern zu saugen ... Indem wir die sozialistische Wirtschaft entwickeln und das Kulturniveau der Massen heben..., werden wir ohne Zweifel die Kriegskunst mit neuen Methoden bereichern". Doch dazu heiße es fleißig bei den fortgeschrittenen kapitalistischen Ländern lernen, ohne zu versuchen, „auf spekulativem Wege aus der revolutionären Natur des Proletariats eine neue Strategie abzuleiten" (1. April 1922). Archimedes versprach, die Welt aus den Angeln zu heben, wenn man ihm einen festen Punkt gäbe. Das war nicht übel gesagt. Jedoch, hätte man ihm diesen Punkt gegeben, so würde sich herausgestellt haben, dass er weder den Hebel noch die Kraft besaß, ihn in Bewegung zu setzen. Die siegreiche Revolution hat einen neuen Stützpunkt geschaffen. Aber um die Welt aus den Angeln zu heben, muss erst noch der Hebel gebaut werden.

Die „Proletarische Kriegsdoktrin" wurde, ebenso wie ihre ältere Schwester, die Doktrin der „proletarischen Kultur", von der Partei abgelehnt. Jedoch ihre ferneren Geschicke waren, wenigstens dem Anschein nach, verschieden. Das Banner der „proletarischen Kultur" pflanzten Stalin-Bucharin, freilich ohne merkliche Erfolge, während der siebenjährigen Periode zwischen der Verkündung des Sozialismus in einem Lande und der Aufhebung aller Klassen (1924-1931) wieder auf, Hingegen war der „Proletarischen Kriegsdoktrin" kein Wiederauferstehen mehr beschieden, obwohl ihre ehemaligen Anhänger bald ans Ruder kamen. Der äußere Unterschied zwischen dem Schicksal zweier so verwandter Lehren ist sehr bezeichnend für die Entwicklung der Sowjetgesellschaft. Bei der „proletarischen Kultur" ging es um unwägbare Dinge, und die Bürokratie gewährte dem Proletariat diesen moralischen Ausgleich um so großherziger. je brutaler sie es von der Macht wegstieß. Dagegen berührte die Kriegsdoktrin unmittelbar nicht nur die Interessen der Verteidigung, sondern auch die der herrschenden Schicht. Hier war kein Raum für ideologische Spielerei. Diejenigen, die früher gegen die Heranziehung der „Generäle" zur Armee waren. sind mittlerweile selbst Generäle geworden; die Herolde des internationalen Generalstabs besänftigten sich im Zeichen des Generalstabs „in einem Lande": den „Klassenkrieg" löste die Doktrin der „kollektiven Sicherheit" ab; die Perspektive der Weltrevolution machte der Vergötterung des Status quo Platz. Um das Vertrauen der eventuellen Verbündeten zu gewinnen und die Gegner nicht allzu sehr zu reizen, galt es nicht mehr, sich von den kapitalistischen Armeen um jeden Preis zu unterscheiden, sondern im Gegenteil, ihnen so sehr wie möglich zu ähneln. Hinter den Wandlungen der Doktrin und dem Neuanstrich der Fassade vollzogen sich unterdessen soziale Prozesse von historischer Bedeutung. Das Jahr 1935 war für die Armee bedeutsam durch einen gewissermaßen zwiefachen Staatsstreich: in Bezug auf das Milizsystem und den Kommandostab

Zertrümmerung der Miliz und Wiederherstellung der Offiziersränge

In welchem Masse entspricht die Sowjetarmee am Ende des zweiten Jahrzehnts ihrer Existenz dem Typus, den die bolschewistische Partei auf ihr Banner geschrieben hatte

Die Armee der proletarischen Diktatur soll entsprechend dem Programm „offenen Klassencharakter haben, d.h. sich ausschließlich aus dem Proletariat und den ihm nahestehenden halbproletarischen Schichten der Bauernschaft formieren. Erst im Zusammenhang mit der Vernichtung der Klassen wird eine solche Klassenarmee sich in die sozialistische Volksmiliz umwandeln". Dadurch dass die Partei für die nächste Periode den *allgemeinen* Volkscharakter des Heeres verwarf, verzichtete sie keineswegs auf das *Milizsystem*. Im Gegenteil, laut Beschluss des 8. Kongresses (März 1919) „stellen wir die Miliz auf eine Klassengrundlage und verwandeln sie in eine Klassenmiliz". Aufgabe der militärischen Arbeit sollte sein die allmähliche Schaffung einer Armee, „nach Möglichkeit nicht kaserniert, d.h. unter Bedingungen, die den Arbeitsbedingungen der Arbeiterklasse nahe kommen". Letzten Endes sollten alle Armeeteile territorial zusammenfallen mit Fabriken, Bergwerken, Dörfern, landwirtschaftlichen Kommunen und sonstigen organischen Gruppierungen, die „einen lokalen Kommandostamm, lokale Waffen- und überhaupt Versorgungsreserven aller Art" besitzen. Die Verbundenheit über Landsmannschaft, Schule, Betrieb und Sport sollte der Jugend den von der Kaserne gezüchteten Korpsgeist mehr als ersetzen und ihr eine bewusste Disziplin einimpfen, ohne Zutun eines über der Armee stehenden Korps von Berufsoffizieren.

Dem Wesen der sozialistischen Gesellschaft am meisten entsprechend, verlangt die Miliz jedoch ein hohes wirtschaftliches Fundament. Für eine kasernierte Armee werden künstliche Bedingungen geschaffen, ein Territorialheer dagegen spiegelt die tatsächliche Lage des Landes viel unmittelbarer wieder. Je niedriger die Kultur, je krasser der Unterschied zwischen Stadt und Land, um so unvollkommener und verschiedenartiger die Miliz. Unzulängliche Eisenbahnen, Straßen und Wasserwege, fehlende Autostraßen und mangelhafte Kraftwagenparks, all das verurteilt das Territorialheer in den ersten kritischen Kriegswochen und -monaten zu äußerster Langsamkeit. Zur Besetzung der Grenzen für die Zeit der Mobilmachung, zu strategischen Verschiebungen und Konzentrationen sind neben den Territorialtruppen auch kasernierte erforderlich. Die Rote Armee wurde von Anfang an als erzwungener Kompromiss zweier Systeme aufgebaut, bei Überwiegen der Kaserne.

Im Jahre 1924 schrieb der damalige Kriegskommissar: „Man muss sich stets zwei Dinge vor Augen halten: ist an sich durch das Sowjetregime zum ersten Mal die Möglichkeit eines Übergangs zum Milizsystem gegeben, so hängt doch das Tempo dieses Übergangs vom allgemeinen Stand der Kultur des Landes, der Technik, der Verkehrswege, der Bildung usw. ab. Die politischen Voraussetzungen für die Miliz sind bei uns unwiderruflich geschaffen, aber die wirtschaftlich-kulturellen sind äußerst zurückgeblieben". Wären die notwendigen materielle Voraussetzungen vorhanden, das Territorialheer würde nicht nur nicht der Kasernenarmee nachstehen, sondern sie bei weitem übertreffen. Die Sowjetunion muss ihre Verteidigung teuer bezahlen, da sie für das billigere Milizheer nicht reich genug ist. Man wundere sich nicht: gerade wegen ihrer Armut hat sich die Sowjetgesellschaft ja auch die kostspielige Bürokratie auf den Hals geladen.

Dasselbe Problem – das Missverhältnis zwischen ökonomischem Unterbau und gesellschaftlichem Überbau – begegnet uns immer wieder mit bemerkenswerter Regelmäßigkeit ausnahmslos auf allen Gebieten des öffentlichen Lebens. Ob in Fabrik, Kolchos, Familie, Schule, Literatur oder in der Armee, der Widerspruch zwischen dem selbst vom kapitalistischen Standpunkt aus gesehen niedrigen Stand der Produktivkräfte und den im Prinzip sozialistischen Eigentumsformen liegt überall sämtlichen Beziehungen zu Grunde. Die neuen Gesellschaftsbeziehungen heben die

Kultur empor. Die ungenügende Kultur jedoch zieht die Gesellschaftsformen hinab. Die Sowjetwirklichkeit ist die Resultante aus diesen beiden Tendenzen. Im Heer ist diese Resultante dank seiner äußerst präzi-
sen Struktur in ziemlich genauen Zahlen zu ermitteln. Das Verhältnis
zwischen Kasernen- und Miliztruppen ist kein so schlechtes Merkmal
des tatsächlichen Vordringens zum Sozialismus.

Natur und Geschichte haben dem Sowjetstaat, bei geringer Bevölke-
rungsdichte und schlechten Verkehrswegen offene, 10.000 km voneinander entfernte Grenzen beschieden. Am 15. Oktober 1924 warnte das alte
Kriegskommissariat in den letzten Monaten seines Wirkens nochmals,
eins nicht zu vergessen: „In der nächsten Zeit wird der Aufbau der Miliz
zwangsläufig vorbereitender Natur sein müssen. Jeden nächstfolgenden
Schritt müssen wir aus dem streng geprüften Ergebnis des vorhergehenden ableiten", Aber 1925 brach eine neue Ära an: an die Macht kamen
nun die ehemaligen Verkünder der Proletarischen Kriegsdoktrin. Dem
Wesen der Sache nach widersprach das Territorialheer radikal dem Ideal
der „Angriffsbereitschaft" und „Manövrierfähigkeit", von dem diese
Schule ausgegangen war. Doch die Weltrevolution geriet allmählich in
Vergessenheit. Den Krieg hofften die neuen Führer durch „Neutralisierung" der Bourgeoisie zu vermeiden. Im Laufe der nächsten Jahre wurden 74% der Armee auf die Milizgrundlagen gestellt.

Solange Deutschland abgerüstet und zudem noch „befreundet" blieb,
basierten die Berechnungen des Moskauer Generalstabs hinsichtlich der
Westgrenzen auf den Streitkräften der unmittelbaren Nachbarn – Rumä-
nien, Polen, Litauen, Lettland, Estland, Finnland, denen wahrscheinlich
materielle Unterstützung durch mächtigere Gegner, hauptsächlich
Frankreich, zuteil werden würde: in jener fernen Zeit (sie endete 1933)
war Frankreich noch nicht der ausersehene „Friedensfreund". Die Rand-
staaten könnten insgesamt ungefähr 120 Infanteriedivisionen, d.h. etwa
3.500.000 Menschen stellen. Der Mobilmachungsplan der Roten Armee
sah an der Westgrenze eine Armee erster Ordnung von annähernd derselben Größe vor. Im fernen Osten kann, entsprechend allen Umständen des Kriegsschauplatzes nur von Hunderttausenden nicht aber von
Millionen Kämpfern die Rede sein. Je hundert Frontsoldaten brauchen
im Laufe eines Jahres als Ersatz für Verluste annähernd 75 Mann. Zwei
Jahre Krieg müssten, sieht man von den aus den Lazaretten an die Front

Zurückkehrenden ab, dem Lande etwa 10 bis 12 Millionen Menschen entziehen, Die Rote Armee zählte 1935 insgesamt 562.000 Mann, mit den GPU-Truppen 620.000, davon 40.000 Offiziere, wobei noch Anfang 1935 wie gesagt 74% auf die territorialen und nur 26% auf die kasernierten Divisionen entfielen. Bedarf es eines besseren Beweises, dass die sozialistische Miliz, wenn nicht zu 100, so doch zu 74%, jedenfalls aber „endgültig und unwiderruflich" gesiegt hat?

Jedoch all diese, schon an und für sich reichlich bedingten Berechnungen, hingen nach Hitlers Machtübernahme plötzlich in der Luft. Deutschland begann, fieberhaft zu rüsten, in erster Linie gegen die UdSSR Die Perspektive friedlichen Zusammenlebens mit dem Kapitalismus war mit einem Male dahin. Die schnell nahende Kriegsgefahr veranlasste die Sowjetregierung, außer einer Erhöhung der Streitkräfte auf 1.300.000 Mann, auch die Struktur der Roten Armee radikal zu ändern: gegenwärtig umfasst die Rote Armee 77% sogenannte „Kader"- und nur 23% Territorialdivisionen! Diese Zerstörung der Territorialtruppen ähnelt nur allzu sehr einem Verzicht auf das Milizsystem, vergisst man nicht, dass die Armee nicht für ungetrübte Friedenszeiten, sondern gerade für den Kriegsfall gebraucht wird. So zeigt die geschichtliche Erfahrung, angefangen mit dem Gebiet, auf dem es sich am wenigsten spaßen lässt, unbarmherzig, dass nur das „endgültig und unwiderruflich" erkämpft ist, was durch die Produktionsgrundlagen der Gesellschaft gesichert wurde.

Immerhin erscheint das Hinabgleiten von 74% auf 23% über die Maßen stark. Das geschah vermutlich nicht ohne „freundschaftlichen" Druck seitens des französischen Generalstabs. Noch wahrscheinlicher ist, dass die Bürokratie die günstige Gelegenheit nutzte, um diese in bedeutendem Maße von politischen Erwägungen diktierte Zerschlagung vorzunehmen. Die Milizdivisionen stehen ihrer ganzen Natur nach in unmittelbarer Abhängigkeit von der Bevölkerung: darin liegt eben, vom sozialistischen Standpunkt aus gesehen, der wesentliche Vorteil dieses Systems, aber auch vom Standpunkt des Kreml, sein Nachteil, Lehnen doch die Militärfachleute der fortgeschrittenen kapitalistischen Länder, wo die Miliz technisch durchaus verwirklichbar wäre, sie gerade wegen der allzu großen Nähe des Heeres zum Volke ab. Die starke Gärung in der Roten

Armee in den Jahren des ersten Fünfjahresplanes war zweifellos ein ernster Grund für die spätere Zerschlagung der Territorialdivisionen.

Unsere Annahme ließe sich unbestreitbar durch ein genaues Diagramm der Roten Armee vor und nach der Gegenreform bestätigen; die Daten eines solchen Diagramms besitzen wir jedoch nicht, und besäßen wir sie, würden wir es nicht für möglich erachten, sie öffentlich auszuwerten. Es gibt aber eine allen zugängliche Tatsache, die nur eine Deutung zulässt: zur selben Zeit, als die Sowjetregierung das spezifische Gewicht der Miliz in der Armee um 51% verringert, stellt sie das *Kosakentum* wieder her, die einzige Milizformation der Zarenarmee! Die Kavallerie ist stets ein privilegierter und der konservativste Teil der Armee. Die Kosaken aber waren von jeher der konservativste Teil der Kavallerie. Während des Krieges und der Revolution dienten sie als Polizeimacht, erst dem Zaren, dann Kerenski. Unter der Sowjetmacht blieben sie unabänderlich die Vendée. Die Kollektivierung, die zudem bei den Kosaken besonders gewaltsam durchgeführt wurde, hat deren Traditionen und Denkart natürlich noch nicht verändern können. Dafür wurde den Kosaken ausnahmsweise das Recht eingeräumt, eigene Pferde zu halten. Auch an anderen Begünstigungen besteht natürlich kein Mangel. Kann man daran zweifeln, dass die Steppenreiter sich aufs neue auf die Seite der Privilegierten gegen die Unzufriedenen schlagen werden? Auf dem Hintergrund unausgesetzter Repression gegen die oppositionelle Arbeiterjugend ist die Wiederauferstehung der Hosenstreifen und Schöpfe der Kosaken zweifellos eine der krassesten Erscheinungen des Thermidor!

Ein noch betäubenderer Schlag für die Oktoberrevolution war das Dekret über die Wiederherstellung des Offizierskorps in seiner ganzen bürgerlichen Herrlichkeit. Der Stab der Roten Armee ist mit allen seinen Mängeln, aber auch unschätzbaren Verdiensten aus der Revolution und dem Bürgerkrieg hervorgegangen. Die Jugend, der selbständige politische Tätigkeit untersagt ist, entsendet zweifellos nicht wenige hervorragende Vertreter in die Reihen der Roten Armee. Andererseits musste auch die fortschreitende Umwandlung des Staatsapparates sich auf breite Kreise des Kommandostabs auswirken. Auf einer öffentlichen Tagung entwickelte Woroschilow Allgemeinplätze darüber, wie notwendig es sei, dass der Kommandeur seinen Untergebenen zum Vorbild diene, er hielt es aber für nötig, sofort zu bekennen: „Leider kann ich mich nicht sehr rühmen",: die einfachen Soldaten machen Fortschritte, „die Kommandokader kommen häufig nicht mit": „oft indes sind die Kommandeure nicht in der Lage, auf neue Anforderungen zu reagieren, wie es sich gehört", usw. Dies bittere Bekenntnis des wenigstens der Form nach verantwortlichsten Heerführers kann wohl Unruhe hervorrufen, aber kein Erstaunen: was Woroschilow von den Kommandeuren sagt, gilt für die ganze Bürokratie, Allerdings, der Redner selbst lässt nicht einmal den Gedanken zu, dass die herrschende Spitze zu denen gerechnet werden könne, die „nicht mitkommen": nicht umsonst schilt sie stets und überall gegen jedermann, stampft sie mit den Füßen und befiehlt, auf der Höhe zu sein. Jedoch in Wirklichkeit ist gerade diese kontrolllose Korporation der „Führer", zu der Woroschilow gehört, die Hauptursache des Zurückbleibens, der Routine und vieles anderes mehr.

Das Heer ist ein Abbild der Gesellschaft und leidet an all ihren Krankheiten, meistens mit erhöhter Temperatur, Das Kriegshandwerk ist zu rau, um sich mit Fiktionen und Fälschungen zufriedenzugeben. Das Heer braucht die frische Luft der Kritik. Der Stab braucht demokratische Kontrolle. Die Organisatoren der Roten Armee haben von Anfang an die Augen hiervor nicht verschlossen und hielten es für notwendig, Maßnahmen wie die Wählbarkeit des Kommandopersonals vorzubereiten. „Das Wachsen der inneren Geschlossenheit der Truppen, die Entwicklung der Selbstkritik der Soldaten sich und ihren Offizieren gegenüber...". so lautet der grundlegende Beschluss der Partei zur Militärfrage, „schaffen jene günstigen Bedingungen, unter denen das Prinzip der Wählbarkeit des Kommandopersonals immer größere Anwendbarkeit erhalten kann". Jedoch, fünfzehn Jahre nachdem dieser Beschluss gefasst wurde – eine doch offenbar genügende Frist, um den inneren Zusammenhalt und die Selbstkritik zu festigen – hat die herrschende Spitze den direkt entgegengesetzten Weg eingeschlagen.

Im September 1935 erfuhr die zivilisierte Menschheit, Freunde wie Feinde, nicht ohne Erstaunen, dass die Rote Armee von nun an eine Offiziershierarchie krönen würde, die beim Leutnant beginnt und beim Marschall aufhört. Nach einer Erklärung Tuchatschewskis, des tatsächlichen Militärchefs, „schafft die Einführung der Militärtitel durch die Regierung eine festere Grundlage zur Heranbildung der kommandierenden und der technischen Kader", Die Erklärung ist bewusst zweideutig. Die Kommandokader werden vor allem durch das Vertrauen der Soldaten gefestigt. Eben darum begann die Rote Armee mit der Abschaffung des Offizierskorps. Die Wiederherstellung der hierarchischen Kaste ist im Interesse der militärischen Sache keineswegs erforderlich. Praktisch von Bedeutung ist der Kommandoposten, nicht die Rangstufe. Ingenieure oder Ärzte haben keinen Rang, und dennoch findet die Gesellschaft Mittel, jeden von ihnen an den rechten Platz zu stellen. Das Recht auf einen Kommandoposten wird erworben durch Studium, Begabung, Charakter, Erfahrung, die einer ununterbrochenen und zwar individuellen Bewertung bedürfen. Der Majorsrang wird dem Bataillonskommandanten nichts hinzufügen. Die Erhebung der fünf Oberbefehlshaber der Roten Armee in den Marschallstand wird ihnen weder neue Talente noch mehr Macht verleihen. Auf „feste Grundlage" wird in Wirklichkeit nicht das Heer, sondern das Offizierskorps gestellt, um den Preis der Distanzierung von der Armee. Die Reform verfolgt einen rein politischen Zweck: den Offizieren ein neues soziales Gewicht zu verleihen. So hat Molotow das Dekret im Grunde auch ausgelegt: „die Bedeutung der leitenden Kader unseres Heeres heben". Die Sache beschränkt sich dabei nicht bloß auf die Einführung der Titel. Gleichzeitig ist ein verstärkter Wohnungsbau für das Kommandopersonal zu beobachten: im Jahre 1936 sollen 47.000 Zimmer bereitgestellt werden; für den Sold wurden 57% mehr bewilligt als im vergangenen Jahr. „Die Bedeutung der leitenden Kader heben", heißt, das Offizierskorps um den Preis einer Schwächung des moralischen Zusammenhalts der Armee enger mit den herrschenden Spitzen zu verbinden.

Bemerkenswert ist, dass die Reformatoren es nicht für nötig hielten, für die wiedereingeführten Rangstufen neue Benennungen zu erfinden: im Gegenteil, sie wollten offensichtlich mit dem Westen Tritt fassen. Gleichzeitig zeigten sie ihre Achillesferse, indem sie es nicht gewagt haben, den Generalstitel wiedereinzuführen, der in der Sprache des russischen Volkes allzu ironisch klingt. Die Sowjetpresse hat, als sie die Erhebung von fünf militärischen Würdenträgern in den Marschallstand meldete – die Auswahl der Fünf ist, nebenbei bemerkt, mehr gemäß der persönlichen Ergebenheit zu Stalin erfolgt als nach Begabung und Verdiensten – nicht vergessen. hierbei auch an die Zarenarmee zu erinnern, mit ihrem... „Kastengeist, ihrer Titelverehrung und Unterwürfigkeit". Wozu sie dann so sklavisch nachahmen, fragt man sich. Zur Schaffung neuer Privilegien benutzt die Bürokratie auf Schritt und Tritt die Argumente, die einst zur Vernichtung der alten Privilegien dienten. Unverschämtheit mischt sich mit Feigheit, ergänzt durch immer stärkere Dosen Heuchelei.

So unerwartet auf den ersten Blick die offizielle Wiederauferstehung „des Kastengeistes, der Titelverehrung und der Unterwürfigkeit" auch scheinen mag, man muss zugeben, dass die Regierung in der Wahl des Weges kaum mehr große Freiheit hatte. Die Beförderung der Kommandeure nach Gesichtspunkten persönlicher Befähigung ist verwirklichbar nur bei Vorhandensein von Initiativ- und Kritikfreiheit in der Armee selbst und von Kontrolle über die Armee seitens der öffentlichen Meinung des Landes. Strenge Disziplin kann sich ausgezeichnet mit größter Demokratie vertragen und sich sogar unmittelbar auf sie stützen. Allein, keine Armee vermag demokratischer zu sein als das sie nährende Regime. Quelle des Bürokratismus mit seiner Routine und seinem Dünkel sind nicht die besonderen Erfordernisse des Militärwesens, sondern die politischen Bedürfnisse der herrschenden Schicht. In der Armee kommen diese nur am vollendetsten zum Ausdruck. Die Wiederherstellung der Offizierskaste achtzehn Jahre nach ihrer revolutionären Abschaffung zeigt gleich stark sowohl von dem Abgrund, der die Leitenden bereits von den Geleiteten trennt, wie davon, dass die Sowjetarmee ihre wichtigsten Eigenschaften, die ihr erlaubten, sich „Rote" Armee zu nennen, eingebüßt hat, wie schließlich von dem Zynismus, mit dem die Bürokratie diese Zersetzungswirkungen zum Gesetz erhebt.

Die bürgerliche Presse hat diese Gegenreform nach Gebühr beurteilt. Das französische halbamtliche Blatt **Le Temps** schrieb am 25. September 1935: „Dieser äußere Wandel ist eines der Anzeichen der tiefen Transformation, die sich heute in der ganzen Sowjetunion vollzieht. Das heute endgültig gefestigte Regime stabilisiert sich allmählich. Die revolutionären Gewohnheiten und Gebräuche innerhalb der Sowjetfamilie und der Sowjetgesellschaft machen Gefühlen und Sitten Platz, die nach wie vor innerhalb der sogenannten kapitalistischen Länder herrschen. Die Sowjets verbürgerlichen". Diesem Urteil ist fast nichts hinzuzufügen.

Die UdSSR im Kriege

Die Kriegsgefahr ist nur eine der Formen, in der sich die Abhängigkeit der Sowjetunion von der übrigen Welt ausdrückt, folglich auch eins der Argumente gegen die Utopie einer isolierten Sowjetgesellschaft; aber gerade in der Gegenwart wird dies schreckliche „Argument" in erster Linie vorgebracht.

Alle Faktoren der bevorstehenden Völkerschlacht im voraus berechnen, ist ein hoffnungsloses Unternehmen: wäre eine derartige apriorische Berechnung möglich, so würde der Interessenkonflikt immer mit einem friedlichen Buchhaltervergleich beigelegt werden. Die blutige Gleichung des Krieges enthält viele Unbekannten. Auf der Seite der Sowjetunion gibt es jedenfalls gewaltige Plusgrößen, sowohl aus der Vergangenheit geerbte, als auch vom neuen Regime geschaffene. Die Erfahrung der Interventionen in der Bürgerkriegsperiode hat erneut bewiesen, dass die Flächenausdehnung Russlands größter Vorteil war und bleibt. Sowjetungarn wurde vom ausländischen Imperialismus, allerdings nicht ohne Mithilfe der unseligen Regierung Béla Kun, in einigen Tagen gestürzt. Sowjetrussland, das von Anfang an von seinen Randgebieten abgeschnitten war, kämpfte drei Jahre lang gegen die Interventionen; in gewissen Momenten reduzierte sich das Territorium der Revolution fast auf das alte Moskauer Fürstentum, aber das genügte. um sich zu halten und später auch zu siegen.

Ein zweiter großer Vorteil ist das Menschenreservoir. Bei einer jährlichen Zunahme von 3 Millionen hat die Bevölkerung der UdSSR offenbar 170 Millionen bereits überschritten. Ein einziger Rekrutenjahrgang beträgt etwa 1.300.000 Mann. Allerstrengste körperliche und politische Auslese entfernt nicht mehr als 400.000. Die Reserven, die man theoretisch auf 18 bis 20 Millionen schätzen darf, sind praktisch unbegrenzt.

Aber die Natur und die Menschen sind nur das Rohmaterial des Krieges. Das sogenannte Kriegs-„Potential" hängt vor allem von der wirtschaftlichen Stärke des betreffenden Staates ab. Auf diesem Gebiet sind die Vorteile der Sowjetunion im Vergleich zum alten Russland gewaltig. Die Planwirtschaft hat bisher, wie bereits gesagt, die größten Vorzüge gerade vom militärischen Standpunkt gezeigt. Die Industrialisierung der Randgebiete, besonders Sibiriens, gibt den ausgedehnten Steppen und Wäldern ganz neuen Wert. Die geringe Arbeitsproduktivität, die ungenügende Qualität der Produktion und die unzulänglichen Verkehrsmittel, all das wird durch die Flächenausdehnung. die Naturreichtümer und die hohe Bevölkerungszahl nur bis zu einem gewissen Grad ausgeglichen. In Friedenszeiten kann die ökonomische Kraftprobe der feindlichen sozialen Systeme – lange, aber keinesfalls für immer – mit Hilfe politischer Maßnahmen, hauptsächlich des Außenhandelsmonopols, aufgeschoben werden. Während des Krieges geschieht sie unmittelbar auf den Schachtfeldern. Daher die Gefahr.

Wenn militärische Niederlagen an sich auch gewöhnlich große politische Veränderungen hervorrufen, bewirken sie jedoch bei weitem nicht immer eine Erschütterung der ökonomischen Grundlagen der Gesellschaft. Eine Gesellschaftsordnung, die höheren Reichtum und höhere Kultur sichert, kann nicht durch Bajonette gestürzt werden. Im Gegenteil, die Sieger übernehmen Institutionen und Sitten der Besiegten, wenn ihnen diese in ihrer Entwicklung überlegen sind. Eigentumsformen können nur dann mit Waffengewalt gestürzt werden, wenn sie sich in scharfem Widerspruch zu den ökonomischen Grundlagen des Landes befinden. Eine Niederlage Deutschlands im Kriege gegen die Sowjetunion würde unweigerlich nicht nur den Zusammenbruch Hitlers, sondern auch des kapitalistischen Systems nach sich ziehen. Andererseits kann man kaum daran zweifeln, dass eine militärische Niederlage nicht nur der herrschenden Sowjetschicht. sondern auch den sozialen Grundlagen der UdSSR zum Verhängnis gereichen würde. Die Unsicherheit des heutigen Regimes in Deutschland ist bedingt dadurch, dass seine Produktivkräfte längst über die kapitalistischen Eigentumsformen hinausgewachsen sind. Und umgekehrt ist die Unsicherheit des Sowjetregimes dadurch hervorgerufen, dass seine Produktivkräfte den sozialistischen Eigentumsformen noch längst nicht gewachsen sind. Die sozialen Grundlagen der UdSSR sind durch eine militärische Niederlage aus demselben Grunde gefährdet, aus dem sie in Friedenszeiten der Bürokratie und des Außenhandelsmonopols bedürfen, d.h. wegen ihrer Schwäche.

Kann man jedoch erwarten, dass die Sowjetunion aus dem kommenden großen Krieg ohne Niederlage hervorgehen wird? Auf diese deutlich gestellte Frage wollen wir ebenso deutlich antworten: bliebe der Krieg nur ein Krieg, dann wäre die Niederlage der Sowjetunion unvermeidlich. Technisch, wirtschaftlich und militärisch ist der Imperialismus unvergleichlich stärker. Wenn die Revolution im Westen ihn nicht lähmt, wird er das aus der Oktoberrevolution hervorgegangene Regime auslöschen.

Man mag antworten, „Imperialismus" sei eine Abstraktion, da ihn selbst Gegensätze zerreißen. Vollkommen richtig: gäbe es diese Widersprüche nicht, die Sowjetunion wäre längst von der Bildfläche verschwunden. Auf diesen Gegensätzen ruhen im besonderen die diplomatischen und militärischen Abkommen der UdSSR. Es wäre jedoch ein verhängnisvoller Fehler. nicht die Grenze zu sehen, wo diese Gegensätze verstummen müssen. So wie der Kampf zwischen den bürgerlichen und kleinbürgerlichen Parteien, von den allerreaktionärsten bis zu den sozialdemokratischen, vor der unmittelbaren Gefahr der proletarischen Revolution aufhört, so werden auch die imperialistischen Widersacher stets ein Kompromiss finden, um den militärischen Sieg der Sowjetunion zu vereiteln.

Diplomatische Abmachungen sind, wie ein Kanzler [der deutsche Reichskanzler Bethmann-Hollweg 1914] nicht zu Unrecht sagte, nur „Fetzen Papier". Nirgends steht geschrieben, ob sie auch nur den Kriegsausbruch erleben werden. Bei der unmittelbaren Gefahr einer sozialen Umwälzung in irgendeinem Teil Europas wird kein einziger Vertrag mit der UdSSR. standhalten. Genügen würde, dass die politische Krise in Spanien – von Frankreich schon gar nicht zu reden – in eine revolutionäre Phase tritt, damit alle bürgerlichen Regierungen unwiderstehlich gepackt werden von den von Lloyd George gepredigten Hoffnungen auf Hitler den Retter. Würde andererseits die unsichere Lage in Spanien, Frankreich, Belgien u.a. mit einem vollen Sieg der Reaktion enden, so bliebe von den Sowjetpakten ebenfalls keine Spur. Schließlich darf man bei der Variante, dass die „Fetzen Papier" noch in der ersten Zeit der Kriegsoperationen in Kraft bleiben, nicht daran zweifeln, dass die Kräftegruppierung in der entscheidenden Phase des Krieges von Faktoren unermesslich größerer Bedeutung bestimmt werden, als es die Eide der Diplomaten, diesen Eidbrüchigen von Beruf, sind.

Die Lage würde sich natürlich gründlich ändern, wenn die bürgerlichen Verbündeten die materiellen Garantien bekämen, dass die Moskauer Regierung nicht nur militärisch, sondern auch klassenmäßig mit ihnen im selben Schützengraben steht. Die kapitalistischen „Friedensfreunde" werden sich die Schwierigkeiten der zwischen zwei Feuer geratenen UdSSR zunutze machen und selbstverständlich alle Maßnahmen ergreifen um in das Außenhandelsmonopol und die Sowjeteigentumsgesetze eine Bresche zu schlagen. Die wachsende „Vaterlandsverteidigungs"bewegunq innerhalb der weißen russischen Emigration Frankreichs und der Tschechoslowakei fußt gänzlich auf solchen Berechnungen. Und nimmt man an, dass das Weltringen sich ausschließlich auf der Ebene des Krieges abspielt, so werden die Verbündeten ernsthafte Aussicht haben, ihr Ziel zu erreichen. Ohne Dazwischentreten der Revolution werden die sozialen Grundlagen der UdSSR nicht nur im Falle einer Niederlage, sondern auch eines Sieges Schiffbruch erleiden müssen.

Vor mehr als zwei Jahren zeichnete das programmatische Dokument „Die 4. Internationale und der Krieg" diese Perspektive mit folgenden Worten: „Unter dem Einfluss des dringenden Bedürfnisses des Staates nach den allernotwendigsten Gegenständen werden die individualistischen Tendenzen der Bauernwirtschaft eine beträchtliche Stärkung erfahren und die Zentrifugalkräfte innerhalb der Kolchosen mit jedem Kriegsmonat wachsen... In der überhitzten Kriegsatmosphäre darf man gefasst sein auf... Heranziehung auswärtigen „verbündeten" Kapitals, Breschen im Außenhandelsmonopol Abschwächung der Staatskontrolle über die Trusts, Verschärfung der Konkurrenz unter den Trusts, ihren Zusammenprall mit den Arbeitern usw. ... Mit anderen Worten: im Falle eines langen Krieges, bei Passivität des Weltproletariats würden die inneren sozialen Widersprüche der UdSSR zur bürgerlich-bonapartischen Konterrevolution nicht nur führen können, sondern müssen". Die Ereignisse der letzten zwei Jahre verleihen dieser Voraussage doppelte Kraft.

Aus all dem vorher Gesagten ergeben sich jedoch keinesfalls sogenannte „pessimistische" Schlussfolgerungen. Wollen wir weder vor dem riesigen materiellen Übergewicht der kapitalistischen Welt, noch vor dem unausbleiblichen Treubruch der imperialistischen „Verbündeten" noch vor den inneren Widersprüchen des Sowjetregimes die Augen verschließen, so sind wir andererseits keineswegs geneigt, die Haltbarkeit des kapitalistischen Systems sowohl der feindlichen als auch der verbündeten Länder zu überschätzen. Lange bevor der Ermattungskrieg das ökonomische

Kräfteverhältnis bis auf den Grund wird ausmessen können, wird er die relative Stabilität ihrer Regime auf die Probe gestellt haben. Alle ernsten Theoretiker des zukünftigen Völkermordens rechnen in seinem Gefolge mit der Wahrscheinlichkeit, ja Unvermeidlichkeit der Revolution. Die in gewissen Kreisen immer wieder auftauchende Idee kleiner „Berufs"-Armeen, kaum realer als die Idee eines Heldenzweikampfes nach dem Vorbild Goliaths und Davids, enthüllt durch ihre Fantasterei die reale Angst vor dem bewaffneten Volke. Hitler versäumt keine Gelegenheit, seine „Friedensliebe" zu bekräftigen unter Berufung auf die Unvermeidlichkeit eines neuen bolschewistischen Ansturms im Falle eines Krieges im Westen. Die Kraft, die einstweilen die Kriegsfurie noch bändigt, ist nicht der Völkerbund, sind nicht die Garantieverträge und pazifistischen Volksbefragungen, sondern einzig und allein die heilsame Angst der Herrschenden vor der Revolution.

Gesellschaftliche Regime gilt es wie alle anderen Erscheinungen relativ einzuschätzen. Trotz all seinen Widersprüchen hat das Sowjetregime hinsichtlich der Stabilität immer noch große Vorzüge im Vergleich zu den Regimes seiner wahrscheinlichen Gegner. Schon die Möglichkeit der Naziherrschaft über das deutsche Volk ist eine Folge der unerträglichen Spannung der sozialen Gegensätze in Deutschland. Sie sind nicht beseitigt und nicht einmal gemildert, sondern nur mit dem Bleideckel des Faschismus zugedeckt. Ein Krieg wird sie wieder hervorbrechen lassen. Hitler hat viel weniger Aussichten, einen Krieg siegreich zu beenden als Wilhelm II. Nur eine rechtzeitige Revolution könnte Deutschland vor dem Kriege und so vor einer neuen Niederlage bewahren.

Die Weltpresse stellt das blutige Abrechnen der japanischen Offiziere mit den Ministern als unvorsichtige Äußerungen eines allzu glühenden Patriotismus dar. In Wirklichkeit gehören diese Handlungen, trotz der Unterschiede in der Ideologie, zur selben historischen Kategorie wie die Bomben der russischen Nihilisten gegen die Zarenbürokratie. Japans Bevölkerung erstickt unter dem vereinten Druck des asiatischen Agrarjochs und ultramoderner kapitalistischer Ausbeutung. Korea, Mandschukuo, China werden sich beim ersten Nachlassen der Militärschraube gegen die japanische Tyrannei erheben. Der Krieg wird das Imperium des Mikado in die gewaltigste aller sozialen Katastrophen stürzen.

Nicht viel besser ist die Lage Polens. Pilsudskis Regime, das unfruchtbarste aller Regime, erwies sich als außerstande, die Hörigkeit des Bauern auch nur zu mildern. Die Westukraine (Galizien) lebt unter schwerer nationaler Bedrückung. Die Arbeiter erschüttern das Land durch ununterbrochene Streiks und Empörungen. Durch ihre Versuche, sich durch ein Bündnis mit Frankreich und durch Freundschaft mit Deutschland Sicherheit zu verschaffen, und mit ihren Manövern vermag die polnische Bourgeoisie nur den Krieg zu beschleunigen, um dann um so sicherer darin umzukommen.

Die Gefahr des Krieges und einer Niederlage für die UdSSR. ist Realität. Aber auch die Revolution ist Realität. Wenn die Revolution den Krieg nicht verhindern wird, so wird der Krieg der Revolution helfen. Eine zweite Geburt ist meistens leichter als die erste. im neuen Kriege wird man nicht zweieinhalb Jahre auf den ersten Aufstand warten müssen. Einmal begonnen, wird die Revolution dann nicht mehr auf halbem Wege stehen bleiben. Das Schicksal der UdSSR wird letzten Endes nicht auf der Generalstabskarte entschieden, sonderndem auf der Karte der Klassenkämpfe. Nur das europäische Proletariat, das seiner Bourgeoisie, auch im Lager der „Friedensfreunde" unversöhnlich trutzt wird die UdSSR. vor einer Zerschmetterung oder einem Dolchstoß in den Rücken seitens ihrer „Verbündeten" bewahren können. Ja, sogar eine militärische Niederlage der UdSSR. wäre im Falle des Sieges des Proletariats in anderen Ländern nur eine kurze Episode. Umgekehrt aber wird kein militärischer Sieg das Erbe der Oktoberrevolution retten können, wenn in der übrigen Welt der Imperialismus sich behauptet.

Die Nachbeter der Sowjetbürokratie werden sagen, wir „unterschätzen" die inneren Kräfte der UdSSR., die Rote Armee usw., wie sie auch sagten, wir „leugneten" die Möglichkeit des Aufbaus des Sozialismus in einem Lande. Diese Argumente stehen auf einem so tiefen Niveau, dass sie nicht einmal einen fruchtbaren Meinungsaustausch zulassen. Ohne Rote Armee würde die Sowjetunion ähnlich wie China erdrückt und zerstückelt werden. Nur ihr hartnäckiger, heroischer Widerstand gegen die künftigen kapitalistischen Feinde kann günstige Voraussetzungen für die Entwicklung des Klassenkampfes im Lager des Imperialismus schaffen. Die Rote Armee ist somit ein Faktor von größter Bedeutung. Das heißt aber nicht, dass sie der einzige historische Faktor ist. Genug schon, dass sie der Revolution einen mächtigen Antrieb geben kann. Aber nur die Revolution kann die Hauptarbeit leisten, der die Rote Armee allein nicht gewachsen ist.

Niemand verlangt von der Sowjetregierung internationale Abenteuer, Unbesonnenheiten, Versuche, den Gang der Weltereignisse gewaltsam zu forcieren. Im Gegenteil, sofern solche Versuche von der Bürokratie in der Vergangenheit gemacht wurden (Bulgarien, Estland, Kanton u.a.) haben sie nur der Reaktion in die Hände gespielt und sind seinerzeit von der linken Opposition verurteilt worden. Es handelt sich um die allgemeine Richtung der Politik des Sowjetstaates. Die Widersprüche zwischen seiner Außenpolitik und den Interessen des Weltproletariats sowie der Kolonialvölker kommen am verheerendsten zum Ausdruck in der Unterwerfung der Komintern unter die konservative Bürokratie mit ihrer neuen Religion der Regungslosigkeit.

Nicht unter dem Banner des Status quo werden sich die europäischen Arbeiter und Kolonialvölker gegen den Imperialismus und den neuen Krieg erheben können, der ausbrechen und den Status quo mit fast derselben Unvermeidlichkeit umstürzen muss, mit der ein ausgereifter Embryo den Status quo der Schwangerschaft durchbricht. Die Werktätigen haben nicht das geringste Interesse, die heutigen Grenzen, insbesondere in Europa zu verteidigen, weder unter dem Kommando ihrer Bourgeoisie, noch erst recht im revolutionären Aufstand gegen sie. Europas Verfall ist gerade dadurch verursacht, dass es ökonomisch in beinahe vierzig scheinbare Nationalstaaten zerfällt, die mit ihren Zöllen, Pässen, Währungen und ungeheuerlichen Armeen zum Schutz des nationalen Partikularismus das größte Hemmnis für die wirtschaftliche und kulturelle Entwicklung der Menschheit geworden sind.

Aufgabe des europäischen Proletariats ist nicht, die Grenzen zu verewigen, sondern im Gegenteil, sie revolutionär zu beseitigen. Nicht Status quo, sondern Vereinigte Sozialistische Staaten von Europa!

IX. Was ist die UdSSR?

Die sozialen Verhältnisse in der UdSSR

In der Industrie herrscht fast uneingeschränkt das staatliche Eigentum an den Produktionsmitteln, In der Landwirtschaft herrscht es nur in den Sowchosen, die nicht mehr als 10% der Anbaufläche erfassen. In den Kolchosen paart sich das genossenschaftliche oder Gruppeneigentum in verschiedenen Proportionen mit staatlichem und privatem. Der Grund und Boden, der rechtlich dem Staat gehört, ist den Kolchosen in „ewige" Nutzung übergeben, was sich wenig vom Gruppeneigentum unterscheidet. Die Traktoren und Maschinen sind Staatseigentum, das kleinere Inventar gehört den Kolchosen. Jeder Kolchosbauer betreibt außerdem seine individuelle Wirtschaft. Schließlich sind über 10% der Bauern Einzelbauern,

Laut der Volkszählung von 1934 bestanden 28,1% der Bevölkerung aus Arbeitern und Angestellten staatlicher Betriebe und Ämter. Industrie- und Bauarbeiter gab es 1935, die Familienmitglieder nicht gerechnet 7,5 Millionen. Die Kolchosen und das genossenschaftliche Handwerk umfassten zur Zeit der Volkszählung 45,9% der Bevölkerung. Studierende, Rotarmisten, Pensionierte und andere unmittelbar vom Staat abhängige Elemente bildeten 3,4%. Insgesamt gehörten 74% der Bevölkerung zum „sozialistischen Sektor", auf den 95,8% des Grundkapitals des Landes entfielen, Die Zahl der Einzelbauern und Handwerker betrug im Jahre 1934 noch 22,5%; doch konzentrierte sich in ihren Händen nur wenig mehr als 4% des nationalen Kapitals!

Seit 1934 hat es keine Volkszählung mehr gegeben die nächste steht für 1937 bevor. Zweifellos jedoch ist der privatwirtschaftliche Sektor in den letzten zwei Jahren noch mehr zugunsten des „sozialistischen" zurückgegangen. Die Einzelbauern und Handwerker bilden heute, nach den Berechnungen der offiziellen Wirtschaftler, insgesamt etwa 10% der Bevölkerung, d.h. etwa 17 Millionen Köpfe; ihre wirtschaftliche Bedeutung ist noch weit tiefer gesunken als ihre Anzahl. Der Sekretär des Zentralkomitees Andrejew teilte im April 1936 mit: „Das spezifische Gewicht der sozialistischen Produktion soll in unserem Lande im Jahre 1936 98,5% betragen, d.h. dass ganz geringfügige 1,5% noch zum nichtsozialistischen Sektor gehören". Diese optimistischen Zahlen dienen auf den ersten Blick als unumstößlicher Beweis für den „endgültigen und unwiderruflichen" Sieg des Sozialismus. Aber wehe dem, der hinter dieser Arithmetik nicht die soziale Wirklichkeit sieht!

Die Ziffern selbst sind an den Haaren herbeigezogen: es genügt zu sagen, dass die Hausgartenwirtschaften der Kolchosbauern zum „sozialistischen" Sektor hinzugerechnet wurden. Jedoch nicht hier liegt der Kern der Frage. Das riesige und völlig unbestreitbare statistische Übergewicht der staatlichen und kollektiven Wirtschaftsformen, so wichtig es für die Zukunft auch sein mag, beseitigt nicht eine andere, kaum minder wichtige Frage: die der Mächtigkeit der bürgerlichen Tendenzen innerhalb des „sozialistischen" Sektors selbst, und zwar nicht nur in der Landwirtschaft, sondern auch in der Industrie. Die erreichte Hebung des materiellen Niveaus des Landes ist bedeutend genug, um bei allen erhöhte Ansprüche zu erwecken, aber völlig ungenügend, uni sie zu befriedigen. Die Dynamik des wirtschaftlichen Aufschwungs enthält somit selber ein Erwachen kleinbürgerlicher Appetite nicht nur bei den Bauern und Vertretern der „geistigen" Arbeit, sondern auch bei den Spitzen des Proletariats. Die nackte Gegenüberstellung der Einzelbauern und Kolchosbauern, der Handwerker und der Staatsindustrie, gibt nicht die geringste Vorstellung von der Explosivkraft dieser Appetite, die die ganze Wirtschaft des Landes durchdringen und die sich, summarisch gesprochen, ausdrücken in dem Bestreben aller, der Gesellschaft möglichst wenig zu geben und möglichst viel von ihr zu erhalten.

Auf die Lösung der Verbrauchs- und Erwerbsfragen wird nicht weniger Energie und Erfindungsgeist verwandt als auf den sozialistischen Aufbau im eigentlichen Sinne des Wortes: hieraus ergibt sich im besonderen die äußerst niedrige Produktivität der gesellschaftlichen Arbeit. Während der Staat sich in einem ununterbrochenen Kampf mit der molekularen Tätigkeit der zentrifugalen Kräfte befindet, bildet die herrschende Schicht selber das Hauptreservoir der gesetzlichen und ungesetzlichen privaten Akkumulation. Die durch neue gesetzliche Normen maskierten kleinbürgerlichen Tendenzen lassen sich allerdings statistisch nicht leicht erfassen. Aber ihr direktes Übergewicht im Wirtschaftsleben wird vor allem bewiesen durch die „sozialistische" Bürokratie selbst, dieses himmelschreiende contradictio in adjecto, diese ungeheuerliche und ständig zunehmende soziale Verirrung, die ihrerseits zur Quelle bösartiger Geschwüre der Gesellschaft wird.

Die neue Verfassung, die, wie wir später sehen werden, gänzlich auf der Gleichsetzung der Bürokratie mit dem Staat und des Staates mit dem Volk aufgebaut ist, spricht von „Staatseigentum, *d.h.* Besitz des ganzen Volkes..." Diese Identifizierung stellt den Grundsophismus der offiziellen Doktrin dar. Es ist nicht zu bestreiten, dass die Marxisten, angefangen mit Marx selber, in bezug auf den Arbeiterstaat die Ausdrücke *Staats-*, *Volks-* oder *sozialistisches* Eigentum einfach als Synonyme gebrauchten. Im großen historischen Maßstab gesehen. bot dieser Gebrauch keinerlei besondere Schwierigkeiten. Er wird aber zu einer Quelle grober Fehler und direkten Betrugs, handelt es sich um die ersten, noch nicht gesicherten Etappen in der Entwicklung der neuen Gesellschaft, die zudem isoliert und wirtschaftlich hinter den kapitalistischen Ländern zurückgeblieben ist.

Um gesellschaftliches Eigentum zu werden, muss das Privateigentum unvermeidlich das staatliche Stadium durchlaufen, so wie die Raupe durch das Stadium der Larve gehen muss, um Schmetterling zu werden. Aber die Larve ist noch kein Schmetterling. Myriaden von Larven kommen um, bevor sie Schmetterling werden. Das Staatseigentum wird nur in dem Masse „Volkseigentum", in dem die sozialen Privilegien und Unterschiede verschwinden, und folglich auch das Bedürfnis nach dem Staat. Mit anderen Worten: das Staatseigentum verwandelt sich in sozialistisches Eigentum in dem Masse, wie es aufhört, Staatseigentum zu sein. Und umgekehrt; je höher sich der Sowjetstaat über das Volk erhebt, um so wütender stellt er sich als Hüter des Eigentums dem Volk, dessen Verschwender, gegenüber, um so krasser zeugt er selbst gegen den sozialistischen Charakter des Staatseigentums.

„Wir sind noch weit entfernt von der *völligen* Vernichtung der Klassen", gibt die offizielle Presse zu, wobei sie sich auf die noch bestehenden Unterschiede zwischen Stadt und Land, zwischen geistiger und körperlicher Arbeit beruft. Dies rein akademische Bekenntnis hat den Vorteil, dass es gestattet, die Einnahmen der Bürokratie mit den Ehrentitel der „geistigen" Arbeit zu verdecken. Die „Freunde", denen Platon viel teurer ist als die Wahrheit, beschränken sich ebenfalls auf akademische Anerkennungen der Überbleibsel der alten Ungleichheit. In Wirklichkeit genügen die zu allem herhaltenden „Überbleibsel" keineswegs zur Erklärung der Sowjetwirklichkeit. Wenn der Unterschied zwischen Stadt und Land sich in mancher Beziehung linderte, so hat er sich in anderer Beziehung infolge des außergewöhnlich schnellen Wachsens der Städte und der städtischen Kultur, d.h. des Komforts der städtischen Minderheit, bedeutend verschärft. Der soziale Abstand zwischen der körperlichen und geistigen Arbeit ist in den letzten Jahren größer geworden und nicht kleiner, trotz der Auffüllung der wissenschaftlichen Kader durch Elemente aus den unteren Schichten. Die tausendjährigen Kastenschranken, die das Leben eines jeden Menschen von allen Seiten abstecken – der geschliffene Städter und der ungehobelte Bauer, der Magier der Wissenschaft und der Handlanger – haben sich nicht einfach in mehr oder weniger gemilderter Form aus der Vergangenheit hinübergerettet, sondern sind in erheblichem Masse neu entstanden und nehmen immer herausfordernderen Charakter an.

Die berüchtigte Parole: Die „Kader entscheiden alles", charakterisiert viel offener, als Stalin es selbst möchte, die Natur der Sowjetgesellschaft. Schon ihrem Wesen nach sind Kader ein Herrschafts- und Kommandoorgan. Der „Kader"kult bedeutet in erster Linie einen Kult der Bürokratie, der Administration, der technischen Aristokratie. Hinsichtlich der Herausbildung und Erziehung von Kadern hat das Sowjetregime, wie auch auf anderen Gebieten, noch die Aufgabe zu lösen, die die fortgeschrittene Bourgeoisie längst gelöst hat. Da aber die Sowjetkader unter sozialistischem Banner auftreten, beanspruchen sie fast göttliche Ehren und immer höheres Gehalt. Die Herausbildung der „sozialistischen" Kader ist somit von einer Wiedergeburt der bürgerlichen Ungleichheit begleitet.

Unter dem Gesichtswinkel des Eigentums an den Produktionsmitteln scheint zwischen Marschall und Dienstmädchen, dem Leiter eines Trusts und dem Handlanger, dem Sohn eines Volkskommissars und einem Besprisoryje kein Unterschied zu bestehen. Indes, die einen verfügen über herrschaftliche Wohnungen und mehrere Sommervillen in verschiedenen Gegenden des Landes, fahren in erstklassigen Autos und haben längst vergessen, wie man seine Stiefel putzt; die anderen wohnen in Holzbaracken, oft ohne Zwischenwände, sind stets halb am Verhungern und putzen ihre Stiefel nur deshalb nicht, weil sie barfuß laufen. Für den Würdenträger verdient dieser Unterschied keine Aufmerksamkeit. Dem Handlanger scheint er nicht ohne Grund sehr wesentlich.

Oberflächliche „Theoretiker" können sich natürlich damit trösten, dass die Verteilung der Güter gegenüber ihrer Herstellung ein Faktor zweiter Ordnung ist. Die Dialektik der Wechselwirkung bleibt jedoch auch hier voll in Kraft. Je nachdem, nach welcher Seite hin sich die Unterschiede in den persönlichen Daseinsbedingungen entwickeln werden, wird schließlich auch die Frage nach dem endgültigen Schicksal der verstaatlichten Produktionsmittel gelöst werden. Wenn ein Dampfer zum Kollektiveigentum erklärt wird, die Passagiere aber nach wie vor in erste, zweite und dritte Klasse eingeteilt werden, so ist klar, dass für die Passagiere der dritten Klasse der Unterschied in den Existenzbedingungen von weit größerer Bedeutung sein wird als der juristische Eigentumswechsel. Umgekehrt werden die Passagiere der ersten Klasse bei Kaffee und Zigarren dem Gedanken huldigen, das Kollektivgut sei alles, die bequeme Kajüte dagegen nichts. Die hieraus erwachsenden Gegensätze können das gebrechliche Kollektiv sprengen,

Die Sowjetpresse erzählte mit Genugtuung, wie ein Junge im Moskauer zoologischen Garten, als man ihm auf seine Frage: *wem gehört dieser Elefant?* Antwortete: *„dem Staat"*, daraus sofort schloss: *also ein bisschen auch mir*. Allein, bei einer tatsächlichen Aufteilung des Elefanten würden auf die Auserwählten die kostbaren Stoßzähne entfallen, einige würden sich am Elefantenschinken laben, während die Mehrzahl sich mit den Eingeweiden oder den Haxen begnügen müsste. Die übervorteilten Jungen werden das Staatseigentum kaum mit ihrem eigenen identifizieren. Die „Besprisoryje" betrachten als ihnen gehörig nur das, was sie dem Staate stehlen. Der kleine „Sozialist" im zoologischen Garten war bestimmt der Sohn irgendeines bekannten Würdenträgers, gewohnt, nach der Formel zu urteilen: „Der Staat – das bin ich!"

Übersetzt man der Anschaulichkeit halber die sozialistischen Beziehungen in die Börsensprache, so mag man sich die Bürger vorstellen als Teilhaber einer Aktiengesellschaft, in deren Besitz sich der Reichtum des

Landes befindet. Der allgemeine Volkscharakter des Eigentums setzt eine gleichmäßige Verteilung der „Aktien" und folglich ein Anrecht aller „Aktionäre" auf gleiche Dividenden voraus. Die Bürger sind jedoch am nationalen Unternehmen nicht nur als „Aktionäre". beteiligt, sondern auch als Produzenten. Auf der untersten Stufe des Kommunismus, die wir Sozialismus zu nennen pflegen, erfolgt die Bezahlung der Arbeit noch nach bürgerlichen Normen, d.h. je nach Qualifizierung, Intensität u.a. Theoretisch würde sich das Einkommen eines jeden Bürgers somit aus zwei Teilen, $a + b$, d.h. Dividende plus Arbeitslohn, zusammensetzen. Je höher die Technik, je vollkommener die Organisation der Wirtschaft, einen um so größeren Platz wird a im Verhältnis zu b einnehmen, einen um so geringeren Einfluss wird der individuelle Unterschied in der Arbeit auf das Lebensniveau ausüben. Aus der Tatsache, dass die Lohnunterschiede in der UdSSR nicht kleiner, sondern größer sind als in den kapitalistischen Ländern, muss man den Schluss ziehen, dass die Aktien der Sowjetbürger nicht gleichmäßig verteilt sind, und dass das Einkommen der Bürger neben der ungleichen Bezahlung auch einen ungleichmäßigen Dividendenanteil enthält. Während der Handlanger nur b erhält, einen Minimallohn, den er, bei sonst gleichbleibenden Bedingungen, auch im einem kapitalistischen Unternehmen erhalten würde, bekommt ein Stachanowarbeiter oder ein Beamter $2a + B$ oder $3a + B$ usw., wobei B seinerseits mit $2b$, $3b$ usw. angesetzt werden kann. Die Einkommensunterschiede sind, mit anderen Worten, nicht nur durch die Verschiedenheiten in der individuellen Arbeit bestimmt, sondern auch durch verschleierte Aneignung fremder Arbeit. Eine privilegierte Minderheit der Aktionäre lebt auf Kosten der übervorteilten Mehrheit.

Nimmt man an, dass ein gemeiner Sowjetarbeiter mehr erhält, als er bei gleichem Stand der Technik und Kultur in einem kapitalistischen Unternehmen erhalten würde, d.h. also doch ein kleiner Aktionär ist, so muss man seinen Arbeitslohn gleich $a + b$ annehmen. Der Verdienst höherer Kategorien würde sich durch Formeln wie $3a + 2b$, $10a + 15b$ usw. ausdrücken; das bedeutet: der gemeine Arbeiter hat eine Aktie, der Stachanowmann 3, der Spezialist 10; darüber hinaus verhalten sich ihre Arbeitslöhne im eigentlichen Sinne des Wortes wie 1 : 2 : 15. Die Hymnen auf das heilige sozialistische Eigentum klingen unter diesen Umständen für einen Direktor oder Stachanowarbeiter viel überzeugender als für einen gewöhnlichen Arbeiter oder Kolchosbauern. Indessen stellen die gemeinen Werktätigen die überwiegende Mehrheit der Gesellschaft dar, und der Sozialismus ist gerade für sie berechnet, und nicht für eine neue Aristokratie.

„Der Arbeiter in unserem Lande ist kein Lohnsklave, kein Verkäufer seiner Ware, der Arbeitskraft. Er ist ein freier Werktätiger" (**Prawda**). Für die Gegenwart stellt diese pathetische Formel unstatthaftes Geprahle dar. Die Aushändigung der Fabriken an den Staat hat die Lage des Arbeiters nur rechtlich verändert: in Wirklichkeit ist er, während er eine bestimmte Anzahl von Stunden für einen bestimmten Lohn arbeitet, gezwungen zu darben. Die Hoffnungen, welche der Arbeiter früher auf Partei und Gewerkschaften setzte, hat er nach der Revolution auf den von ihm geschaffenen Staat übertragen. Aber die nützliche Arbeit dieses Werkzeugs war durch das Niveau der Technik und Kultur begrenzt. Um dieses Niveau zu erhöhen, begann der Staat, auf die alten Methoden des Drucks auf Muskeln und Nerven der Werktätigen zurückzugreifen. Es entstand ein Korps von Antreibern. Die Verwaltung der Industrie wurde erzbürokratisch. Die Arbeiter verloren jeglichen Einfluss auf die Leitung der Betriebe. Bei Akkordlohn, schweren materiellen Daseinsbedingungen, Fehlen der Freizügigkeit, einem fürchterlichen Polizeiapparat, der in das Leben jedes Betriebes eindringt, fühlt sich der Arbeiter schwerlich als „freier Werktätiger". Im Beamten sieht er den Vorgesetzten, im Staat den Herrn. Freie Arbeit ist unvereinbar mit der Existenz eines bürokratischen Staates.

Mit den notwendigen Änderungen bezieht sich das Gesagte auch auf das flache Land. Laut der offiziellen Theorie ist das Kolchoseigentum eine besondere Form des sozialistischen Eigentums. Die **Prawda** schreibt, dass die Kolchosgüter „ihrem Wesen nach bereits zum Typus der staatlichen, folglich sozialistischen Unternehmungen gehören", fügt aber sogleich hinzu: Garantie für die sozialistische Entwicklung der Landwirtschaft ist der Umstand, dass „die bolschewistische Partei die Kolchosen leitet": d.h. sie verweist uns von der Wirtschaft auf die Politik, Das bedeutet im Grunde genommen, dass die sozialistischen Beziehungen bislang noch nicht auf realen Beziehungen zwischen den Menschen beruhen, sondern auf dem fürsorglichen Herzen der Obrigkeit. Die Werktätigen würden gut tun, diesem Herzen zu misstrauen. In Wirklichkeit stellt die Kolchoswirtschaft ein Mittelding zwischen der einzelbäuerlichen und der staatlichen dar, wobei die kleinbürgerlichen Tendenzen innerhalb der Kolchosen durch die Entwicklung der Hausgarten- oder Privatwirtschaften der Kolchosbauern aufs beste ergänzt werden.

Obwohl die individuelle Anbaufläche der Kolchosbauern insgesamt nur 4 Millionen Hektar beträgt, gegenüber 108 Millionen der kollektivwirtschaftlichen Anbaufläche, d.h. weniger als 4%, deckt sie doch dank intensiver Bearbeitung, besonders im Gemüsebau, den Hauptbedarf der Bauernfamilie. Hornvieh, Schafe und Schweine sind größtenteils Eigentum der Kolchosbauern und nicht der Kolchosen selbst. Die Bauern machen ihre Nebenwirtschaft durchweg zur Hauptwirtschaft und drängen die unrentabeln Kolchosen in den Hintergrund. Umgekehrt steigen die Kolchosen mit hohem Arbeitslohn auf eine höhere soziale Stufe und bilden eine Kategorie von wohlhabenden Farmern. Die zentrifugalen Tendenzen schwinden noch nicht, im Gegenteil, werden stärker und wachsen. Jedenfalls haben die Kolchosen bisher nur die rechtlichen Formen der ökonomischen Beziehungen auf dem Lande umzuwandeln vermocht, insbesondere die Art der Gewinnverteilung, aber die alte Kate, den Gemüsegarten, die Viehhaltung, den ganzen Rhythmus der schweren Arbeit des Muschiks haben sie fast unverändert gelassen, in bedeutendem Masse auch das alte Verhältnis zum Staat, der zwar nicht mehr Gutsbesitzern und Bourgeois dient, aber dem Dorf zum Besten der Städte allzu viel fortnimmt und allzu viel gefräßige Beamte unterhält.

Für die am 6. Januar 1937 stattfindende Sowjetvolkszählung ist ein Verzeichnis folgender sozialer Kategorien aufgestellt worden: Arbeiter, Angestellte, Kolchosbauern, Einzelbauern, Handwerker. freie Berufe, Kultdiener, sonstige nicht arbeitende Elemente. Laut offiziellem Kommentar enthält diese Liste nur deshalb keine anderen sozialen Charakteristiken, weil es in der UdSSR, keine Klassen gibt. In Wirklichkeit bezweckt dies Inhaltsverzeichnis direkt, die Existenz der privilegierten Spitzen und der am stärksten benachteiligten unteren Schichten zu vertuschen. Die wahren Schichten der Sowjetgesellschaft, die man mit Hilfe einer ehrlichen Volkszählung mühelos feststellen könnte und müsste, sind folgende: die Spitzen der Bürokratie, Spezialisten u.a.. die in bürgerlichen Verhältnissen leben. die mittlere und untere Schicht, die sich auf dem Niveau des Kleinbürgertums befindet, die Arbeiter- und Kolchosaristokratie mit etwa demselben Niveau, die mittlere Arbeitermasse, die Mittelschichten im Kolchos, die Einzelbauern und einzelnen Gewerbetreibenden, die untersten Arbeiter- und Bauernschichten, die ins Lumpenproletariat übergehen, die Besprisornyje, Prostituierten usw.

Wenn die neue Verfassung erklärt, in der UdSSR sei „die Abschaffung der Ausbeutung des Menschen durch den Menschen" erreicht, so spricht sie die Unwahrheit. Die neue soziale Schichtenbildung hat die Voraussetzungen zum Wiedererstehen der barbarischsten aller Formen der Ausbeutung des Menschen geschaffen, nämlich zu seinem Kauf als Sklaven für persönliche Bedienung. Im Register der neuen Volkszählung ist die private Dienstmagd überhaupt nicht erwähnt: vermutlich soll sie in der Rubrik „Arbeiter" verschwinden, Es fehlen andererseits Fragen wie: hat der sozialistische Bürger Dienstboten und wie viel (Stubenmädchen, Köchin, Amme, Kindermädchen, Chauffeur), hat er ein Auto zur persönlichen Benutzung, über wie viel Zimmer verfügt er u.a.m. Nichts, überhaupt nichts über die Höhe des Verdienstes! Stellte man die Regel, wonach Ausbeutung fremder Arbeitskraft den Verlust der politischen Rechte zur Folge hat, wieder her, so würde sich plötzlich herausstellen, dass die Elite der herrschenden Schicht die Schwelle der Sowjetverfassung nicht betreten könnte. Zum Glück ist die volle Rechtsgleichheit eingeführt ... für die Dienstboten sowohl wie für die Herrschaften.

Innerhalb des Sowjetregimes wachsen zwei entgegengesetzte Tendenzen. Soweit es im Gegensatz zum verfaulenden Kapitalismus die Produktivkräfte entwickelt, bereitet es das ökonomische Fundament für den Sozialismus vor. Soweit es den Oberschichten zuliebe die bürgerlichen Verteilungsnormen ins Extreme steigert, bereitet es die kapitalistische Restauration vor. Der Gegensatz zwischen Eigentumsformen und Verteilungsnormen kann nicht endlos wachsen. Entweder werden die bürgerlichen Normen – so oder so – auch auf die Produktionsmittel übergreifen, oder es müssen umgekehrt die Verteilungsnormen mit dem sozialistischen Eigentum in Einklang gebracht werden.

Die Bürokratie fürchtet die Aufdeckung dieser Alternative. Stets und überall – in Presse, Reden, Statistik, in den Romanen der Belletristen, Versen ihrer Dichter, schließlich im Text der neuen Verfassung – verbirgt sie sorgsam die wirklichen Verhältnisse in Stadt und Land hinter

Abstraktionen aus dem sozialistischen Wörterbuch. Deshalb ist die ganze offizielle Ideologie so leblos, falsch und gekünstelt!

Staatskapitalismus?

Unbekannten Erscheinungen gegenüber nimmt man oft zu bekannten Ausdrücken Zuflucht. Das Rätsel des Sowjetregimes hat man hinter der Etikette Staatskapitalismus verschwinden lassen wollen. Dieser Ausdruck hat den Vorteil, dass niemand genau weiß, was er eigentlich bedeutet. Ursprünglich diente der Ausdruck „Staatskapitalismus" zur Bezeichnung aller Fälle wo der bürgerliche Staat Transportmittel oder Industrieunternehmungen unmittelbar in eigene Regie nimmt. Die Notwendigkeit solcher Maßnahmen ist an sich selbst ein Symptom dafür, dass die Produktivkräfte: über den Kapitalismus hinausgewachsen sind und ihn in der Praxis zu teilweiser Selbstverneinung nötigen. Aber mitsamt diesen Elementen der Selbstvernichtung existiert das überlebte System doch weiter als kapitalistisches System.

Theoretisch kann man sich zwar eine Lage vorstellen, wo die Bourgeoisie als Ganzes sich als Aktiengesellschaft etabliert, die vermittels ihres Staates die ganze Volkswirtschaft verwaltet. Die ökonomische Ordnung eines solchen Regimes birgt kein Geheimnis. Der einzelne Kapitalist erhält bekanntlich als Profit nicht den unmittelbar von den Arbeitern seines Betriebes erzeugten Teil des Mehrwerts, sondern nur eine seinem Kapital entsprechende Rate des im ganzen Lande erzeugten Gesamtmehrwerts, Bei integralem „Staatskapitalismus, käme das Gesetz der gleichmäßigen Profitrate nicht auf Umwegen, d.h. durch Konkurrenz zwischen den Kapitalisten zur Anwendung, sondern direkt und unmittelbar durch die Staatsbuchhaltung. Ein solches Regime hat jedoch nie existiert, und wird infolge der schweren Gegensätze unter den Besitzenden auch nie existieren, – um so weniger, als der Staat als Universalvertreter des kapitalistischen Eigentums für die soziale Revolution ein allzu verlockendes Objekt wäre.

Seit dem Kriege und besonders seit den faschistischen Wirtschaftsexperimenten versteht man unter Staatskapitalismus meistens ein System staatlicher Einmischung und Regelung. Die Franzosen benutzen in diesem Fall die viel treffendere Bezeichnung „Etatismus" Zwischen Staatskapitalismus und Etatismus gibt es zweifellos Berührungspunkte, doch als Systeme genommen sind sie eher gegensätzlich als identisch. Staatskapitalismus bedeutet Ersetzung des Privateigentums durch Staatseigentum und bleibt eben deshalb partiell, Etatismus bedeutet – gleichgültig, ob in .Mussoliniitalien, Hitlerdeutschland, Rooseveltamerika oder im Frankreich Léon Blums – Einmischung des Staates auf der Grundlage des Privateigentums mit dem Ziel, es zu retten. Welches die Regierungsprogramme auch sein mögen, der Etatismus führt unweigerlich dazu, die Verluste des faulenden Systems von den Schultern der Starken auf die der Schwachen abzuwälzen. Er „rettet" die kleinen Eigentümer vor dem völligen Untergang nur, soweit ihre Existenz für die Erhaltung des Großbesitzes notwendig ist. Die Planmaßnahmen des Etatismus sind nicht von den Entwicklungsnotwendigkeiten der Produktivkräfte diktiert, sondern von der Sorge um die Erhaltung des Privateigentums auf Kosten der sich gegen dieses auflehnenden Produktivkräfte. Etatismus bedeutet Bremsung der technischen Fortentwicklung, Aufrechterhaltung lebensunfähiger Betriebe, Verewigung der schmarotzenden Gesellschaftsschichten er ist mit einem Wort durch und durch reaktionär.

Die Worte Mussolinis: „Dreiviertel der italienischen Wirtschaft, Industrie- als auch Landwirtschaft. befindet sich in Händen des Staates" (26. Mai 1934), darf man nicht wörtlich nehmen. Der faschistische Staat ist nicht Eigentümer der Unternehmungen, sondern nur Vermittler zwischen den Unternehmern. Das ist nicht dasselbe. **Popolo d'Italia** sagt darüber: „Der korporative Staat dirigiert und vereinheitlicht die Wirtschaft, aber er leitet, verwaltet die Wirtschaft nicht (dirige e porta alla unità l'economia, ma non fa l'economia. non gestisce), was bei Produktionsmonopol nichts anderes als Kollektivismus wäre" (11. Juni 1936). Gegenüber den Bauern und den Kleinbesitzern überhaupt tritt die faschistische Bürokratie als gestrenger Herr auf, gegenüber kapitalistischen Magnaten als Oberbevollmächtigter. „Der korporative Staat". schreibt richtig der italienische Marxist Feroci, „ist nichts als ein Kommis des Monopolkapitals ... Mussolini bürdet dem Staat das ganze Risiko der Unternehmungen auf und überlässt den Industriellen die Vorteile der Ausbeutung". Hitler tritt auch in dieser Beziehung in Mussolinis Fußstapfen. Die Klassenabhängigkeit des faschistischen Staats weist dem Planprinzip Grenzen und realen Inhalt zu: nicht um Erhöhung der Macht des Menschen über die Natur im Interesse der Gesellschaft handelt es sich, sondern um die Ausbeutung der Gesellschaft im Interesse Weniger. „Wenn ich", brüstete sich Mussolini, „in Italien – was wirklich nicht der Fall ist – Staatskapitalismus oder Staatssozialismus einführen wollte, alle notwendigen und genügenden objektiven Bedingungen ständen mir heute zur Verfügung". Außer einer: *die Enteignung der Kapitalistenklasse*. Um diese Bedingung zu erfüllen, müsste der Faschismus sich auf die andere Seite der Barrikade stellen, „was wirklich nicht der Fall ist", wie Mussolini schleunigst beteuert, und natürlich auch nie sein wird: zur Enteignung der Kapitalisten sind andere Kräfte, andere Kader und andere Führer vonnöten.

Die in der Geschichte erstmalige Konzentrierung der Produktionsmittel in den Händen des Staats wurde vom Proletariat mit der Methode der sozialen Revolution verwirklicht, und nicht von Kapitalisten mit der Methode der staatlichen Vertrustung. Schon diese kurze Analyse zeigt, wie absurd die Versuche sind, den kapitalistischen Etatismus mit dem Sowjetsystem gleichzusetzen. Jener ist reaktionär, dieses fortschrittlich.

Ist die Bürokratie eine herrschende Klasse?

Den Charakter einer Klasse bestimmt ihre Stellung im gesellschaftlichen System der Wirtschaft, in erster Linie ihr Verhältnis zu den Produktionsmitteln. In zivilisierten Gesellschaftsordnungen sind die Besitzverhältnisse in Gesetzen verankert. Die Verstaatlichung von Grund und Boden, industriellen Produktionsmitteln, Transport und Verkehr bilden mitsamt dem Außenhandelsmonopol in der UdSSR. die Grundlagen der Gesellschaftsordnung. Diese von der proletarischen Revolution geschaffenen Verhältnisse bestimmen für uns im Wesentlichen den Charakter der UdSSR, als den eines proletarischen Staates.

In ihrer vermittelnden und regulierenden Funktion, ihrer Sorge um die Erhaltung der sozialen Rangstufen und der Ausnutzung des Staatsapparates zu Privatzwecken ähnelt die Sowjetbürokratie jeder anderen Bürokratie, besonders der faschistischen. Aber es gibt auch enorme Unterschiede. Unter keinem anderen Regime außer dem der UdSSR hat die Bürokratie einen solchen Grad der Unabhängigkeit von der herrschenden Klasse erlangt. In der bürgerlichen Gesellschaft vertritt die Bürokratie die Interessen der besitzenden und gebildeten Klasse, die über unzählige Mittel verfügt, ihre Verwaltung zu kontrollieren. Die Sowjetbürokratie jedoch schwang sich über eine Klasse auf, die eben erst aus Elend und Dunkel befreit und keine Traditionen im Herrschen und Kommandieren besitzt. Während die Faschisten, nachdem sie die Futterkrippe erreichten, mit der Großbourgeoisie gemeinsame Interessen-, Freundschafts-, Ehebande usw. knüpften, macht sich die Bürokratie der UdSSR die bürgerlichen Sitten zu eigen, ohne eine nationale Bourgeoisie neben sich zu haben. In diesem Sinne muss man zugeben, dass sie etwas mehr ist als eine Bürokratie. Sie ist die einzige im vollen Sinne des Wortes privilegierte und kommandierende Schicht der Sowjetgesellschaft.

Nicht minder wichtig ist ein anderer Unterschied. Die Sowjetbürokratie expropriierte das Proletariat politisch, um seine sozialen Eroberungen mit *ihren* Methoden zu verteidigen. Aber bereits, dass sie in einem Lande, wo die Hauptproduktionsmittel in Staatshänden sind, die politische Macht an sich riss, schafft ein neues noch nicht dagewesenes Verhältnis zwischen der Bürokratie und den Reichtümern der Nation Die Produktionsmittel gehören dem Staat. Aber der Staat „gehört" gewissermaßen der Bürokratie. Wenn diese noch ganz frischen Verhältnisse gegen oder ohne den Widerstand der Werktätigen sich festigten, zur Norm würden, sich legalisierten, so würden sie letzten Endes zur völligen Liquidierung der sozialen Errungenschaften der proletarischen Revolution führen. Doch jetzt davon zu reden, ist zumindest verfrüht. Das Proletariat hat sein letztes Wort noch nicht gesprochen. Die Bürokratie hat für ihre Herrschaft noch keine sozialen Stützpunkte, will sagen besondere Eigentumsformen, geschaffen. Sie ist gezwungen, das Staatseigentum als die Quelle ihrer Macht und ihrer Einkünfte zu verteidigen. Von dieser Seite ihres Wirkens her bleibt sie immer noch ein Werkzeug der Diktatur des Proletariats.

Der Versuch, die Sowjetbürokratie als eine Klasse von „Staatskapitalisten" hinzustellen, hält der Kritik sichtlich nicht stand, Die Bürokratie hat weder Aktien noch Obligationen. Sie rekrutiert, ergänzt, erneuert sich kraft einer administrativen Hierarchie, ohne Rücksicht auf irgendwelche besonderen, ihr eigenen Besitzverhältnisse. Der einzelne Beamte kann seine Anrechte auf Ausbeutung des Staatsapparates nicht weitervererben. Die Bürokratie genießt ihre Privilegien missbräuchlicher Weise. Sie verschleiert ihre Einkünfte. Sie tut, als existiere sie gar nicht als besondere soziale Gruppe. Die Aneignung eines enormen Anteils am Volkseinkommen durch die Bürokratie ist soziales Schmarotzertum. All das macht die Lage der kommandierenden Sowjetschicht trotz ihrer Machtfülle und trotz dem Dunstschleier der Schmeichelei im höchsten Grade widerspruchsvoll, zweideutig und unwürdig.

Die bürgerliche Gesellschaft hat in ihrer Entwicklung oft das politische Regime und die bürokratischen Kasten gewechselt, ohne ihre sozialen Grundlagen zu ändern. Gegen eine Wiederaufrichtung des Leibeigenschafts- und Zunftwesens sicherte sie die Überlegenheit ihrer Produktionsmethoden. Die Staatsmacht konnte die kapitalistische Entwicklung fördern oder hemmen, doch im allgemeinen verrichteten die Produktivkräfte auf der Grundlage des Privateigentums und der freien Konkurrenz ihr Werk für sich allein. Dahingegen sind die aus der sozialistischen Revolution hervorgegangenen Besitzverhältnisse unlösbar an den neuen Staat: ihren Träger, gebunden. Das Übergewicht der sozialistischen Tendenzen über die kleinbürgerlichen ist nicht durch den Automatismus der Wirtschaft gesichert – bis dahin ist es noch weit – sondern durch politische Diktaturmaßnahmen. Der Charakter der Wirtschaft hängt somit völlig von dem der Staatsmacht ab.

Ein Zusammenbruch des Sowjetregimes würde unweigerlich einen Zusammenbruch der Planwirtschaft und damit die Abschaffung des staatlichen Eigentums nach sich ziehen. Die Zwangsbindung der Trusts untereinander und zwischen den Fabriken eines Trusts würde sich lockern. Die erfolgreichsten Unternehmungen würden sich beeilen, selbständige Wege zu gehen. Sie könnten sich in Aktiengesellschaften umwandeln oder eine andere transitorische Eigentumsform finden, etwa mit Gewinnbeteiligung der Arbeiter, Gleichzeitig und noch leichter würden die Kolchosen zerfallen. Der Sturz der heutigen bürokratischen Diktatur, wenn keine neue sozialistische Macht sie ersetzt, wäre also gleichbedeutend mit einer Rückkehr zu kapitalistischen Verhältnissen bei katastrophalem Rückgang von Wirtschaft und Kultur.

Ist aber die sozialistische Macht zur Erhaltung und Entwicklung der Planwirtschaft noch unbedingt nötig, so wird die Frage, auf wen sich die heutige Sowjetmacht stützt und in welchem Masse der sozialistische Charakter ihrer Politik gesichert ist, um so wichtiger. Auf dem 11. Kongress im März 1922 sagte Lenin gleichsam zum Abschied von der Partei zur kommandierenden Schicht: „Die Geschichte kennt alle möglichen Sorten von Metamorphosen: sich auf Überzeugungstreue, Ergebenheit und sonstige prächtige seelische Eigenschaften verlassen – das sollte man in der Politik ganz und gar nicht ernst nehmen." Das Sein bestimmt das Bewusstsein. Im Laufe der verflossenen anderthalb Jahrzehnte hat die Macht ihre soziale Zusammensetzung noch gründlicher als ihre Ideen zu verändern versucht. Da die Bürokratie von allen Schichten der Sowjetgesellschaft ihre eigene soziale Frage am besten gelöst hat und mit dem Bestehenden vollauf zufrieden ist, bietet sie für eine sozialistische Richtung ihrer Politik keinerlei subjektive Garantien mehr. Sie verteidigt weiter das Staatseigentum, nur insofern sie das Proletariat fürchtet. Diese heilsame Angst wird genährt und aufrechterhalten durch die illegale Partei der Bolschewiki-Leninisten, die den bewusstesten Ausdruck der sozialistischen Tendenz gegen die bürgerliche Reaktion darstellt, von welcher die thermidorianische Bürokratie ganz und gar durchdrungen ist. Als bewusste politische Kraft hat die Bürokratie die Revolution verraten. Aber die siegreiche Revolution ist zum Glück nicht nur Programm und Banner, nicht nur ein Ensemble politischer Einrichtungen, sondern auch ein System sozialer Beziehungen. Es verraten ist wenig, man muss es auch noch stürzen, Die Oktoberrevolution ist von der herrschenden Schicht verraten, aber noch nicht gestürzt. Sie besitzt eine große Widerstandskraft, die zusammenfällt mit den geschaffenen Eigentumsverhältnissen, der lebendigen Kraft des Proletariats, dem Bewusstsein seiner besten Elemente, der auswegslosen Lage des Weltkapitalismus, der Unvermeidlichkeit der Weltrevolution.

Die Geschichte hat die Frage des Charakters der UdSSR noch nicht entschieden

Um den Charakter der heutigen UdSSR besser zu verstehen, zeichnen wir zwei hypothetische Zukunftsvarianten. Stellen wir uns vor, die Sowjetbürokratie sei gestürzt von einer revolutionären Partei, die alle Eigenschaften des alten Bolschewismus besitzt, zugleich aber auch um die Welterfahrung der letzten Periode reicher ist. Eine derartige Partei würde zunächst die Demokratie in Gewerkschaften und Sowjets wiederherstellen. Sie könnte und müsste den Sowjetparteien die Freiheit wiedergeben. Gemeinsam mit den Massen und an ihrer Spitze würde sie schonungslos den Staatsapparat säubern. Sie würde Titel und Orden, überhaupt alle Privilegien abschaffen, und die Ungleichheit in der Entlohnung auf das Maß des für Wirtschaft und Staatsapparat Lebensnotwendigen beschränken, Sie würde der Jugend Gelegenheit geben, selbständig zu denken, zu lernen, zu kritisieren und sich zu formen. Sie würde entsprechend den Interessen und dem Willen der Arbeiter- und Bauernmassen tiefgehende Änderungen in der Verteilung des Volkseinkommens vornehmen. Doch was die Eigentumsverhältnisse anbelangt so brauchte die neue Macht keine revolutionären Maßnahmen zu ergreifen. Sie würde das Planwirtschaftsexperiment fortsetzen und weiterentwickeln. Nach der politischen Revolution, d.h. nach Niederringung der Bürokratie. hätte das Proletariat in der Wirtschaft eine Reihe wichtigster Reformen, doch keine neue soziale Revolution durchzuführen.

Würde dagegen die herrschende Sowjetkaste von einer bürgerlichen Partei gestürzt, so fände letztere unter den heutigen Bürokraten, Administratoren. Technikern, Direktoren, Parteisekretären, überhaupt privilegierten Spitzen, nicht wenig willige Diener. Eine Säuberung des Staatsapparates wäre natürlich auch in diesem Falle erforderlich, doch brauchte die bürgerliche Restauration wahrscheinlich weniger Leute zu entfernen als eine revolutionäre Partei. Die Hauptaufgabe der neuen Staatsmacht wäre jedoch, das Privateigentum an der Produktionsmitteln wiederherzustellen, Vor allen Dingen gälte es, die Vorbedingungen zur Absonderung von Großbauern aus den schwachen Kolchosen und zur Umwandlung der starken Kolchosen in Produktionsgenossenschaften bürgerlichen Typs, in landwirtschaftliche Aktiengesellschaften. zu schaffen. Auf dem Gebiete der Industrie würde die Entnationalisierung bei den Betrieben der Leicht- und Nahrungsmittelindustrie beginnen. Das Planprinzip würde während der Übergangzeit hinauslaufen auf eine Reihe von Kompromissen zwischen der Staatsmacht und den einzelnen „Genossenschaften", d.h. den potentiellen Besitzern, zusammengesetzt aus Sowjetindustriekapitänen, ehemaligen emigrierten Besitzern und den ausländischen Kapitalisten. Obwohl die Sowjetbürokratie einer bürgerlichen Restauration gut vorgearbeitet hat, müsste das neue Regime auf dem Gebiete der Eigentumsformen und Wirtschaftsmethoden nicht Reformen, sondern eine soziale Umwälzung durch führen.

Nehmen wir jedoch an, dass weder die revolutionäre noch die konterrevolutionäre Partei die Macht erobert und die Bürokratie nach wie vor an der Spitze des Staates bliebe. Die sozialen Beziehungen werden auch unter diesen Bedingungen nicht gerinnen. Keinesfalls kann man damit rechnen, dass die Bürokratie friedlich und freiwillig zum Besten der sozialistischen Gleichheit ihrer selbst entsage. Hält sie augenblicklich trotz der sehr deutlichen Nachteile einer solchen Maßnahme es für möglich, Titel und Orden wiedereinzuführen, so wird sie sich auf einer weiteren Stufe unvermeidlich nach Stützen in den Besitzverhältnissen umsehen müssen. Man mag einwenden, es sei dem großen Bürokraten gleichgültig, welche Eigentumsformen vorherrschen, wenn sie ihm nur das nötige Einkommen garantieren. Dieser Einwand übersieht nicht nur, wie unsicher die Rechte der Bürokratie sind, sondern auch, welches das Schicksal der Nachkommenschaft sein soll. Der neuerstandene Familienkult fiel nicht vom Himmel. Die Privilegien sind nur halb soviel wert, wenn man sie nicht den Kindern vermachen kann. Doch das Vererbungsrecht ist vom Eigentumsrecht nicht zu trennen. Es genügt nicht, Direktor eines Trusts zu sein, man muss Teilhaber sein. Ein Sieg der Bürokratie auf diesem entscheidenden Gebiet würde bedeuten, dass sie sich in eine neue besitzende Klasse verwandelt hat. Umgekehrt würde ein Sieg des Proletariats über die Bürokratie die Wiedergeburt der sozialistischen Revolution gewährleisten. Die dritte Variante führt uns folglich zurück zu den beiden ersten, mit denen wir der Einfachheit und Klarheit halber begannen.

* * *

Das Sowjetregime als Übergangs- oder Zwischenregime zu bezeichnen, heißt, abgeschlossene soziale Kategorien wie *Kapitalismus* (darunter den „Staatskapitalismus") oder auch *Sozialismus* ausschalten. Aber diese an sich schon ganz ungenügende Bezeichnung kann sogar die falsche Vorstellung erwecken, als sei vom heutigen Sowjetregime ein Übergang *nur* zum Sozialismus möglich. Tatsächlich ist auch ein Zurückgleiten zum Kapitalismus durchaus möglich. Eine vollständigere Definition würde notwendigerweise komplizierter und schwerfälliger sein.

Die UdSSR ist eine zwischen Kapitalismus und Sozialismus stehende, widerspruchsvolle Gesellschaft, in der a) die Produktivkräfte noch längst nicht ausreichen, um dem staatlichen Eigentum sozialistischen Charakter zu verleihen, b) das aus Not geborene Streben nach ursprünglicher Akkumulation allenthalben durch die Poren der Planwirtschaft dringt, c) die bürgerlich bleibenden Verteilungsnormen einer neuen Differenzierung der Gesellschaft zugrunde liegen, d) der Wirtschaftsaufschwung die Lage der Werktätigen langsam bessert und die rasche Herausschälung einer privilegierten Schicht fördert, e) die Bürokratie unter Ausnutzung der sozialen Gegensätze zu einer unkontrollierten und dem Sozialismus fremden Kaste wurde, f) die von der herrschenden Partei verratene soziale Umwälzung in den Eigentumsverhältnissen und dem Bewusstsein der Werktätigen noch fortlebt, g) die Weiterentwicklung der angehäuften Gegensätze sowohl zum Sozialismus hin als auch zum Kapitalismus zurückführen kann, h auf dem Wege zum Kapitalismus eine Konterrevolution den Widerstand der Arbeiter brechen müsste, i) auf dem Wege zum Sozialismus die Arbeiter die Bürokratie stürzen müssten. Letzten Endes wird die Frage sowohl auf nationaler wie internationaler Arena durch den Kampf der lebendigen sozialen Kräfte entschieden werden.

Doktrinäre werden zweifellos mit solchen fakultativen Bestimmungen nicht zufrieden sein. Sie möchten kategorische Formulierungen: ja ja, nein nein. Die soziologischen Fragen würden ohne Zweifel einfacher aussehen, wenn die sozialen Erscheinungen immer vollendet wären. Nichts ist jedoch gefährlicher, als auf der Suche nach logischer Vollendung aus der Wirklichkeit die Elemente auszumerzen, die bereits heute das Schema verletzen, morgen aber es vollends über den Haufen werfen können. In unserer Analyse hüten wir uns am meisten davor, der Dynamik des gesellschaftlichen Werdens, das keine Vorläufer und keine Analogien kennt, Gewalt anzutun. Die wissenschaftliche wie die politische Aufgabe besteht nicht darin, einen unvollendeten Prozess mit einer vollendeten Definition zu versehen, sondern darin, ihn in all seinen Etappen zu verfolgen, seine fortschrittlichen und reaktionären Tendenzen herauszuschälen, deren Wechselwirkung aufzuzeigen, die möglichen Entwicklungsvarianten vorauszusehen und in dieser Voraussicht eine Stütze fürs Handeln zu finden.

X. Die UdSSR im Spiegel der neuen Verfassung

Arbeit „nach den Fähigkeiten" und Privateigentum

Am 11. Juni 1936 billigte das Zentralexekutivkomitee den Entwurf der neuen Sowjetverfassung, die nach einem täglich von der gesamten Presse wiederholten Ausspruch Stalins die „demokratischste auf der Welt" sein soll. Freilich, die Art. wie diese Verfassung ausgearbeitet wurde, erweckt Zweifel. Weder in der Presse noch in Versammlungen war von der großen Reform die Rede. Indes, bereits am 1. Mai 1936 erklärte Stalin dem amerikanischen Interviewer Roy Howard: „Wir werden unsere neue Verfassung wohl Ende dieses Jahres annehmen". Somit wusste Stalin ganz genau, wann die Verfassung, von der das Volk in dem Augenblick noch gar nichts wusste, angenommen werden sollte. Man kann nicht umhin zu schließen, dass die „demokratischste Verfassung auf der Welt" in nicht ganz demokratischer Weise ausgearbeitet und in Kraft gesetzt wurde. Allerdings wurde der Entwurf den Völkern der UdSSR im Juni zur „Erörterung" unterbreitet. Man würde jedoch auf diesem Sechstel der Erdoberfläche vergeblich einen Kommunisten suchen, der es gewagt hätte, das höchsteigene Werk des Zentralkomitees zu kritisieren, oder einen Parteilosen der den Vorschlag der Regierungspartei abgelehnt hätte. Die Erörterung ist nichts anderes als das Senden von Dankresolutionen an Stalin für das „glückliche Leben". Inhalt und Stil dieser Begrüßungsschreiben hatten unter der alten Verfassung Zeit gefunden, feste Gestalt anzunehmen.

Der erste Abschnitt, betitelt „Gesellschaftsstruktur", endet mit den Worten: „In der UdSSR verwirklicht sich der Grundsatz des Sozialismus: *jeder nach seinen Fähigkeiten, jedem nach seiner Leistung*". Diese innerlich bestand-, um nicht zu sagen sinnlose Formel, die – so unwahrscheinlich es auch klingen mag – aus den Reden und Artikeln in den reiflich durchdachten Text eines grundlegenden Staatsgesetzes einging, offenbart nicht allein, wie tief das theoretische Niveau der Gesetzgeber gesunken ist, sondern auch, wie stark Lüge die neue Verfassung, den Spiegel der herrschenden Schicht, durchdringt. Wie das neue „Prinzip" entstand, ist nicht schwer zu erraten. Um die kommunistische Gesellschaft zu umschreiben, bediente sich Marx der berühmten Formel: „Jeder nach seinen Fähigkeiten, jedem nach seinen Bedürfnissen". Die beiden Teile dieser Formel sind voneinander nicht zu trennen. „jeder nach seinen Fähigkeiten", kommunistisch und nicht kapitalistisch verstanden, heißt: die Arbeit hat aufgehört, eine Fron zu sein, und ist nunmehr individuelles Bedürfnis, die Gesellschaft entbehrt jeglichen Zwangs, nur Kranke und Anormale können das Arbeiten verweigern. Die Mitglieder der Kommune werden „nach ihren Fähigkeiten" d.h. nach Maßgabe ihrer körperlichen und geistigen Kräfte arbeiten, ohne sich im geringsten Gewalt anzutun, und dank hoher Technik die Speicher der Gesellschaft so füllen, dass diese jedermann „nach seinen Bedürfnissen" ohne demütigende Kontrolle versorgen kann. Die doppelgliedrige. aber unteilbare Formel des Kommunismus setzt also Überfluss, Gleichheit, allseitige Entfaltung und hohe kulturelle Disziplin der Persönlichkeit voraus.

Der Sowjetstaat steht in all diesen Beziehungen dem rückständigen Kapitalismus viel näher als dem Kommunismus. Er darf noch nicht einmal daran denken, allen „nach ihren Bedürfnissen" zu geben. Aber eben deshalb kann er seinen Bürgern auch nicht gestatten, „nach ihren Fähigkeiten" zu arbeiten. Er sieht sich gezwungen, das Akkordlohnsystem intakt zu lassen, dessen Prinzip sich folgendermaßen ausdrücken lässt: „Aus jedem möglichst viel herauspressen und ihm dafür möglichst wenig geben". Versteht sich, in der UdSSR arbeitet niemand über seine „Fähigkeiten" im absoluten Sinne des Wortes, d.h. über sein körperliches und geistiges Vermögen hinaus, aber das ist auch unter dem Kapitalismus nicht des Fall: die viehischsten wie die raffiniertesten Ausbeutungsmethoden bleiben in den von der Natur gesteckten Grenzen. Auch ein Maulesel plagt sich unter der Peitsche seines Treibers „nach seinen Fähigkeiten", woraus nicht folgt, dass die Peitsche für den Maulesel ein sozialistisches Prinzip ist. Die Lohnarbeit hört auch unter dem Sowjetregime nicht auf, das erniedrigende Brandmal der Sklaverei zu tragen. Die Bezahlung „nach der Leistung" – in Wirklichkeit Bezahlung zum Vorteil der „geistigen" auf Kosten der körperlichen, insbesondere der nichtqualifizierten Arbeit – ist eine Quelle von Ungerechtigkeit, Unterdrückung und Zwang für die Mehrheit, von Privilegien und „frohem Leben" für die Minderheit.

Statt offen zuzugeben, dass in der UdSSR noch die bürgerlichen Arbeits- und Verteilungsnormen vorherrschen, schnitten die Verfassungsurheber das integrale kommunistische Prinzip entzwei, vertagten die zweite Hälfte auf unbekannte Zukunft, erklärten die erste für bereits verwirklicht, verquickten sie mechanisch mit dem kapitalistischen Akkordlohnsystem, nannten das Ganze ein „Prinzip des Sozialismus" und errichteten auf diesem Betrug das Verfassungsgebäude!

Die größte praktische Bedeutung wird in der Sphäre der Wirtschaft zweifellos der Artikel 10 erlangen, der zum Unterschied von den meisten anderen ziemlich klar ist und das persönliche Eigentum der Bürger an Haushalts-, Gebrauchs- und Komfortgegenständen gegen Anschläge von Seiten der Bürokratie selbst schützen soll. Vom „Haushalt" abgesehen. wird derartiges Eigentum, befreit von der ihm anhaftenden Mentalität der Habgier und des Neides, unter dem Kommunismus nicht nur weiterbestehen, sondern sich ungeahnt entfalten, Es sei allerdings gestattet, daran zu zweifeln, ob der Mensch von hoher Kultur sich mit dem Plunder des Luxus wird abgeben wollen. Aber auf die Errungenschaften des Komforts wird er keineswegs verzichten. Allen alle Annehmlichkeiten des Lebens sichern, das eben ist die erste Aufgabe des Kommunismus. In der Sowjetunion jedoch präsentiert sich die Frage des persönlichen Eigentums bisher noch nicht unter dem kommunistischen, sondern kleinbürgerlichen Aspekt. Das persönliche Eigentum der Bauern und un„edlen" Städter bildet ein Objekt empörender Willkür seitens der Bürokratie, die sich in ihren unteren Gliedern oft gerade auf diese Art und Weise ihren eigenen relativen Komfort verschafft. Das Wachsen des Wohlstands im Lande gestattet heute, von der Beschlagnahme persönlichen Eigentums Abstand zu nehmen, und ist sogar ein Anlass, seine Anhäufung als Anreiz zur Erhöhung der Arbeitsproduktivität zu schützen. Zugleich aber – und das ist nicht unwichtig – mit Kate, Kuh und Hausrat des Bauern, Arbeiters und Angestellten schützt das Gesetz auch Villa, Landhaus, Auto und alle sonstigen „persönlichen Gebrauchs- und Komfortgegenstände" des Bürokraten, die er auf Grund des sozialistischen Prinzips „jeder nach seinen Fähigkeiten, jedem nach seiner Leistung" erworben hat. Dem Automobil des Bürokraten wird das neue Grundgesetz jedenfalls mehr Schutz angedeihen lassen als der Karre des Bauern.

Sowjets und Demokratie

Auf politischem Gebiet unterscheidet sich die neue Verfassung von der alten durch die Rückkehr vom Sowjetwahlsystem nach Klassen- und Produktionsgruppen zum System der bürgerlichen Demokratie. das auf dem sogenannten „allgemeinen, gleichen und direkten" Stimmrecht der atomisierten Bevölkerung fußt. Es handelt sich kurz gesagt um die rechtliche Liquidierung der Diktatur des Proletariats. Wo keine Kapitalisten, gibt es auch kein Proletariat, erklären die Schöpfer der neuen Verfassung, folglich wird der Staat selbst aus einem proletarischen zu einem Volksstaat. Dieser äußerlich so verlockende Gedanke kommt entweder neunzehn Jahre zu spät oder viele Jahre zu früh. Nach Enteignung der Kapitalisten begann das Proletariat tatsächlich, sich als Klasse zu liquidieren. Aber von der Liquidierung im Prinzip bis zum tatsächlichen Aufgehen in der Gesellschaft ist der Weg um so weiter, je länger der neue Staat die grobe Vorarbeit des Kapitalismus noch nachholen muss. Das Sowjetproletariat existiert immer noch als eine von der Bauernschaft, der technischen Intelligenz und der Bürokratie zutiefst unterschiedene, ja selbst als einzige restlos am Sieg des Sozialismus interessierte Klasse. Indes, die neue Verfassung will es politisch in der „Nation" auflösen, lange bevor es sich ökonomisch in der Gesellschaft aufgelöst hat.

Zwar haben die Reformatoren nach einigem Schwanken beschlossen, es bei der Benennung *Sowjet*staat zu belassen. Doch das ist nur ein plumper politischer Schwindel, der denselben Erwägungen gehorcht, auf Grund derer sich Napoleons Kaiserreich weiter Republik nannte. Sowjets sind ihrem eigentlichen Wesen gemäß Organe eines Klassenstaats und können nichts anderes sein. Demokratisch gewählte Organe der lokalen Selbstverwaltung sind Gemeindevertretungen, Dumas, Semstwos, alles was man will, nur keine Sowjets. Eine gesamtstaatliche gesetzgebende Körperschaft nach demokratischem Muster ist ein spätgeborenes Parlament (richtiger die Karikatur eines Parlaments) aber keinesfalls höchstes Sowjetorgan. Mit ihrer Bemühung, sich mit der historischen Autorität des Sowjetsystems zu decken, haben die Reformatoren nur bewiesen, dass die grundsätzlich neue Richtung. die sie dem Staatswesen aufprägen, noch nicht unter ihrem eigenen Namen aufzutreten wagt.

An sich braucht die Angleichung der politischen Rechte von Arbeitern und Bauern die soziale Natur des Staats nicht anzutasten, wenn nur der Einfluss des Proletariats auf die Dorfbevölkerung durch den allgemeinen Stand von Wirtschaft und Kultur hinreichend gesichert ist. Das ist ohne Zweifel die Richtung, In der die Entwicklung des Sozialismus gehen muss. Wenn aber das Proletariat, das eine Minderheit des Volkes verbleibt, keiner politischen Vorrechte mehr bedarf, um den sozialistischer Kurs des gesellschaftlichen Lebens zu sichern, dann wird auch staatlicher Zwang überflüssig, und an seine Stelle tritt kulturelle Disziplin. Einer Aufhebung des ungleichen Wahlrechts müsste in diesem Fall eine deutliche und augenfällige Schwächung der Zwangsfunktionen des Staates vorangehen. Allein, davon ist weder in der neuen Verfassung noch – was wichtiger ist – im Leben die Rede.

Allerdings „garantiert" die neue Charta den Bürgern Wort-, Presse-, Versammlungs- und Demonstrations„freiheit". Doch diese Garantien sind ebensoviel Maulkörbe, Hand- und Fußschellen. Die Pressefreiheit bedeutet Beibehaltung einer wütenden Vorzensur, deren Fäden im Sekretariat des von niemandem gewählten Zentralkomitees zusammenlaufen, Die Freiheit der byzantinischen Lobpreisungen ist natürlich voll und ganz „garantiert". Dafür bleiben unzählige Artikel, Reden und Briefe Lenins, abschließend mit seinem „Testament", auch unter der neuen Verfassung unter Verschluss, einzig weil darin die heutigen Führer gegen den Strich gekämmt werden. Was soll man da erst von anderen Autoren sagen? Das flegelhafte Kommando über Wissenschaft, Literatur und Kunst bleibt vollkommen erhalten. „Versammlungsfreiheit" wird auch weiterhin für gewisse Bevölkerungsgruppen gleichbedeutend sein mit der Pflicht, auf den von den Machthabern einberufenen Versammlungen zu erscheinen, um vorher festgelegte Beschlüsse zu fassen. Unter der neuen Verfassung werden ebenso wie unter der alten Hunderte von ausländischen Kommunisten, die sich dem Sowjet-„Asylrecht, anvertrauten, für Verstöße gegen das Dogma der Unfehlbarkeit in Gefängnissen und Konzentrationslagern schmachten. In bezug auf die „Freiheiten" bleibt alles beim alten; die Sowjetpresse versucht gar nicht erst, darüber Illusionen zu erwecken, Im Gegenteil, als Hauptziel der Verfassungsreform wird eine „weitere Festigung der Diktatur" bezeichnet. Diktatur wessen und über wen?

Wie wir bereits hörten, soll der Boden für politische Gleichheit durch die Aufhebung der Klassengegensätze vorbereitet worden sein. Es handle sich nicht um eine Klassen-. sondern „Volks"diktatur. Wenn aber das von Klassengegensätzen befreite Volk Diktaturträger wird, so kann das nichts anderes bedeuten als Auflösung der Diktatur in der sozialistischen Gesellschaft, und vor allen Dingen Liquidierung der Bürokratie. So lehrt es die marxistische Doktrin. Vielleicht irrte sie sich? Aber die Verfassungsurheber berufen sich ja selbst, wenn auch recht vorsichtig, auf das von Lenin geschriebene Parteiprogramm. Dort steht in der Tat: „der Entzug der politischen Rechte, sowie Freiheitsbeschränkungen gleich welcher Art sind notwendig ausschließlich als vorübergehende Maßnahmen ... In dem Masse, wie die objektive Möglichkeit der Ausbeutung des Menschen durch den Menschen schwindet, wird auch die Notwendigkeit dieser vorübergehenden Maßnahmen schwinden ...". Der Verzicht auf den „Entzug der politischen Rechte" ist also unlösbar mit der Aufhebung der „Freiheitsbeschränkungen gleich welcher Art" verknüpft. Der Anbruch der sozialistischen Gesellschaft ist nicht nur dadurch gekennzeichnet, dass die Bauern den Arbeitern gleich werden, und einige Prozent Bürger bourgeoiser Herkunft die politischen Rechte zurückerhalten, sondern vor allen Dingen dadurch, dass sämtliche hundert Prozent der Bevölkerung wirkliche Freiheit genießen. Mit der Aufhebung der Klassen stirbt nicht nur die Bürokratie, nicht nur die Diktatur, sondern auch der Staat selbst ab. Aber soll nur irgendwer einmal probieren, darüber ein Sterbenswörtchen fallen zu lassen: die GPU wird in der neuen Verfassung Anhalt genug finden, um den Unbesonnenen in eines der zahlreichen Konzentrationslager zu befördern. Die Klassen sind vernichtet, von den Sowjets ist nur noch der Name übrig, aber die Bürokratie bleibt. Die Gleichberechtigung von Arbeitern und Bauern bedeutet faktisch gleiche Rechtlosigkeit vor der Bürokratie.

Nicht weniger bedeutsam ist die Einführung der geheimen Abstimmung. Nimmt man für wahr an, dass die politische Gleichheit einer erreichten sozialen Gleichheit entspricht, so wird rätselhaft, warum in dem Fall die Abstimmung von nun an geheim sein soll. Wen fürchtet denn die Bevölkerung des sozialistischen Landes, und gegen wessen Angriffe gilt es sie zu schützen? Die alte Sowjetverfassung sah in der offenen Stimmabgabe wie in der Wahlrechtsbeschränkung eine Waffe der revolutionären Klasse gegen die bürgerlichen und kleinbürgerlichen Feinde. Es ist nicht anzunehmen, dass die Geheimwahl heute der Konterrevolution zu Gefallen eingeführt wird. Es handelt sich anscheinend darum, die Rechte des Volkes zu schützen. Wen also fürchtet das sozialistische Volk, das vor gar nicht so langer Zeit Zaren, Adlige und Bourgeoisie davonjagte? Die Sykophanten denken darüber gar nicht erst nach. Dabei ist diese eine Frage vielsagender als alle Schriften der Barbusse, Louis Fischer, Duranty, Webb und ihresgleichen.

In der kapitalistischen Gesellschaft soll die Geheimwahl die Ausgebeuteten vor dem Terror der Ausbeuter schützen. Wenn die Bourgeoisie sich schließlich auf diese Reform einließ – natürlich unter dem Druck der Massen – so nur, weil sie selbst daran interessiert war, ihren Staat wenigstens zum Teil vor der Demoralisierung zu bewahren, die sie selbst gestiftet hatte. In der sozialistischen Gesellschaft aber kann es, sollte man meinen, keinen Ausbeuterterror geben. Vor wem brauchen dann die Sowjetbürger Schutz? Die Antwort ist klar: vor der Bürokratie. Stalin gab es ziemlich offen zu. Auf die Frage: wozu Geheimwahlen?, antwortete er wörtlich: „Nun, weil *wir* den Sowjetmenschen die volle Freiheit geben wollen, für die zu stimmen, die sie wählen möchten". So erfuhr die Menschheit aus berufenem Munde, dass die „Sowjetmenschen" heute noch nicht für die stimmen können, die sie wählen möchten, Es wäre jedoch voreilig, hieraus zu schließen, dass die Verfassung ihnen morgen diese Gelegenheit schenken wird, Doch hier beschäftigt uns eine andere Seite der Frage. Wer sind eigentlich diese „wir", die dem Volk Stimmfreiheit schenken oder auch nicht schenken können? Es ist immer die gleiche Bürokratie. in deren Namen Stalin redet und handelt. Seine enthüllenden Worte gelten für die herrschende Partei ebenso wie für den Staat, denn das Amt des Generalsekretärs hat Stalin inne vermittels desselben Systems, das den Mitgliedern der herrschenden Partei nicht gestattet. die zu wählen, die sie wählen möchten. Die Worte: „*Wir* wollen den Sowjetmenschen" Stimmfreiheit geben, sind unermesslich bedeutsamer als die alte und die neue Verfassung zusammen genommen, denn dieser unvorsichtige Satz ist die wahre Verfassung der UdSSR, wie sie sich nämlich nicht auf dem Papier, sondern im Kampf der lebendigen Kräfte gebildet hat.

Demokratie und Partei

Das Versprechen, den Sowjetmenschen Freiheit zu geben, „für die, die sie wählen möchten". zu stimmen, ist eher eine schöne Metapher als eine politische Formulierung. Die Sowjetmenschen werden das Recht haben, ihre „Vertreter" nur unter den Kandidaten zu wählen, die ihnen unter der Flagge der Partei von den zentralen oder lokalen Führern zugewiesen werden. Zwar hatte die bolschewistische Partei auch in der ersten Periode der Sowjetära eine Monopolstellung inne. Jedoch, diese beiden Erscheinungen gleichsetzen, hieße den Schein für das Wesen nehmen. Das Verbot der Oppositionsparteien war eine vorübergehende Maßnahme, diktiert durch Bürgerkrieg, Blockade, Intervention und Hunger. Die herrschende Partei, damals noch die echte Organisation der proletarischen Vorhut, kannte ein reges inneres Leben: der Kampf der Gruppen und Fraktionen ersetzte zu einem gewissen Grade den der Parteien, Heute, wo der Sozialismus angeblich „endgültig und unwiderruflich" gesiegt hat, wird Fraktionsbildung mit Konzentrationslager, wenn nicht Erschießung bestraft. Das Verbot der anderen Parteien ist aus einem vorübergehenden Übel zum Prinzip erhoben, Sogar dem Komsomol wurde just im Augenblick, als die Verfassung veröffentlicht wurde, das Recht genommen, sich mit politischen Fragen zu befassen, Allein, das Wahlrecht besitzen Bürger und Bürgerinnen vom 18. Lebensjahr an, die Altersgrenze für die Jungkommunisten, die bis 1936 23 Jahre betrug, ist heute ganz abgeschafft. Die Politik ist auf immerdar zum Monopol der unkontrollierten Bürokratie erklärt worden.

Auf die Frage des amerikanischen Interviewers, welche Rolle der Partei in der neuen Verfassung zufalle, antwortete Stalin: „Sobald es keine Klassen gibt, sobald die Grenzen zwischen den Klassen sich verwischen („keine Klassen gibt", „die Grenzen zwischen den – nicht vorhandenen! – Klassen sich verwischen ..." – L.T.), sobald nur ein geringer, aber grundverschiedener Unterschied zwischen den verschiedenen Schichten der sozialistischen Gesellschaft bleibt, kann es keinen Nährboden für die Bildung einander bekämpfender Parteien geben. Wo es nicht mehrere Klassen gibt, kann es auch nicht mehrere Parteien geben, denn die Partei ist ein Teil der Klasse". Jedes Wort ein Fehler, zuweilen gar zwei! Als wären die Klassen gleichförmig, die Grenzen zwischen ihnen scharf und auf ewig umrissen, als entspräche das Bewusstsein einer Klasse genau seiner Stellung in der Gesellschaft, Die marxistische Lehre von der Klassennatur der Parteien ist hier in ihre Karikatur verkehrt. Die Dynamik des politischen Bewusstseins wird Interessen administrativer Ordnung zuliebe aus dem Geschichtsprozess ausgeschaltet. In Wirklichkeit sind die Klassen verschiedenförmig, von inneren Gegensätzen zerrissen; ihre gemeinsamen Aufgaben vermögen sie nicht anders als durch inneren Kampf der Richtungen, Gruppierungen und Parteien zu lösen. Man kann mit gewissen Vorbehalten beipflichten, dass „die Partei ein Teil der Klasse" ist. Aber da eine Klasse viele „Teile" hat – die einen schauen vorwärts, die anderen rückwärts – kann ein und dieselbe Klasse mehrere Parteien erzeugen. Aus demselben Grunde kann eine einzige Partei sich auf Teile verschiedener Klassen stützen. Ein Beispiel, wo einer Klasse nur eine Partei entspräche, ist in der gesamten politischen Geschichte nicht zu finden, vorausgesetzt natürlich, dass man nicht den polizeilichen Anschein für die Wirklichkeit nimmt.

Seiner sozialen Struktur nach ist das Proletariat die am wenigsten ungleichförmige Klasse der kapitalistischen Gesellschaft. Nichtsdestoweniger genügt schon das Vorhandensein von „Schichtungen" wie der Arbeiteraristokratie und der Arbeiterbürokratie, um opportunistische Parteien zu schaffen, die durch den Lauf der Dinge zu Werkzeugen der bürgerlichen Herrschaft werden. Ob vom Standpunkt der stalinschen Soziologie der Unterschied zwischen Arbeiteraristokratie und proletarischer Masse ein „grundverschiedener" oder nur ein „gewisser" ist, bleibt gleichgültig: doch gerade aus diesem Unterschied erwuchs seinerzeit die Notwendigkeit, mit der Sozialdemokratie zu brechen und die Dritte Internationale zu gründen. Gibt es in der Sowjetgesellschaft „keine Klassen", so ist sie auf jeden Fall viel ungleichförmiger und komplexer als das Proletariat der kapitalistischen Länder, und kann infolgedessen Nährboden genug für mehrere Parteien abgeben. Unvorsichtigerweise das Gebiet der Theorie betretend, beweist Stalin viel mehr als er wollte. Aus seinen Darlegungen ergibt sich nicht, dass es in der UdSSR keine *verschiedenen*, sondern dass es *überhaupt keine* Parteien geben darf: denn wo keine Klassen, ist auch für Politik kein Platz. Jedoch, von diesem Gesetz macht Stalin eine „soziologische" Ausnahme zugunsten der Partei, deren Generalsekretär er ist.

Bucharin versucht, an die Frage von einer anderen Seite heranzugehen. In der Sowjetunion stehe die Frage, ob zurück zum Kapitalismus oder vorwärts zum Sozialismus, nicht mehr zur Diskussion: darum können „in Parteien organisierte Anhänger der liquidierten feindlichen Klassen nicht zugelassen werden". Gar nicht davon zu reden, dass im Lande des siegreichen Sozialismus Anhänger des Kapitalismus als lächerliche Don Quichottes erscheinen müssten, unfähig, eine Partei zu gründen, erschöpfen sich die vorhandenen politischen Streitfragen keineswegs mit der Alternative: zum Sozialismus oder zum Kapitalismus? Da sind auch Fragen wie diese: wie zum Sozialismus kommen? in welchem Tempo? u.a.m. Die Wahl des Weges ist nicht minder wichtig als die Wahl des Ziels. Wer wird den Weg wählen? Und wäre der Nährboden für politische Parteien wirklich verschwunden, so erübrigte es sich, sie zu verbieten. Im Gegenteil, dann gilt es laut Programm, alle „Freiheitsbeschränkungen gleich welcher Art" zu beseitigen.

Um die natürlichen Zweifel seines amerikanischen Gesprächspartners zu zerstreuen, stellte Stalin eine neue Überlegung an: „Kandidatenlisten werden bei den Wahlen nicht nur die Kommunistische Partei, sondern auch alle möglichen parteilosen Organisationen ... einreichen. Solche Organisationen aber gibt es bei uns Hunderte... Jede dieser Schichten [der Sowjetgesellschaft] kann ihre speziellen Interessen haben und sie durch die vorhandenen zahlreichen gesellschaftlichen Organisationen zum Ausdruck bringen". Dieser Sophismus ist nicht besser als die anderen. Die „gesellschaftlichen" Organisationen – Gewerkschaften, Genossenschaften, kulturelle Vereinigungen usw. – vertreten keineswegs die Interessen der verschiedenen „Schichten", haben sie doch alle ein und dieselbe hierarchische Struktur: selbst in den Fällen, wo sie scheinbar Massenorganisationen sind, wie bei den Gewerkschaften und Genossenschaften, spielen darin ausschließlich Vertreter der privilegierten Spitzen eine aktive Rolle, und das letzte Wort gehört der „Partei" d.h. der Bürokratie. Die Verfassung schickt den Wähler einfach von Pontius zu Pilatus.

Diese Mechanik kommt im Text des Grundgesetzes deutlich zum Ausdruck. Artikel 126, der die Achse der Verfassung als politisches System bildet, soll allen Bürgern und Bürgerinnen „das Recht sichern", sich in Gewerkschaften, Genossenschaften. Jugend-, Sport- und Wehrvereinigungen, kulturellen, technischen und wissenschaftlichen Organisationen zu organisieren. Was die Partei betrifft, d.h. den Mittelpunkt der Macht, so handelt es sich hier nicht um ein Recht für alle, sondern um ein Privileg für eine Minderheit. „...Die aktivsten und bewusstesten [d.h. als solche von oben anerkannten – *L.T.*] Bürger aus den Reihen der Arbeiterklasse und anderen werktätigen Schichten vereinigen sich in der kommunistischen Partei..., die ... den *führenden Kern sämtlicher Organisationen ..., sowohl der gesellschaftlichen als der staatlichen darstellt".* Diese in ihrer Offenheit verblüffende Formulierung, die in den eigentlichen Verfassungstext einging, enthüllt die ganze Fiktion von der politischen Rolle der „gesellschaftlichen Organisationen", dieser Unterfilialen der bürokratischen Firma.

Wenn aber kein Kampf der Parteien, dann werden vielleicht die verschiedenen Fraktionen innerhalb der einzigen Partei bei den demokratischen Wahlen in Erscheinung treten können? Auf die Frage des französischen Journalisten, die Gruppierungen der herrschenden Partei betreffend, antwortete Molotow: „In der Partei ... wurden Versuche unternommen, besondere Fraktionen zu bilden. ... Es sind aber nun schon einige Jahre her, dass sich die Situation in dieser Beziehung grundlegend geändert hat, und die kommunistische Partei in der Tat einheitlich ist". Das beweisen am besten die ununterbrochenen Säuberungen und die Konzentrationslager! Nach Molotows Kommentar ist die Mechanik der Demokratie ein für allemal klar. „Was bleibt übrig von der Oktoberrevolution", fragt Victor Serge, „wenn jeder Arbeiter, der es wagt, eine Forderung zu stellen oder ein kritisches Urteil abzugeben, mit Gefängnis bestraft wird? Ah, dann kann man gut irgendwelche geheimen Abstimmungen einführen!" In der Tat, die Geheimwahl hat selbst Hitler nicht angetastet.

Die theoretischen Gedankengänge der Reformatoren über das Wechselverhältnis von Klasse und Partei sind an den Haaren herbeigezogen. Nicht um Soziologie geht es, sondern um materielle Interessen. Die herrschende Partei der UdSSR ist eine politische Maschine, deren Monopol der Bürokratie gehört, die wohl etwas zu verlieren, aber nichts mehr zu gewinnen hat. Den „Nährboden" will sie für sich allein behalten.

In einem Lande, wo die Lava der Revolution noch nicht erkaltet ist, brennen den Privilegierten die eigenen Privilegien auf den Fingern, wie einem Anfängerdieb die gestohlene goldene Uhr. Die herrschende Sowjetschicht hat gelernt, vor den Massen eine rein bürgerliche Angst zu empfinden, Stalin gibt mit Hilfe der Komintern den wachsenden Privilegien die „theoretische" Rechtfertigung und schützt die Sowjetaristokratie vor den Unzufriedenen mit Hilfe der Konzentrationslager. Damit diese Mechanik intakt bleibe, muss Stalin sich von Zeit zu Zeit auf die Seite des „Volks" gegen die Bürokratie stellen, natürlich mit deren stillschweigendem Einverständnis. Zur Geheimwahl ist er zu greifen gezwungen, um wenigstens teilweise den Staatsapparat von der um sich fressenden Korruption zu säubern.

Bereits 1928 schrieb Rakowski anlässlich einiger an die Öffentlichkeit gelangter Fälle des bürokratischen Gangstertums: „Charakteristisch und zugleich besonders gefährlich an der steigenden Flut von Skandalen ist gerade das passive Verhalten der Massen – der kommunistischen mehr noch als der parteilosen ... Aus Furcht vor den Machthabern oder einfach aus politischer Gleichgültigkeit sind sie ohne Protest darüber hinweggegangen oder haben sich bloß auf Murren beschränkt". In den seither verflossenen acht Jahren hat sich die Lage maßlos verschlimmert. Die Verfaulung des Apparats, die auf Schritt und Tritt zum Vorschein kommt, bedroht sogar die Existenz des Staates, schon nicht mehr als Werkzeug zur sozialistischen Umgestaltung der Gesellschaft, sondern als Macht-, Einkommens- und Privilegienquelle der herrschenden Schicht. Stalin musste dies Motiv der Reform verbergen. „Es gibt bei uns sind nicht wenig Institutionen", sagte er zu Howard, „die schlecht arbeiten ... Die ... geheimen Wahlen in der UdSSR werden in den Händen der Bevölkerung eine Geißel gegen schlecht arbeitende Machtorgane sein". Ein bemerkenswertes Bekenntnis: nachdem die Bürokratie mit eigener Hand die sozialistische Gesellschaft geschaffen, verspürt sie ein Bedürfnis nach der Geißel! Das ist eins der Motive für die Verfassungsreform. Es gibt noch ein anderes, nicht minder wichtiges.

Mit der Abschaffung der Sowjets löst die Verfassung die Arbeiter in der allgemeinen Bevölkerungsmasse auf, Politisch haben die Sowjets ihre Bedeutung freilich schon längst verloren. Aber mit dem Wachsen der neuen sozialen Gegensätze und dem Erwachen der neuen Generation könnten sie wiederaufleben. Am meisten sind natürlich die Stadtsowjets zu fürchten, mit dem wachsenden Anteil, den die jungen und anspruchsvollen Komsomolzen daran nehmen. In den Städten springt der Kontrast von Luxus und Elend allzu sehr in die Augen. Die erste Sorge der Sowjetaristokratie lautet daher: weg mit den Arbeiter- und Rotarmistensowjets. Mit der Unzufriedenheit des amorphen flachen Landes ist viel leichter fertig zu werden. Die Kolchosbauern kann man sogar mit Erfolg gegen die städtischen Arbeiter ausspielen. Die bürokratische Reaktion stützt sich nicht zum erstenmal auf das Dorf gegen die Stadt.

Was die neue Verfassung an Prinzipiellem und Bedeutendem enthält, was sie tatsächlich hoch über die demokratischsten Verfassungen der bürgerlichen Länder emporhebt, ist nur ein verwässerter Aufguss der grundlegenden Dokumente der Oktoberrevolution. Was auf die Einschätzung der wirtschaftlichen Errungenschaften Bezug hat, verzerrt die Wirklichkeit durch falsche Perspektiven und Eigenlob. Schließlich ist alles, was Freiheiten und Demokratie angeht, ganz und gar vom Geiste der Usurpation und des Zynismus durchtränkt.

Die neue Verfassung, die einen enormen Schritt zurück von den sozialistischen zu bürgerlichen Grundsätzen darstellt und der herrschenden Schicht auf Maß zugeschnitten ist, bleibt in jener historischen Linie, deren Etappen lauten: Verzicht auf die Weltrevolution zugunsten des Völkerbunds, Wiederherstellung der kleinbürgerlichen Familie, Ersetzung der Miliz durch die kasernierte Armee, Wiedereinführung von Titeln und Orden, wachsende Ungleichheit. Während die neue Verfassung juristisch den Absolutismus der Bürokratie befestigt, schafft sie die politischen Voraussetzungen für die Wiedergeburt einer neuen besitzenden Klasse.

XI. Wohin treibt die UdSSR?

Bonapartismus als Krisenregime

Die Frage, die wir bereits weiter oben im Namen des Lesers stellten: wie konnte die herrschende Gruppe bei ihren unzähligen Fehlern die uneingeschränkte Macht an sich reißen, oder anders: wie erklärt sich der Widerspruch zwischen der Ideendürftigkeit der Thermidorianer und ihrer materiellen Machtfülle, kann jetzt viel konkreter und kategorischer beantwortet werden. Die Sowjetgesellschaft ist nicht harmonisch. Was für die eine Klasse oder Schicht ein Laster, erweist sich für die andere als Tugend. Verblüfft die Politik der Bürokratie, vom Gesichtspunkt der sozialistischen Gesellschaftsformen gesehen, durch ihre Widersprüche und Ungereimtheiten, so erweist sich diese Politik, vom Gesichtspunkt der Machtbefestigung der neuen kommandierenden Schicht gesehen, als durchaus   konsequent.

Die staatliche Unterstützung des Kulaken (1923-1928) barg tödliche Gefahr für die sozialistische Zukunft. Dafür gelang es der Bürokratie, mit Hilfe des Kleinbürgertums die proletarische Vorhut an Händen und Füßen zu fesseln und die bolschewistische Opposition zu zerschlagen. Der „Fehler" vom Standpunkt des Sozialismus war Reingewinn vom Standpunkt der Bürokratie. Als der Kulak ihr selbst unmittelbar gefährlich zu werden begann, wandte sie die Waffe gegen ihn. Das panische Wüten gegen den Kulaken, das auch den Mittelbauern ergriff, kam der Wirtschaft nicht billiger zu stehen als ein ausländischer Militärüberfall. Aber die Bürokratie hatte ihre Positionen gerettet. Kaum hatte sie den gestrigen Verbündeten geschlagen, als sie mit allen Kräften eine neue Aristokratie zu züchten begann. Untergrabung des Sozialismus? Gewiss, doch dafür Festigung der kommandierenden Kaste. Die Sowjetbürokratie ähnelt allen herrschenden Klassen in der Bereitschaft, die Augen vor den gröbsten Fehlern ihrer Führer auf dem Gebiet der allgemeinen Politik zu schließen, wenn diese dafür nur unbedingte Treue in der Verteidigung ihrer Privilegien bekunden. Je beunruhigter die Stimmung der neuen Herren der Lage ist, um so mehr schätzen sie Schonungslosigkeit gegen die geringste Bedrohung ihrer wohlerworbenen Rechte. Unter diesem Gesichtswinkel wählt die Kaste der Emporkömmlinge ihre Führer aus. Darin besteht das Geheimnis von Stalins Erfolg.

Macht und Unabhängigkeit der Bürokratie können jedoch nicht endlos wachsen, Es gibt historische Faktoren, die stärker sind als Marschälle und selbst Generalsekretäre. Die Rationalisierung der Wirtschaft ist undenkbar ohne genaue Berechnung. Berechnung verträgt sich nicht mit bürokratischer Willkür. Die Sorge, einen festen, d.h. von den „Führern" unabhängigen Rubel wiederherzustellen, zwingt sich der Bürokratie durch den Umstand auf, dass ihr Selbstherrschertum immer heftiger in Widerspruch zur Entwicklung der Produktivkräfte im Lande gerät, so wie die absolute Monarchie seinerzeit unvereinbar wurde mit der Entwicklung des bürgerlichen Markts. Die Geldrechnung muss jedoch den Kampf der verschiedenen Schichten um die Verteilung des Nationaleinkommens offener gestalten. Die während der Zeit des Kartensystems fast gleichgültige Frage der Lohneinheiten wird jetzt für die Arbeiter von ausschlaggebender Bedeutung, und damit auch die Frage der Gewerkschaften, Die Ernennung der Gewerkschaftsbeamten von oben her wird auf immer größeren Widerstand stoßen müssen. Mehr noch: bei Akkordlöhnen ist der Arbeiter unmittelbar am regelmäßigen Funktionieren der Fabrik interessiert. Die Stachanowarbeiter klagen immer lauter über die Mängel in der Organisierung der Produktion. Das bürokratische Günstlingswesen bei der Ernennung der Direktoren, Ingenieure usw. wird immer unerträglicher. Genossenschaften und staatlicher Handel geraten in viel größerem Masse als früher in Abhängigkeit vom Verbraucher. Die Kolchosen und einzelnen Kolchosbauern lernen es, ihre Verrechnung mit dem Staat in die Ziffernsprache zu übertragen. Sie werden die von oben ernannten Leiter, deren einziges Verdienst nicht selten darin besteht, Liebkind der lokalen bürokratischen Clique zu sein, nicht ewig gehorsam ertragen wollen. Schließlich verspricht der Rubel ein Licht in das geheimste Gebiet zu werfen: die gesetzlichen und ungesetzlichen Einkünfte der Bürokratie. Der Geldverkehr wird so in einem politisch erstickten Lande zu einem wichtigen Hebel zur Mobilisierung der oppositionellen Kräfte und verkündet den Anfang vom Ende des „aufgeklärten" Absolutismus.

Während das Wachsen der Industrie und die Einbeziehung der Landwirtschaft in den Bereich des Staatsplans die Aufgabe der Leitung außerordentlich erschwert und das Problem der *Qualität* an die erste Stelle rückt, ertötet die Bürokratie alle schöpferische Initiative und jedes Verantwortungsgefühl, ohne die in der Qualität kein Fortschritt erzielt wird noch erzielt werden kann. Das Geschwür des Bürokratismus, das in der Großindustrie vielleicht nicht so offen ist, zerfrisst außer den Genossenschaften die Leicht- und Nahrungsmittelindustrie, die Kolchosen, die kleine örtliche Industrie, d.h. alle die Wirtschaftszweige, die der Bevölkerung am nächsten stehen.

Die fortschrittliche Rolle der Sowjetbürokratie fällt zusammen mit der Periode, in der die wichtigsten Elemente der kapitalistischen Technik auf die Sowjetunion verpflanzt wurden. Auf den von der Revolution geschaffenen Grundlagen vollzog sich die grobe Vorarbeit des Entlehnens, Nachahmens, Verpflanzens, Pfropfens. Ein neues Wort ist bisher weder in der Technik, noch der Wissenschaft oder Kunst gesprochen worden.

Gigantische Fabriken nach fertigen westlichen Mustern kann man auch auf bürokratisches Kommando errichten, freilich dreimal so teuer. Aber je weiter der Weg geht, um so mehr läuft die Wirtschaft auf das Problem der Qualität hinaus, die der Bürokratie wie ein Schatten entgleitet. Die Sowjetproduktion scheint wie vom grauen Stempel der Gleichgültigkeit gezeichnet. In einer nationalisierten Wirtschaft setzt *Qualität* Demokratie für Erzeuger und Verbraucher, Kritik- und Initiativfreiheit voraus, d.h. Bedingungen, die mit einem totalitären Regime von Angst, Lüge und Kriecherei unvereinbar sind.

Im Gefolge der Qualitätsfrage erstehen kompliziertere und grandiosere Aufgaben, die man zusammenfassen kann unter dem Begriff: *selbständiges, technisches und kulturelles Schaffen.* Ein Philosoph des Altertums sagte, Streit sei der Vater aller Dinge. Wo sich die Ideen nicht frei messen können, dort ist auch kein Schaffen neuer Werte. Es ist wahr, revolutionäre Diktatur bedeutet ihrem Wesen nach starke Freiheitsbeschneidung. Aber gerade deshalb waren die Zeiten der Revolutionen dem kulturellen Schaffen nie unmittelbar förderlich: sie brachen ihm nur Bahn. Die Diktatur des Proletariats gewährt dem menschlichen Genie um so größeren Raum, je mehr sie aufhört, Diktatur zu sein. Die sozialistische Kultur wird nur in dem Masse aufblühen, wie der Staat abstirbt. In diesem einfachen unbeugsamen Gesetz liegt das Todesurteil für das heutige politische Regime in der UdSSR. Die Sowjetdemokratie ist keine Forderung der abstrakten Politik, noch weniger der Moral. Leben und Tod hängt von dieser Frage ab.

Hätte der neue Staat keine anderen Interessen als die der Gesellschaft, so würde das Absterben der Zwangsfunktionen allmählich und schmerzlos erfolgen. Aber der Staat ist nicht körperlos. Die spezifischen Funktionen schufen spezifische Organe. Die Bürokratie als Ganzes genommen ist nicht so sehr um die Funktion besorgt als um den Tribut, den diese Funktion ihr einträgt. Die befehligende Kaste ist bemüht, die Zwangsorgane zu befestigen und zu verewigen. Um ihre Macht und ihre Einkünfte zu sichern, schont sie nichts und niemanden.

Je mehr der Gang der Entwicklung sich gegen sie richtet, um so schonungsloser springt sie mit den fortgeschrittensten Elementen des Volkes um. Wie die katholische Kirche stellte sie das Dogma der Unfehlbarkeit in ihrer Niedergangsperiode auf, aber dafür hob sie es gleich auf eine Höhe, wie sie sich der römische Papst nicht träumen lassen darf.

Die immer aufdringlichere Vergottung Stalins bildet, so karikiert sie ist, einen unerlässlichen Bestandteil des Regimes. Die Bürokratie braucht einen unantastbaren obersten Schiedsrichter, einen Ersten Konsul, wenn nicht einen Kaiser, und sie erhebt auf ihren Schultern den, der ihren Herrschaftsansprüchen am meisten entspricht. Die „Charakterstärke" des Führers, die die literarischen Dilettanten des Westens so begeistert, resultiert in Wirklichkeit aus dem kollektiven Druck einer Kaste, die zu allem bereit ist, nur um sich selbst zu behaupten. Jedes ihrer Mitglieder auf seinem Posten meint: „Der Staat bin ich!" In Stalin finden sie ohne Mühe sich selbst. Doch auch Stalin entdeckt in jedem von ihnen ein Partikel seines Geistes. Stalin ist die personifizierte Bürokratie, und das macht seine politische Persönlichkeit aus.

Der Cäsarismus oder seine bürgerliche Form, der Bonapartismus, betritt die Bühne der Geschichte immer dann, wenn der scharfe Kampf zweier Lager die Staatsmacht gleichsam über die Nation erhebt und sie scheinbar von den Klassen völlig unabhängig macht, ihr in Wirklichkeit aber nur die notwendige Freiheit gibt, um die Privilegierten zu verteidigen. Das Stalinregime, das über die politisch atomisierte Gesellschaft hinausragt, sich auf Polizei und Offizierskorps stützt und keinerlei Kontrolle über sich duldet, ist deutlich eine Sorte Bonapartismus neuen Typs, wie er in der Geschichte noch nicht vorkam. Der Cäsarismus entstand in der von inneren Kämpfen erschütterten Gesellschaft des Sklavenzeitalters. Der Bonapartismus ist ein politisches Werkzeug des kapitalistischen Regimes in seinen Krisenperioden. Der Stalinismus ist eine Abart desselben Systems doch auf dem Fundament des vom Gegensatz zwischen der organisierten und bewaffneten Sowjetaristokratie und den waffenlosen werktätigen Massen zerrissenen Arbeiterstaats.

Die Geschichte ist Zeuge, dass sich der Bonapartismus mit dem allgemeinen und selbst geheimen Wahlrecht ausgezeichnet verträgt. Das demokratische Ritual des Bonapartismus ist das *Plebiszit*. Von Zeit zu Zeit wird den Bürgern die Frage vorgelegt: „*für* oder *gegen* den Führer?", wobei der Abstimmende den Revolverlauf an der Schläfe spürt. Seit den Zeiten Napoleons III., der heute wie ein provinzieller Dilettant aussieht, hat diese Technik eine ungeahnte Entwicklung erfahren. Die neue Sowjetverfassung, die den *Bonapartismus auf plebiszitärer Grundlage* errichtet, ist die echte Krönung des Systems.

Letzten Endes verdankt der Sowjetbonapartismus seine Entstehung der Verspätung der Weltrevolution. Dieselbe Ursache aber erzeugte in den kapitalistischen Ländern den Faschismus. Wir gelangen zu einer auf den ersten Blick überraschenden, doch in Wirklichkeit unabweislichen Schlussfolgerung: die Erstickung der Sowjetdemokratie durch die allmächtige Bürokratie geht ebenso wie die Zerschlagung der bürgerlichen Demokratie durch den Faschismus auf ein und dieselbe Ursache zurück – die Verspätung des Weltproletariats bei der Lösung der ihm von der Geschichte gestellten Aufgabe. Stalinismus und Faschismus stellen trotz der tiefen Verschiedenheit ihrer sozialen Unterlagen symmetrische Erscheinungen dar. In vielen Zügen sind sie einander erschreckend ähnlich. Eine siegreiche revolutionäre Bewegung in Europa würde sofort nicht nur den Faschismus, sondern auch den Sowjetbonapartismus erschüttern. Der Weltrevolution den Rücken kehrend, hat die Stalinsche Bürokratie auf ihre Weise recht: sie gehorcht ausschließlich dem Selbsterhaltungstrieb.

Der Kampf der Bürokratie gegen die „Klassenfeinde"

Als Gegengewicht zur Bürokratie diente seit der ersten Zeit des Sowjetregimes die Partei. Leitete die Bürokratie den Staat, so kontrollierte die Partei die Bürokratie. Scharf darüber wachend, dass die Ungleichheit nicht die Grenzen des Notwendigen überschreite, stand die Partei stets bald offen, bald versteckt auf dem Kriegsfuß mit der Bürokratie. Die historische Rolle der Stalinfraktion besteht darin, dass sie diese Zweiteilung beseitigte, die Partei ihrem eigenen Apparat unterwarf und diesen mit dem Staatsapparat verschmolz. So entstand das heutige totalitäre Regime. Stalins Sieg war eben dadurch gesichert, dass er der Bürokratie diesen nicht unwichtigen Dienst geleistet hatte.

In den ersten zehn Jahren des Kampfes ging die linke Opposition nicht vom Wege der ideellen Eroberung der Partei auf den Weg einer Machteroberung gegen die Partei über. Ihre Losung lautete: Reform, und nicht Revolution. Allein, die Bürokratie war, um sich gegen eine demokratische Reform zu wehren, schon damals zu jedem beliebigen Streich bereit. Als 1927 der Kampf in ein besonders heftiges Stadium trat, erklärte Stalin in einer Sitzung des Zentralkomitees, sich der Opposition zuwendend: „Diese Kader kann man nur durch Bürgerkrieg entfernen!" Was in Stalins Worten Drohung war, ist infolge einer Reihe von Niederlagen des europäischen Proletariats historische Tatsache geworden. Der Weg der Reform verwandelte sich in den Weg der Revolution.

Die ununterbrochenen Säuberungen der Partei und der Sowjetorganisationen sollen verhindern, dass die Unzufriedenheit der Massen einen artikulierten politischen Ausdruck findet. Aber Repressalien töten das Denken nicht, treiben es nur unter die Oberfläche, Breite Kreise von Kommunisten und Parteilosen haben zweierlei Ansichten: eine offizielle und eine geheime. Schnüffelei und Angebertum zerfressen die gesellschaftlichen Beziehungen durch und durch, Die Bürokratie stellt ihre Gegner unveränderlich als Feinde des Sozialismus hin. Vermittels. Schwindelprozessen, die zur Norm geworden sind, schiebt sie ihnen je nach Gutdünken jedes beliebige Verbrechen in die Schuhe. Mit dem Ultimatum der Erschießung entreißt sie den Schwachen die von ihr selbst diktierten Geständnisse und macht dann diese Aussagen zur Grundlage von Anklagen gegen ihre standhaften Feinde.

„Es wäre unverzeihlich dumm und verbrecherisch", lehrt die **Prawda** vom 5. Juni 1936 im Kommentar zur „demokratischsten Verfassung auf der Welt" anzunehmen, dass trotz Vernichtung der Klassen „die dem Sozialismus klassenmäßig feindlichen Kräfte sich mit ihrer Niederlage abgefunden haben... Der Kampf geht weiter." Wer sind diese „klassenmäßig feindlichen Kräfte"? Antwort: „Reste konterrevolutionärer Gruppen, Weißgardisten aller Schattierungen, *insbesondere* der trotzkistisch-sinowjewistischen" .... Nach dem unvermeidlichen Hinweis auf die „Spionage-, Diversanten- und Terrorarbeit" (der Trotzkisten und Sinowjewisten!) verspricht Stalins Organ: „Mit fester Hand werden wir auch fernerhin die Feinde des Volkes, die trotzkistischen Reptile und Furien schlagen und vernichten, wie geschickt sie sich auch maskieren mögen". Solche Drohungen werden täglich in der Sowjetpresse wiederholt und sind bloß Begleitmusik zur Arbeit der GPU.

Ein gewisser Petrow, Parteimitglied seit 1918, Teilnehmer am Bürgerkrieg, später Sowjetagronom und Anhänger der rechten Opposition, der 1936 aus der Verbannung ins Ausland geflohen ist, charakterisiert heute in einer liberalen Emigrantenzeitung folgendermaßen die sogenannten Trotzkisten: „Die Linken? ... Psychologisch sind es die letzten Revolutionäre. Die echten, glühenden. Kein graues Geschäftemachertum, keine Kompromisse. Herrliche Menschen. Aber idiotische Ideen ... Weltbrand und ähnlicher Wahnwitz ..." Lassen wir die Frage der „Ideen" beiseite. Das moralisch-politische Urteil über die Linken von Seiten eines ihrer rechten Gegner spricht für sich selbst. Eben diese „letzten Revolutionäre, die echten, glühenden", werden von den Generälen und Obersten der GPU ... konterrevolutionärer Wirksamkeit im Interesse des Imperialismus geziehen.

Die Hysterie des bürokratischen Hasses gegen die bolschewistische Opposition erhält einen besonders krassen politischen Sinn, wenn man daneben die Aufhebung der Beschränkungen für Personen bürgerlicher Herkunft beobachtet. Die persönlichen Verordnungen über deren Zulassung zu öffentlichen Ämtern, Arbeit und Bildungswesen gehen von der Erwägung aus, dass der Widerstand der ehemals herrschenden Klassen in dem Maße abstirbt, wie die Unerschütterlichkeit der neuen Ordnung in Erscheinung tritt, „Jetzt bedarf es dieser Einschränkungen nicht mehr", erklärte Molotow auf der Sitzung des Zentralexekutivkomitees im Januar 1936. Gleichzeitig heißt es jedoch, dass die ärgsten „Klassenfeinde" sich unter denen rekrutieren, die ihr ganzes Leben lang für den Sozialismus kämpften, angefangen bei Lenins nächsten Mitarbeitern, wie Sinowjew und Kamenjew. Anders als die Bourgeoisie geraten die „Trotzkisten", nach den Worten der **Prawda**, in um so größere Wut, „je schärfer die Konturen der klassenlosen sozialistischen Gesellschaft hervortreten", Der Wahnwitz dieser Philosophie, der der Notwendigkeit entspringt, die neuen Beziehungen mit alten Formeln zu verdecken, kann natürlich die reale Verschiebung der sozialen Gegensätze nicht verbergen. Einerseits eröffnet die Schaffung des „Adels"-Standes den ehrgeizigsten Sprösslingen der Bourgeoisie breite Möglichkeiten, Karriere zu machen: ihnen Gleichberechtigung zu geben, bedeutet kein Risiko. Andererseits verursacht dieselbe Erscheinung scharfe und höchst gefährliche Unzufriedenheit bei den Massen, besonders der Arbeiterjugend: daher der Vernichtungsfeldzug gegen die „Furien und Reptile".

Das Schwert der Diktatur, das früher jene schlug, die die Privilegien der Bourgeoisie wiederherstellen wollten, wird jetzt gegen die gerichtet, die sich gegen die Privilegien der Bürokratie auflehnen. Die Schläge treffen nicht die Klassenfeinde des Proletariats, sondern die proletarische Vorhut. Entsprechend der grundlegenden Änderung ihrer Funktionen ist die politische Polizei, zu der einst nur besonders ergebene und opferbereite Bolschewiki angeworben wurden, heute der demoralisierteste Teil der Bürokratie.

Bei der Verfolgung der Revolutionäre entladen die Thermidorianer ihren ganzen Hass gegen die, die sie an die Vergangenheit erinnern und die Zukunft fürchten lassen. Die Gefängnisse. die entlegensten Winkel Sibiriens und Mittelasiens, die sich ständig vermehrenden Konzentrationslager bergen die Blüte der bolschewistischen Partei, die Standhaftesten und Treuesten. Sogar in den Isolatoren und in Sibirien quält man die Oppositionellen weiter mit Haussuchungen, Postsperre und Hunger. Die Frauen werden in der Verbannung gewaltsam ihren Männern entrissen zu dem einzigen Zweck, ihnen das Rückgrat zu brechen und Bußeerklärungen abzupressen. Aber auch die Bußfälligen retten sich nicht : bei dem geringsten Verdacht oder einer Anzeige werden sie doppelt schwer bestraft. Verbannten beistehen wird, selbst wenn es sich um Verwandte handelt, als Verbrechen geahndet. Gegenseitige Hilfe wird als Verschwörung bestraft.

Das einzige Mittel der Selbsthilfe ist unter diesen Bedingungen der Hungerstreik. Die GPU antwortet darauf mit Zwangsernährung. oder lässt es einem frei zu sterben. Hunderte von russischen und ausländischen Oppositionellen sind in diesen Jahren erschossen worden, in Hungerstreiks umgekommen oder haben Selbstmord verübt. Seit zwölf Jahren verkündete die Regierung der Welt Dutzende von Malen die endgültige Ausrottung der Opposition. Aber während der „Säuberung", die in den letzten Monaten des Jahres 1935 und der ersten Hälfte des Jahres 1936 stattfand, wurden erneut Hunderttausende von Parteimitgliedern ausgeschlossen. darunter einige zehntausend „Trotzkisten". Die aktivsten wurden auf der Stelle verhaftet und in Gefängnisse und Konzentrationslager geworfen. Was die anderen betrifft, hat Stalin durch die **Prawda** den Lokalbehörden offen vorgeschrieben, ihnen keine Arbeit zu geben. In einen Lande. wo der Staat der einzige Arbeitgeber Ist, bedeutet diese Maßnahme den langsamen Hungertod. Der alte Grundsatz: „wer nicht arbeitet, soll auch nicht essen" ist durch einen neuen ersetzt: „wer nicht gehorcht, soll nicht essen." Wie viel Bolschewiki seit 1923, dem Beginn der bonapartistischen Ära, ausgeschlossen, verhaftet, verbannt, ausgerottet wurden, das werden wir erst erfahren, wenn wir die Archive der politischen Polizei Stalins durchstöbern werden. Wie viel sich illegal gehalten haben. das wird sich zeigen, wenn der Zusammenbruch der Bürokratie beginnen wird.

Was können 20-30.000 Oppositionelle bedeuten bei einer Partei von zwei Millionen? Die nackte Gegenüberstellung der Zahlen sagt in dieser Frage gar nichts. Ein Dutzend Revolutionäre in einem Regiment genügt, um es in einer heißen politischen Atmosphäre auf die Seite des Volkes zu ziehen, Nicht von ungefähr fürchten die Stäbe auf den Tod die kleinen illegalen Zirkel, ja selbst Einzelgänger.

Victor Serge, der in der Sowjetunion alle Etappen der Unterdrückung erlebt hat, brachte nach Westeuropa die erschütternde Kunde von denen, die wegen Treue zur Revolution und Feindschaft gegen ihre Totengräber gefoltert werden. „Ich übertreibe nichts", schreibt er, „ich wäge jedes Wort, jedes von ihnen kann ich mit tragischen Beweisen und mit Namen belegen. In dieser zumeist schweigsamen Menge von Opfern und Unbotmäßigen steht mir eine heldenhafte Minderheit näher als alle anderen, kostbar durch ihre Energie, ihren klaren Blick, ihren Stoizismus, ihre Ergebenheit für den Bolschewismus der großen Epoche. Einige Tausend sind es, Kommunisten aus der ersten Zeit, Gefährten Lenins und Trotzkis, Erbauer der Sowjetrepubliken, als es noch Sowjets gab, die da dem inneren Zerfall des Regimes die Grundsätze des Sozialismus entgegenhalten und die Rechte der Arbeiterklasse wahrnehmen, wie sie es können (und sie können nichts weiter, als sich in alle Opfer fügen) ... Ich bringe euch Kunde von denen. die dort eingeschlossen sind, Sie werden standhalten. solange wie nötig, bis zum Schluss, und sollten sie auch nicht mehr die neue Morgenröte der Revolution erblicken ... Die Revolutionäre des Westens können auf sie zählen: das Feuer glimmt weiter, und sei es nur in den Gefängnissen. Sie zählen auch auf euch. Ihr müsst, wir müssen sie verteidigen, um die Arbeiterdemokratie in der Welt zu verteidigen, um der Diktatur des Proletariats ihr Befreierantlitz zurückzugeben, um der UdSSR eines Tages ihre moralische Größe und das Vertrauen der Arbeiter wiederzugeben ...“

Die Unvermeidlichkeit einer neuen Revolution

Als Lenin seine Überlegungen über das Absterben des Staates anstellte, schrieb er. dass die Gewohnheit, mit der man die Regeln des Gemeinschaftslebens beobachtet, allen Zwang überflüssig machen kann, *„wenn* nichts vorhanden ist, was empört, zu Protest und Auflehnung herausfordert, was die Notwendigkeit der Niederhaltung schafft". In diesem *Wenn* liegt alles. Das heutige Regime der UdSSR ruft auf Schritt und Tritt Protest hervor, und um so glühenderen, als er unterdrückt wird. Die Bürokratie ist nicht nur ein Zwangsapparat, sondern auch eine nie versiegende Quelle der Provokation. Die bloße Existenz der habgierigen, verlogenen und zynischen Herrenkaste muss heimliche Empörung entfachen. Die Besserung in der materiellen Lage der Arbeiter versöhnt diese nicht mit den Machthabern. im Gegenteil, hebt ihre Würde, macht ihr Denken frei für die allgemeinen politischen Fragen, und bereitet so einen offenen Konflikt mit der Bürokratie vor.

Die unabsetzbaren „Führer" pauken mit Vorliebe, dass es gelte zu „lernen", die „Technik zu meistern". „kulturelle Selbsterziehung" zu pflegen, und andere schönen Dinge. Aber die herrschende Schicht selber ist roh und ungebildet, auf ernstes Studium nicht versessen, illoyal und grob im Umgang. Um so unerträglicher ist ihre Prätention. alle Gebiete des öffentlichen Lebens zu bevormunden, nicht nur den Kooperativladen, sondern auch das Musikschaffen zu kommandieren. Die Sowjetbevölkerung wird eine höhere Kulturstufe nicht erklimmen können, wenn sie nicht dies entwürdigende Joch der Usurpatorenkaste abschüttelt.

Wird der Beamte den Arbeiterstaat auffressen, oder der Arbeiter den Beamten bezwingen? So steht jetzt die Frage, von deren Lösung das Schicksal der UdSSR abhängt. Die große Mehrheit der Sowjetarbeiter steht heute schon der Bürokratie feindlich gegenüber, die Bauernmassen hassen sie mit gesundem plebejischen Hass. Wenn die Arbeiter, im Gegensatz zu den Bauern, den Weg des offenen Kampfes fast gar nicht beschritten und so das protestierende flache Land seinen Irrungen und der Ohnmacht preisgaben, so nicht nur der Repressalien wegen: die Arbeiter fürchteten, mit der Niederwerfung der Bürokratie der kapitalistischen Restauration einen Weg zu bahnen. Die Beziehungen zwischen Staat und Klasse sind viel verwickelter, als die Vulgär„demokraten" meinen. Ohne Planwirtschaft würde die Sowjetunion um Jahrzehnte zurückgeschleudert werden. In diesem Sinne übt die Bürokratie auch weiterhin eine notwendige Funktion aus, Aber sie tut es in einer Weise, dass sie eine Sprengung des ganzen Systems vorbereitet, die die Ergebnisse der Revolution vollständig hinwegfegen kann. Die Arbeiter sind Realisten. Ohne sich irgendwie über die herrschende Kaste zumindest die ihnen am nächsten stehenden unteren Schichten dieser Kaste zu täuschen, sehen sie einstweilen noch in ihr den Wächter eines gewissen Teils ihrer eigenen Errungenschaften. Sie werden den unehrlichen, Frechen und unzuverlässigen Wächter davonjagen, sobald sie eine Möglichkeit erblicken: dazu ist es notwendig, dass sich im Westen oder Osten ein neuer revolutionärer Lichtblick zeige.

Das Aufhören sichtbaren politischen Kampfes wird von den Freunden und Agenten des Kreml als „Stabilisierung" des Regimes hingestellt. In Wirklichkeit bedeutet es lediglich eine zeitweilige Stabilisierung der Bürokratie; die Unzufriedenheit des Volkes ist dabei nur in die Tiefe verdrängt. Die junge Generation spürt das Joch des „aufgeklärten Absolutismus" – der weit mehr Absolutismus als Aufklärung ist – besonders schmerzlich. Das immer bösartigere Aufmerken der Bürokratie bei jedem Schimmer eines lebendigen Gedankens, sowie die unausstehliche Hochspannung der Lobgesänge auf die weise Vorsehung in Gestalt des „Führer" sind Zeichen gleicherweise für das wachsende Auseinanderklaffen von Staat und Gesellschaft, wie für eine immer stärkere Verdichtung der inneren Gegensätze, die gegen die Wände des Staats prallen, nach einem Ausweg suchen und ihn unvermeidlich finden werden.

Für eine richtige Beurteilung der Lage im Lande sind die häufigen Terrorakte gegen Vertreter der Staatsmacht von größter Bedeutung. Das meiste Aufsehen erregte der Mord an Kirow, dem geschickten und skrupellosen Diktator von Leningrad, einem typischen Vertreter seines Fachs. An sich sind Terrorakte am wenigsten geeignet, eine bonapartistische Oligarchie zu stürzen. Mag der einzelne Bürokrat den Revolver fürchten, die Bürokratie als Ganzes nutzt den Terror nicht ohne Erfolg aus, um ihre eigenen Gewalttätigkeiten zu rechtfertigen, und bei dieser Gelegenheit ihre politischen Gegner zu ermorden (Sinowjew. Kamenjew etc.). Der individuelle Terror ist eine Waffe ungeduldiger und verzweifelter Einzelgänger, die meist der jüngeren Generation der Bürokratie selbst angehören. Aber die politischen Morde sind, wie zur Zeit der Zaren, ein unfehlbares Anzeichen für Gewitterstimmung und verkünden den Anbruch einer offenen politischen Krise.

Mit der Einführung der neuen Verfassung zeigt die Bürokratie. dass sie selbst die Gefahr merkt und Vorbeugungsmaßnahmen trifft. Jedoch es wäre nicht das erste Mal, dass eine bürokratische Diktatur, die in „liberalen" Reformen Rettung suchte, sich nur selbst schwächte. Dadurch dass die neue Verfassung den Bonapartismus bloßlegt, schafft sie gleichzeitig eine halblegale Deckung zum Kampf gegen ihn. Das Rivalisieren der bürokratischen Cliquen bei den Wahlen kann der Ansatzpunkt eines breiteren politischen Kampfes werden. Die Geißel gegen die „schlecht arbeitenden Machtorgane" kann zur Geißel gegen den Bonapartismus werden. Alles deutet darauf hin, dass es im weiteren Verlauf der Entwicklung unvermeidlich zum Zusammenstoß der kulturell gewachsenen Kräfte des Volkes mit der bürokratischen Oligarchie kommen muss. Einen friedlichen Ausweg aus der Krise gibt es nicht. Kein Teufel hat jemals freiwillig seine Krallen beschnitten. Die Sowjetbürokratie wird ihre

Positionen nicht kampflos aufgeben. Die Entwicklung führt eindeutig auf den Weg der Revolution.

Bei energischem Druck der Volksmassen und in diesem Fall unvermeidlicher Zersetzung des Regierungsapparats kann der Widerstand der Herrschenden sich als viel schwächer erweisen, als es heute scheinen möchte. Aber hierüber sind nur Vermutungen möglich. Jedenfalls ist die Bürokratie nur durch eine revolutionäre Kraft zu entheben, was wie immer um so weniger Opfer kosten wird, je kühner und entschiedener der Angriff sein wird. Ihn vorbereiten und sich in einer günstigen Situation an die Spitze der Massen stellen – das ist die Aufgabe der Sowjetsektion der Vierten internationale. Heute ist sie noch schwach und in die Illegalität gedrängt. Aber dass eine Partei ein unterirdisches Dasein führt, bedeutet nicht, dass sie nicht existiert, es ist nur eine schwere Form des Daseins. Repressalien mögen gegen eine vom Schauplatz abtretende Klasse durchaus wirksam sein: die revolutionäre Diktatur von 1917 bis 1923 hat das vollauf bewiesen. Aber Gewalt gegen die revolutionäre Vorhut wird die überlebte Kaste nicht retten, wenn überhaupt der Sowjetunion eine weitere Entwicklung beschieden ist.

Die Revolution, die die Bürokratie gegen sich selbst vorbereitet, wird nicht wie die Oktoberrevolution von 1917 eine soziale sein. Diesmal gilt es nicht, die ökonomischen Grundlagen der Gesellschaft zu ändern und die bestehenden Eigentumsformen durch andere zu ersetzen. Die Geschichte hat in der Vergangenheit nicht bloß soziale Revolutionen aufzuweisen, die das Feudalregime durch das bürgerliche ersetzten, sondern auch politische, die, ohne die ökonomischen Grundlagen der Gesellschaft anzutasten, die alte herrschende Spitze hinwegfegten (1830 und 1848 in Frankreich, Februar 1917 in Russland u.a.). Der Sturz der bonapartistischen Kaste wird selbstverständlich tiefe soziale Folgen haben, aber an sich wird er im Rahmen eines politischen Umsturzes bleiben.

Zum erstenmal in der Geschichte gibt es einen aus einer Arbeiterrevolution hervorgegangenen Staat. Nirgends stehen die Etappen aufgeschrieben, die er durchlaufen muss. Freilich hofften die Theoretiker und Erbauer der UdSSR., dass das vollkommen durchsichtige und geschmeidige System der Sowjets dem Staat erlauben werde, sich friedlich, nach Maßgabe der in der wirtschaftlichen und kulturellen Entwicklung der

Gesellschaft zurückgelegten Etappen umzugestalten, aufzulösen und abzusterben, Das Leben erwies sich jedoch auch diesmal komplizierter, als die Theorie angenommen hatte. Dem Proletariat eines zurückgebliebenen Landes war es beschieden. die erste sozialistische Revolution zu vollbringen. Dies geschichtliche Vorrecht wird es allem Anschein nach mit einer zweiten, ergänzenden Revolution, einer gegen den bürokratischen Absolutismus bezahlen müssen. Das Programm der neuen Revolution hängt in vielem von dem Augenblick ab, wann sie ausbrechen, von dem Niveau, das das Land dann erlangt haben wird, und in hohem Masse von der internationalen Lage. Die Grundelemente des Programms, die schon heute deutlich sind, gibt dieses Buch als eine objektive Schlussfolgerung aus der Analyse der Widersprüche des Sowjetregimes.

Es handelt sich nicht darum, eine herrschende Clique durch eine andere zu ersetzen, sondern darum, die Methoden zu ändern, nach denen Wirtschaft und Kultur geleitet werden. Das bürokratische Selbstherrschertum muss der Sowjetdemokratie Platz machen. Wiederherstellung des Rechts auf Kritik und einer wirklichen Wahlfreiheit ist notwendige Vorbedingung für die weitere Entwicklung des Landes. Das setzt voraus, dass den Sowjetparteien, angefangen mit der Partei der Bolschewiki. die Freiheit wiedergegeben wird und die Gewerkschaften wiederauferstehen. Auf die Wirtschaft übertragen bedeutet die Demokratie gründliche Revision der Pläne im Interesse der Werktätigen. Freie Diskussion der Wirtschaftsprobleme wird die Unkosten der bürokratischen Fehler und Zickzacks senken. Die teuren Spielzeuge – Sowjetpaläste, neue Theater, protzige Untergrundbahnen – werden zurücktreten zugunsten von Arbeiterwohnungen. Die „bürgerlichen Verteilungsnormen" werden auf das unbedingt Notwendige zurückgeführt werden, um in dem Maße, wie der gesellschaftliche Reichtum wächst, sozialistischer Gleichheit Platz zu machen. Die Titel werden sofort abgeschafft, der Ordensplunder wird in den Schmelztiegel wandern. Die Jugend wird frei atmen, kritisieren, sich irren und reifen dürfen. Schließlich wird die Außenpolitik zu den Traditionen des revolutionären Internationalismus zurückkehren.

Heute mehr denn je ist das Schicksal der Oktoberrevolution mit dem Europas und der ganzen Welt verbunden, Auf der Pyrenäenhalbinsel, in Frankreich, Belgien, wird augenblicklich das Los der Sowjetunion entschieden. In dem Augenblick, wo dies Buch im Druck erscheint, wird

die Lage vermutlich unvergleichlich klarer sein als heute, wo der Bürgerkrieg vor den Toren Madrids tobt. Wenn es der Sowjetbürokratie gelingt,
durch ihre verräterische „Volksfront"politik den Sieg der Reaktion in
Spanien und Frankreich zu sichern – und die Komintern tut alles was sie
kann in dieser Richtung – so wird die Sowjetunion am Rand des Abgrunds stehen, und an der Tagesordnung eher die bürgerliche Konterrevolution sein als ein Arbeiteraufstand gegen die Bürokratie, Wenn aber
trotz vereinigter Sabotage seitens der reformistischen und „kommunistischen" Führer das Proletariat Westeuropas sich den Weg zur Macht
bahnt, so wird in der Geschichte der UdSSR ein neues Kapitel beginnen.
Schon der erste Sieg der Revolution in Europa wird wie ein elektrischer
Schlag durch die Sowjetmassen fahren, sie ausrichten, ihren Unabhängig-
keitsgeist heben, die Traditionen von 1905 und 1917 wecken, die Positionen der bonapartischen Bürokratie untergraben und für die Vierte Internationale von nicht geringerer Bedeutung sein als die Oktoberrevolution
für die Dritte. Nur auf diesem Wege wird der erste Arbeiterstaat für die
sozialistische Zukunft zu retten sein.

Anhang 1: „Sozialismus in einem Lande"

Die reaktionären Tendenzen der Autarkie sind ein Abwehrreflex des greisen Kapitalismus auf die von der Geschichte gestellte Aufgabe: die Wirtschaft aus den Fesseln des Privateigentums und des Nationalstaats zu befreien und auf der ganzen Oberfläche unseres Planeten planmäßig zu organisieren.

In Lenins *Deklaration der Rechte des werktätigen und ausgebeuteten Volkes* die vom Rat der Volkskommissare der konstituierenden Versammlung in den paar Stunden ihres Daseins zur Annahme vorgelegt wurde, wird die „Grundaufgabe" der neuen Ordnung folgendermaßen definiert: „Errichtung einer sozialistischen Organisation der Gesellschaft und Sieg des Sozialismus in allen Ländern." Der internationale Charakter da Revolution wurde somit in der Gründungsurkunde des neuen Regimes niedergelegt. Niemand hätte damals gewagt, das Problem anders zu stellen! Im April 1924, drei Monate nach Lenins Tod, schrieb Stalin in seiner zusammengestoppelten Broschüre **Die Grundlagen des Leninismus**: „Zum Sturz der Bourgeoisie genügen die Anstrengungen *eines* Landes – davon zeugt die Geschichte unserer Revolution. Zum endgültigen Sieg des Sozialismus, zur Organisierung der sozialistischen Produktion, genügen nicht die Anstrengungen *eines* Landes, zumal eines Bauernlandes wie Russland – dazu sind die Anstrengungen der Proletarier mehrerer fortgeschrittener Länder notwendig". Diese Zeilen sind keiner Erläuterung bedürftig. Dafür wurde die Auflage, in der sie stehen, aus dem Verkehr gezogen.

Die schweren Niederlagen des europäischen Proletariats und die ersten, noch sehr bescheidenen Wirtschaftserfolge der Sowjetunion brachten Stalin im Herbst 1924 auf den Gedanken, die historische Aufgabe der Sowjetbürokratie sei der Aufbau des Sozialismus in einem Lande. Um diese Frage entbrannte eine Diskussion, die vielen oberflächlichen Geistern akademisch oder scholastisch erschien: in Wirklichkeit aber strahlte sie die beginnende Entartung der Dritten Internationale wieder und bereitete die Vierte vor.

Der uns bereits bekannte ehemalige Kommunist und heutige weiße Emigrant Petrow erzählt aus eigener Erinnerung, wie heftig die junge Generation der Administratoren sich gegen die Lehre sträubte, wonach die UdSSR von der internationalen Revolution abhinge. „Wieso sollen wir denn mit der Stiftung eines glücklichen Lebens in unserem Lande nicht selber fertig werden?" Wenn es bei Marx anders steht, dann sind wir „eben keine Marxisten, sondern russische Bolschewiki, und basta". Diesen Erinnerungen aus der Mitte der zwanziger Jahre fügt Petrow hinzu: „Heute muss ich doch denken, die Theorie vom Aufbau des Sozialismus in einem Lande ist nicht bloß Stalins Erfindung". Ganz richtig! Sie war ein fehlerloses Abbild der Stimmung der Bürokratie: wenn diese vom Sieg des Sozialismus sprach, meinte sie damit ihren eigenen Sieg.

Um den Bruch mit der marxistischen Tradition des Internationalismus zu begründen, beging Stalin die Unvorsichtigkeit. sich darauf zu berufen, Marx und Engels hätten das Gesetz ... von der ungleichmäßigen Entwicklung des Kapitalismus nicht gekannt, das angeblich zuerst von Lenin entdeckt wurde. In einem Katalog geistiger Kuriosa gebührte dieser Behauptung eine der ersten Stellen. Ungleichheit der Entwicklung ist in der ganzen Geschichte der Menschheit. besonders aber in der des Kapitalismus zu beobachten. Der Junge russische Historiker und Ökonom Solnzew, ein Mann von außergewöhnlicher Begabung und hohen Sitten, der in den Gefängnissen der Sowjetbürokratie wegen seiner Zugehörigkeit zur linken Opposition in den Tod gehetzt wurde, schrieb 1926 eine ausgezeichnete theoretische Arbeit über das Gesetz der ungleichmäßigen Entwicklung bei Marx: es versteht sich von selbst, dass diese Arbeit in der Sowjetunion nicht erscheinen konnte. Mit Verbot wurde auch, freilich aus umgekehrten Erwägungen heraus, eine Arbeit des längst verstorbenen und vergessenen deutschen Sozialdemokraten Vollmar belegt, der bereits 1878 die Perspektive eines „isolierten sozialistischen Staates" entwickelte – nicht für Russland, sondern für Deutschland – unter Hinweis auf das vor Lenin angeblich unbekannte „Gesetz" der ungleichmäßigen Entwicklung.

„Der Sozialismus setzt unbedingt wirtschaftlich entwickelte Verhältnisse voraus", schrieb Georg Vollmar „und käme es nur auf letztere an, so müsste er da am mächtigsten sein, wo die wirtschaftliche Entwicklung am größten ist. Das ist aber keineswegs der Fall, England ist gewiss das wirtschaftlich entwickelte Land: trotzdem sehen wir in ihm den Sozialismus eine ganz untergeordnete Rolle spielen, während derselbe in dem ökonomisch minder entwickelten Deutschland bereits eine solche Macht ist, dass sich die ganze alte Gesellschaft nicht mehr sicher wähnt..." Vollmar weist auf die Vielfalt der historischen Faktoren hin, die den Gang der Ereignisse bestimmen, und fährt fort: „Dass beim Zusammenwirken so zahlreicher Kräfte die Entwicklung irgendeiner allgemein menschlichen Bewegung bisher kaum in ein paar Ländern, geschweige denn in allen ... eine nach Zeit und Raum gleichartige sein ... kann, ... ist klar. Und demselben Gesetz wird auch der Sozialismus unterliegen ... [Es] erscheint so die *Annahme eines gleichzeitigen Sieges des Sozialismus in allen Kulturländern als schlechthin ausgeschlossen*; nicht weniger, und aus denselben Gründen aber auch die, dass dem Beispiel eines sozialistisch organisierten Staates notwendig sofort alle anderen zivilisierten Staaten folgen würden... Damit wären wir also", schließt Vollmar, „auf den *isolierten sozialistischen Staat* gekommen und hätten in ihm den verhältnismäßig sichersten Anhaltspunkt gefunden". In dieser Arbeit, die geschrieben wurde, als Lenin acht Jahre alt war, ist das Gesetz der ungleichmäßigen Entwicklung viel richtiger dargestellt als bei den Sowjetepigonen seit Herbst 1924. Man muss übrigens bemerken, dass Vollmar, ein durchaus zweitrangiger Theoretiker, in diesem Teil seiner Untersuchung lediglich einen Gedanken von Engels wiedergibt, dem das Gesetz der ungleichmäßigen Entwicklung des Kapitalismus angeblich „unbekannt" geblieben sei,

Der „isolierte sozialistische Staat" ist aus einer historischen Hypothese längst Tatsache geworden, freilich nicht in Deutschland, sondern In Russland. Aber die Tatsache der Isolierung ist ja gerade ein Ausdruck für die relative Stärke des Weltkapitalismus und die relative Schwäche des Sozialismus. Vom isolierten „sozialistischen" Staat bis zur sozialistischen Gesellschaft, die für immer mit dem Staat Schluss gemacht haben wird, ist ein langer historischer Weg, der eben mit dem der internationalen Revolution zusammenfällt.

Beatrice und Sidney Webb wollen uns ihrerseits weismachen, Marx und Engels hätten nur deshalb nicht an die Möglichkeit des Aufbaus einer isolierten sozialistischen Gesellschaft geglaubt, weil sie sich eine so mächtige Waffe wie das Außenhandelsmonopol nicht hatten träumen lassen („neither Marx nor Engels had ever dreamt"). Man kann diese Zeilen nicht ohne ein peinliches Gefühl gegenüber den betagten Autoren lesen. Die Verstaatlichung der Handelsbanken und -gesellschaften, der Eisenbahnen und der Handelsflotte ist eine ebenso notwendige Maßnahme der sozialistischen Revolution wie die Nationalisierung der Produktionsmittel, darunter auch der Ausfuhrindustriezweige. Das Außenhandelsmonopol ist nichts anderes als eine Zusammenfassung der materiellen Aus- und Einfuhrmittel in den Händen des Staats. Zu sagen, Marx und Engels hätten sich das Außenhandelsmonopol nicht „träumen lassen", heißt, dass sie sich die sozialistische Revolution nicht träumen ließen. Zu allem Übel bezeichnet Vollmar in seiner Arbeit das Außenhandelsmonopol vollkommen richtig als eine der wichtigsten Waffen des „isolierten sozialistischen Staats". Marx und Engels müssten also dies Geheimnis von Vollmar erfahren haben, hätte dieser es nicht selbst vorher von ihnen erfahren.

Die „Theorie" vom Sozialismus in einem Lande, die Stalin, nebenbei bemerkt, nirgends dargestellt oder begründet hat, ließe sich auf den recht sterilen und ungeschichtlichen Gedanken zurückführen, dass die sozialistische Gesellschaft dank der Naturreichtümer des Landes in den geographischen Grenzen der UdSSR errichtet werden könne. Mit demselben Recht dürfte man behaupten, der Sozialismus könne auch siegen, falls die Bevölkerung der Erde zwölfmal kleiner wäre als sie ist. In Wirklichkeit jedoch beabsichtigte die neue Theorie, dem gesellschaftlichen Bewusstsein ein konkreteres System von Ansichten zu suggerieren, nämlich: die Revolution ist endgültig abgeschlossen, die sozialen Gegensätze werden sich unaufhörlich mildern, der Kulak unmerklich in den Sozialismus hineinwachsen, die Entwicklung im ganzen – unabhängig von den Ereignissen der äußeren Welt – friedlich und planmäßig verlaufen. Bucharin versuchte, die neue Theorie zu begründen, indem er als unerschütterlich bewiesen verkündete: „Wir werden trotz der Klassenunterschiede innerhalb unseres Landes und trotz unserer technischen Zurückgebliebenheit nicht untergehen, wir können den Sozialismus selbst auf dieser armseligen technischen Grundlage aufbauen, das Wachsen des Sozialismus wird viel, viel langsamer gehen, wir werden im Schneckentempo dahinkriechen, und doch werden wir an diesem Sozialismus bauen, ja ihn gänzlich errichten". Merken wir uns diese Formulierung: „den Sozialismus selbst auf dieser armseligen technischen Grundlage aufbauen", und erinnern wir nochmals an die geniale Vorahnung des jungen Marx, der sagte, auf niedriger technischer Grundlage werde „ nur der *Mangel* verallgemeinert, also auch mit der Notdurft der alte Streit um das Notwendige wieder und die ganze alte Scheiße sich herstellen."

Im April 1926 brachte die linke Opposition auf des Plenarsitzung des Zentralkomitees folgenden Antrag zur Theorie des Schneckentempos ein; „Es wäre von Grund auf falsch zu glauben, man könne unter kapitalistischer Umklammerung in willkürlichem Tempo auf den Sozialismus zugehen. Ein weiterer Vormarsch zum Sozialismus wird nur unter der Bedingung gewährleistet sein, dass der Abstand zwischen unserer Industrie und der des fortgeschrittenen Kapitalismus eindeutig und fühlbar kleiner und nicht größer wird." Stalin nannte ganz mit Recht diesen Antrag eine „verschleierte Attacke" auf die Theorie des Sozialismus in einem Lande und lehnte kategorisch selbst die Tendenz ab, das Tempo des inneren Aufbaus mit den Bedingungen der internationalen Entwicklung zu verknüpfen. Laut dem Stenogramm des Plenums sagte er wortwörtlich: „Wer hier den internationalen Faktor einflicht, der versteht überhaupt die eigentliche Fragestellung nicht, der verwirrt die Frage entweder aus Unverständnis für die Sache oder absichtlich". Der Antrag der Opposition wurde abgelehnt.

Aber die Illusion eines im Schneckentempo, auf armseliger Grundlage und umgeben von mächtigen Feinden erbauten Sozialismus hat den Schlägen der Kritik nicht lange standgehalten. Im November desselben Jahres gab die 15. Parteikonferenz, ohne die geringste Vorbereitung in der Presse, die Notwendigkeit zu, „in verhältnismäßig (?) minimaler historischer Frist den Stand der industriellen Entwicklung der fortgeschrittenen kapitalistischen Länder einzuholen und dann auch zu überholen". Die linke Opposition jedenfalls war „überholt" worden. Aber mit der Losung, die ganze Welt in „minimaler Frist" einzuholen und zu überholen, wurden die gestrigen Theoretiker des Schneckentempos Gefangene eben des „internationalen Faktors", der der Sowjetbürokratie eine derart abergläubische Angst einflößt. So wurde binnen acht Monaten die erste, klarste Version der Stalinschen Theorie begraben.

Der Sozialismus wird den Kapitalismus unweigerlich auf allen Gebieten „überholen" müssen, schrieb die linke Opposition in einem März 1927 illegal verbreiteten Dokument. „Aber jetzt handelt es sich nicht um das Verhältnis des Sozialismus zum Kapitalismus überhaupt, sondern um die ökonomische Entwicklung der UdSSR im Verhältnis zu Deutschland, England und den Vereinigten Staaten. Was ist unter „minimaler historischer Frist" zu verstehen? Im Laufe einiger weiterer Fünfjahrespläne werden wir noch entfernt nicht den Stand der fortgeschrittenen Länder des Westens erreichen. Was wird in dieser Zeit mit der kapitalistischen Welt geschehen? ...Hält man es für möglich, dass sie eine neue jahrzehntelange Blütezeit erlebt, dann ist es eine erbärmliche Abgeschmacktheit, von Sozialismus zu reden, dann wird man sagen müssen, dass wir uns in der Einschätzung der ganzen Epoche als einer Epoche der kapitalistischen Fäulnis geirrt haben, dann wäre die Sowjetunion nach der Pariser Kommune das zweite Experiment einer Diktatur des Proletariats, ein größeres und fruchtbareres, aber nur ein Experiment ... Sind jedoch irgendwelche ernst zu nehmenden Gründe vorhanden, unsere Ansichten über unsere ganze Epoche und den Sinn der Oktoberrevolution als ein Glied der Weltrevolution so entscheidend zu revidieren? Nein!... Nachdem die kapitalistischen Staaten mehr oder weniger ihre Wiederaufbauperiode (nach dem Kriege) beendet haben,... stellen sie, und zwar in ungleich zugespitzterer Form als vor dem Kriege, alle ihre alten inneren und internationalen Widersprüche wieder her. Das eben ist die Grundlage für die proletarische Revolution. Dass wir am Sozialismus bauen, ist Tatsache. Aber eine nicht geringere, sondern größere Tatsache, sofern das Ganze überhaupt größer ist als der Teil, ist die Vorbereitung der europäischen und der Weltrevolution. Der Teil wird nur zusammen mit dem Ganzen siegen... Das europäische Proletariat braucht für den Anlauf zur Machtergreifung viel weniger Zeit, als wir brauchen, um Europa und Amerika technisch einzuholen ... Wir müssen inzwischen systematisch den Abstand zwischen unserer Arbeitsproduktivität und der der Welt verringern. Je weiter wir vorrücken, um so ungefährlicher ist für uns die mögliche Intervention niedriger Preise und folglich auch die Militärintervention ... Je höher wir den Lebensstandard der Arbeiter und Bauern schrauben, um so gewisser werden wir die proletarische Revolution in Europa beschleunigen, um so rascher wird diese Revolution uns um die Welttechnik bereichern, um so sicherer und vollständiger wird unser sozialistischer Aufbau als Teil des europäischen und des internationalen Aufbaus erfolgen". Dies Dokument blieb wie alle anderen ohne Erwiderung, es sei denn, man betrachte Ausschlüsse aus der Partei und Verhaftungen als eine Erwiderung.

Nach dem Verzicht auf das Schneckentempo hieß es, auch von dem damit verbundenen Gedanken des Hineinwachsens des Kulaken in den Sozialismus Abstand nehmen. Die administrative Zerschlagung des Kulakentums gab jedoch der Theorie vom Sozialismus in einem Lande neue Nahrung: sind die Klassen „im wesentlichen" vernichtet, dann ist der Sozialismus „im wesentlichen" verwirklicht (1931). Im Grunde genommen war damit die Konzeption von der sozialistischen Gesellschaft „auf armseliger Grundlage" wieder zur Geltung gelangt. Just in jenen Tagen erklärte, wie wir uns erinnern, ein halbamtlicher Journalist, dass sich das Fehlen von Milch für die Kinder aus dem Mangel an Kühen erkläre, beileibe nicht aus Mängeln des sozialistischen Systems.

Die Sorge um die Arbeitsproduktivität erlaubte jedoch nicht, lange an den beruhigenden Formulierungen von 1931 festzuhalten, die als moralischer Trost für die Verwüstungen der restlosen Kollektivierung zu dienen hatten. „Manche meinen", erklärte Stalin plötzlich anlässlich der Stachanowbewegung, „man könne den Sozialismus durch eine gewisse materielle Gleichmachung der Menschen auf der Grundlage eines Betteldaseins festigen. Das ist unwahr ... In Wirklichkeit kann der Sozialismus nur auf der Grundlage hoher Arbeitsproduktivität siegen, einer höheren als unter dem Kapitalismus". Vollkommen richtig! Jedoch zur selben Zeit definiert das neue Komsomolprogramm, im April 1936 auf der Sitzung, wo dem Komsomol die letzten kümmerlichen politischen Rechte weggenommen wurden, das soziale Wesen der UdSSR mit folgenden kategorischen Worten: „Die ganze Volkswirtschaft ist sozialistisch geworden". Niemand kümmert sich darum, diese einander widersprechenden Konzeptionen in Einklang zu bringen. Je nach den Bedürfnissen des Augenblicks wird die eine oder die andere in Umlauf gesetzt. Kritik wagt ohnehin niemand.

Warum ein neues Programm eigentlich notwendig war, das begründete der vortragende Jungkommunist folgendermaßen: „Das alte Programm enthält die ganz verkehrte, antileninistische Behauptung, dass Russland *nur durch die proletarische Weltrevolution zum Sozialismus gelangen kann.* Dieser Programmpunkt ist grundfalsch: darin kamen trotzkistische Ansichten zum Ausdruck", d.h. Ansichten, die Stalin noch im April 1924 verteidigte. Dunkel bleibt jedenfalls, wieso das Programm, das 1921 von Bucharin geschrieben und vom Politbüro unter Lenins Mitwirkung sorgfältig geprüft wurde, sich nach fünfzehn Jahren als „trotzkistisch" herausstellt und im umgekehrten Sinn revidiert zu werden verlangt! Doch logische Argumente sind machtlos, wo es um Interessen geht. Nachdem die Bürokratie sich vom Proletariat des eigenen Landes unabhängig gemacht hat, kann sie die Abhängigkeit der UdSSR von dem Weltproletariat nicht zugeben.

Das Gesetz von der Ungleichmäßigkeit bewirkte, dass die Weltkette am Widerspruch zwischen der Technik und den Besitzverhältnissen des Kapitalismus in ihrem schwächsten Gliede riss. Der rückständige russische Kapitalismus hatte als erster für den Bankrott des Weltkapitalismus zu zahlen. Zum Gesetz der *ungleichmäßigen* Entwicklung gesellt sich im ganzen Verlauf der Geschichte das Gesetz der *kombinierten* Entwicklung. Der Zusammenbruch der Bourgeoisie in Russland hatte eine proletarische Diktatur zur Folge, d.h. den Sprung eines rückständigen Landes nach vorn, verglichen mit den fortgeschrittenen Ländern. Allein, die Schaffung sozialistischer Eigentumsformen in einem rückständigen Lande stieß sich am unzureichenden Niveau der Technik und der Kultur, Selbst dem Widerspruch zwischen hochentwickelten Weltproduktivkräften und kapitalistischem Eigentum entsprungen, erzeugte die Oktoberrevolution ihrerseits den Widerspruch zwischen den niedrigen nationalen Produktivkräften und dem sozialistischen Eigentum.

Die Isoliertheit der Sowjetunion hatte allerdings nicht unmittelbar jene bösen Folgen, die man befürchten konnte: die kapitalistische Welt war zu desorganisiert und zu gelähmt, um ihre potentielle Stärke im ganzen Umfang spielen zu lassen. Die „Atempause" dauerte länger, als kritischer Optimismus zu hoffen erlaubte. Jedoch Isoliertheit und Unmöglichkeit, die Hilfsquellen der Weltwirtschaft sei es auch nur auf kapitalistischer Basis auszunutzen (der Außenhandel ging seit 1913 auf ein Viertel bis ein Fünftel zurück), zogen neben riesigen Wehrausgaben eine äußerst ungünstige Verteilung der Produktivkräfte und eine nur sehr langsame Zunahme des Lebensstandards der Massen nach sich. Doch das bösartigste Produkt der Isoliertheit und Rückständigkeit ist der Würger Bürokratismus.

Die von der Revolution geschaffenen gesetzlichen und politischen Normen wirken einerseits progressiv auf die rückständige Wirtschaft und unterliegen andererseits selbst dem niederzerrenden Einfluss der Rückständigkeit. Je länger die UdSSR in kapitalistischer Umkreisung verbleibt, um so tiefer wird der Entartungsprozess das gesellschaftliche Gewebe erfassen. Weitere Isolierung müsste unweigerlich nicht in einem Nationalkommunismus, sondern in der Restauration des Kapitalismus ausmünden.

Wie die Bourgeoisie nicht friedlich in die sozialistische Demokratie hineinwachsen kann, so kann auch ein sozialistischer Staat nicht friedlich in das kapitalistische Weltsystem hineinwachsen. Auf der Tagesordnung der Geschichte steht nicht die friedliche sozialistische Entwicklung „eines Landes", sondern eine lange Kette welterschütternder Kriege und Revolutionen, Erschütterungen sind auch im inneren Leben der UdSSR unvermeidlich. Wie die Bürokratie im Kampf um die Planwirtschaft den Kulaken entkulakisieren musste, so wird das Proletariat im Kampf um den Sozialismus die Bürokratie entbürokratisieren müssen. Auf ihren Grabstein wird es meißeln: „Hier ruht die Theorie vom Sozialismus in einem Lande".

Anhang 2: Die „Freunde" der UdSSR

Zum erstenmal schmiert eine mächtige Regierung im Ausland nicht die rechte, wohlwollende, sondern die linke und extrem linke Presse. Die Sympathien der Volksmassen zur erhabenen Revolution werden sehr kunstvoll kanalisiert und auf die Mühle der Bürokratie geleitet. Die „sympathisierende" westliche Presse verliert unmerklich das Recht, irgend etwas zu veröffentlichen, was die herrschende Schicht der UdSSR verdrießen könnte. Bücher, die dem Kreml nicht genehm sind, werden böswillig totgeschwiegen. Marktschreierische und stümperhafte Apologien erscheinen in mehreren Sprachen. Wir haben in dieser Arbeit vermieden, die spezifischen Werke der offiziellen „Freunde" zu zitieren, da wir die plumpen Originale den stilisierten ausländischen Nacherzählungen vorzogen. Jedoch stellt die Literatur der „Freunde" mit der der Komintern – der flachsten und vulgärsten von allen – in Kubikmetern eine beachtliche Größe dar und spielt in der Politik nicht die letzte Rolle. Man kann nicht umhin, ihr zum Abschluss einige Seiten zu widmen.

Augenblicklich gilt das Buch der beiden Webb mit dem Titel **Sowjetkommunismus** als große Bereicherung des Denkschatzes. Statt zu erzählen, was erreicht wurde und wohin das Erreichte sich entwickelt, breiten diese Autoren auf 1200 Seiten aus, was in den Kanzleien ersonnen und geplant wird, oder in den Gesetzen niedergelegt ist. Ihre Schlussfolgerung lautet: wenn die Absichten, Pläne und Gesetze befolgt sein werden, dann ist in der UdSSR der Kommunismus verwirklicht. Das ist der ganze Inhalt dieses Wälzers, in dem nur Berichte der Moskauer Presse aufgewärmt werden.

Freundschaft mit der Sowjetbürokratie ist nicht Freundschaft mit der proletarischen Revolution, im Gegenteil, eher eine Versicherung dagegen. Die Webb sind zwar bereit anzuerkennen, dass das kommunistische System sich irgendwann einmal auch über die restliche Welt ausbreiten wird. „Aber wie, wann, wo, mit welchen Abänderungen, ob durch gewaltsame Revolution oder mittels friedlicher Durchdringung, oder gar durch bewusste Nachahmung, das sind Fragen, die wir nicht beantworten können" („But how, when, where, with what modifications, and whether through violent revolution or by peaceful penetration, or even by conscious imitation, are questions we cannot answer"). Dies diplomatische Ablehnen einer Antwort – in Wirklichkeit eine unzweideutige Antwort – ist in höchstem Maße für die „Freunde" bezeichnend und zeigt den wahren Wert ihrer Freundschaft. Hätten alle zum Beispiel vor 1917. als das Antworten noch weit schwerer fiel, so auf die Frage der Revolution geantwortet, auf der Welt gäbe es heute keinen Sowjetstaat, und die britischen „Freunde" müssten ihren Vorrat an Freundschaft auf andere Objekte verwenden.

Die Webb sprechen von der eitlen Hoffnung auf europäische Revolutionen in naher Zukunft wie von etwas Selbstverständlichem und schöpfen daraus einen tröstlichen Beweis für die Richtigkeit der Theorie vom Sozialismus in einem Lande. Mit der Autorität von Leuten, die von der Oktoberrevolution vollkommen und zudem unangenehm überrascht wurden, belehren sie uns über die Notwendigkeit, die sozialistische Gesellschaft in Ermangelung anderer Perspektiven innerhalb der Grenzen der UdSSR zu bauen. Nur mit Mühe unterdrücken wir ein unhöfliches Achselzucken! Mit den Webb können wir in der Tat uns nicht in einen Streit darüber einlassen, ob man in der UdSSR Fabriken bauen und in den Kolchosen Kunstdünger verwenden soll, sondern nur, ob und wie es in Großbritannien die Revolution vorzubereiten gilt. Aber diesbezüglich antworten die gelehrten Soziologen: „wissen wir nicht". Schon die Frage allein halten sie natürlich für „unwissenschaftlich".

Lenin hatte eine heftige Feindseligkeit für konservative Bourgeois, die sich als Sozialisten aufspielen, im besonderen die britischen Fabier. An Hand des Namenregisters, das seinen „Werken" beigefügt ist, kann man sich ohne Mühe davon überzeugen, dass sein Verhalten den Webb gegenüber im Verlaufe seiner gesamten Tätigkeit unverändert in grimmiger Feindschaft bestand. 1907 bezeichnete er zum erstenmal die Webb als die „borniertes Lobredner des englischen Spießertums", die „bemüht sind, den Chartismus, die revolutionäre Epoche der englischen Arbeiterbewegung, als einfache Kinderei hinzustellen". Indes, ohne Chartismus keine Pariser Kommune, ohne beide keine Oktoberrevolution. Die

Webb fanden in der UdSSR nichts als den administrativen Mechanismus und bürokratische Pläne: vom Chartismus, von der Kommune oder dem Oktoberumsturz haben sie nichts bemerkt. Die Revolution bleibt für sie auch heute noch ein fremdes und feindliches Ding, wenn nicht „einfach eine Kinderei".

In Polemiken mit Opportunisten kannte Lenin bekanntlich keine salonmäßigen Rücksichten. Aber in seinen Schmähungen („Lakaien der Bourgeoisie", „Verräter", „Lakaienseelen, u.a.) äußerte sich mehrere Jahre lang ein sorgfältig abgewogenes Urteil über die Welt als die Prediger des Fabianismus, d.h. der traditionellen Hochachtung und Anbetung des Bestehenden. Von einer Wendung in den Ansichten der Webb kann, was die letzten Jahre betrifft, gar keine Rede sein. Dieselben Leute, die während des Krieges ihre Bourgeoisie unterstützten und später aus der Hand des Königs den Rang eines Lord Passfield annahmen, schlossen sich, ohne auf das Geringste zu verzichten, ohne sich im mindesten untreu zu werden, dem Kommunismus in einem, noch dazu fremden Lande an, Sidney Webb war Kolonialminister, d.h. oberster Gefängniswerter des britischen Imperialismus, just in der Periode seines Lebens, als er sich der Sowjetbürokratie anbiederte, aus ihren Kanzleien das Material erhielt, auf das basiert er seinen zweibändigen Wälzer zusammenflickte.

Noch 1923 sahen die Webb keinen großen Unterschied zwischen Bolschewismus und Zarismus (siehe z. B. **The Decay of Capitalist Civilisation**, 1923). Dafür findet heute die „Demokratie" des Stalinregimes ihre volle Anerkennung. Man suche hier keine Widersprüche. Die Fabier waren empört, als das revolutionäre Proletariat der „gebildeten" Gesellschaft die Handlungsfreiheit nahm, aber sie betrachten es als ganz in der Ordnung, wenn die Bürokratie dem Proletariat die Handlungsfreiheit nimmt. War das nicht stets die Funktion der Labour-Arbeiterbürokratie? Die Webb schwören beispielsweise, Kritik sei in der UdSSR völlig frei, Gefühl für Humor geht diesen Leuten ab. Sie weisen allen Ernstes auf die berüchtigte „Selbstkritik" hin, die dort wie Zwangsarbeit geübt wird, und deren Richtung sowie Grenzen man immer fehlerlos im voraus angeben kann,

Naivität? Weder Engels noch Lenin hielten Sidney Webb für naiv. Eher Respektabilität. Handelt es sich ja um ein etabliertes Regime und um gastfreie Wirte. Die Webb missbilligen ungemein marxistische Kritik am Bestehenden. Sie fühlen sich gar berufen, das Erbe der Oktoberrevolution gegen die linke Opposition in Schutz zu nehmen. Erwähnen wir der Vollständigkeit halber, dass die Labourregierung, in der Lord Passfield saß, dem Verfasser dieser Schrift seinerzeit das Einreisevisum für Großbritannien verweigerte. Somit verteidigt Sidney Webb, der damals gerade an seinem Buch über die UdSSR arbeitete, theoretisch die Sowjetunion und praktisch das Reich Seiner Majestät vor Wühlarbeit. Zu seiner Ehre sei gesagt, er bleibt sich in beiden Fällen treu.

Für viele Kleinbürger, die weder Feder noch Pinsel führen, ist die amtlich eingetragene „Freundschaft" mit der UdSSR gleichsam eine Bescheinigung höherer geistiger Interessen. Die Zugehörigkeit zu Freimaurerlogen oder pazifistischen Klubs hat mit der Mitgliedschaft zur Gesellschaft der „Freunde der Sowjetunion" vieles gemein, denn sie gestattet, gleichzeitig zwei Leben zu führen: ein Werktagsleben inmitten der alltäglichen Interessen, und ein sonntägliches zur Erhebung der Seele. Von Zeit zu Zeit besuchen die „Freunde" Moskau. Ihrer Erinnerung prägen sich Traktoren, Kinderkrippen Pioniere, Paraden, Fallschirmspringer ein, mit einem Wort alles außer der neuen Aristokratie. Die Besten von ihnen schließen die Augen davor aus Feindschaft gegen die kapitalistische Reaktion. André Gide bekennt das offen: „Viel trägt auch die Dummheit und Tücke der Angriffe gegen die UdSSR dazu bei, dass wir ihre Verteidigung mit einem gewissen Eigensinn führen". Aber Dummheit und Unehrlichkeit der Feinde ist keine Rechtfertigung für eigene Blindheit. Die Arbeitermassen brauchen jedenfalls sehende Freunde.

Die allgemeinen Sympathien der bürgerlichen Radikalen und sozialistischen Bourgeois für die herrschende Schicht der UdSSR haben keine unbedeutenden Ursachen. In Kreisen von Berufspolitikern dominieren unentwegt trotz aller Programmunterschiede die Freunde des bereits verwirklichten oder leicht zu verwirklichenden „Fortschritts". Es gibt auf der Welt weitaus mehr Reformisten als Revolutionäre, mehr Anpassungsbereite als Unbeugsame. Erst in außergewöhnlichen Geschichtsperioden, wenn die Massen in Bewegung geraten, treten die Revolutionäre aus ihrer Isolierung heraus; die Reformisten aber ähneln dann aufs Trockene geworfenen Fischen.

Unter den heutigen Sowjetbürokraten gibt es niemanden, der nicht vor April 1917 und sogar noch bedeutend später die Idee einer Diktatur des Proletariats in Russland für phantastisch gehalten hätte (damals hießen diese „Fantasien" ... Trotzkismus). Für die ausländischen „Freunde" der alten Generation galten jahrzehntelang die russischen Menschewiki, die für eine Volks"front" mit den Liberalen waren und die Idee einer Diktatur als glatten Unsinn ablehnten, als die Realpolitiker. Etwas anderes ist es, die Diktatur anzuerkennen, wenn sie einmal verwirklicht und sogar bürokratisch verpfuscht ist: dem sind die „Freunde" gerade noch gewachsen. Jetzt geben sie dem Kaiser, was des Kaisers ist, ja nehmen sogar den Sowjetstaat gegen seine Feinde in Schutz, allerdings weniger gegen die Befürworter einer Rückkehr zur Vergangenheit als gegen die Vorbereiter seiner Zukunft. Sind die „Freunde" aktive Patrioten wie die französischen, belgischen, englischen und anderen Reformisten, so können sie bequem ihr Bündnis mit der Bourgeoisie mit der Sorge um die Verteidigung der UdSSR bemänteln. Wurden sie umgekehrt Defätisten wider Willen wie die deutschen und österreichischen Sozialpatrioten von gestern, so hoffen sie, Frankreichs Bündnis mit der UdSSR werde ihnen helfen, mit Hitler oder Schuschnigg abzurechnen. Léon Blum, der ein Feind des Bolschewismus in dessen heroischer Epoche war und die Spalten des **Populaire** einer regelrechten Hetze gegen die Oktoberrevolution öffnete, druckt jetzt nicht eine Zeile, die die wahren Verbrechen der Sowjetbürokratie enthüllen könnte. Wie es in der Bibel Moses, als es ihn Jehova zu schauen gelüstete, nur vergönnt war, sich vor dem Hinterteil der göttlichen Anatomie zu verneigen, so vermögen die Herren Reformisten, Anbeter der vollendeten Tatsache, an der Revolution nur ihr fleischiges bürokratisches „im Nachhinein" zu erkennen und anzuerkennen.

Die heutigen kommunistischen „Führer" gehören im Grunde genommen zu demselben Typ. Nach einer langen Reihe affenartiger Grimassen und Purzelbäume entdeckten sie plötzlich die großartigen Vorteile des Opportunismus und befleißigten sich seiner mit der unbekümmerten Unwissenheit, die sie allezeit auszeichnete. Schon diese ihre sklavische, und nicht immer uneigennützige Verneigung vor den Kremlspitzen macht sie absolut unfähig zu revolutionärer Initiative. Sie antworten auf kritische Argumente nicht anders als mit Gebrüll und Gebell. Aber droht der Herr mit der Peitsche, so wedeln sie mit dem Schwanz. Für diese wenig reizenden Herrschaften, die in der Stunde der Gefahr nach allen Seiten auseinanderstieben werden, sind wir ausgemachte „Konterrevolutionäre,. Was soll man da tun? Die Geschichte, so gestreng sie ist, entbehrt doch nicht der Possen.

Die ehrlicheren oder klarersehenden „Freunde" geben allenfalls unter vier Augen die Flecken auf der Sowjetsonne zu, aber sie ersetzen die dialektische Analyse durch eine fatalistische und trösten sich damit, dass eine „gewisse" bürokratische Entartung unter den gegebenen Umständen geschichtlich unvermeidlich sei. Mag dem so sein! Aber auch der Widerstand gegen diese Entartung fiel nicht vom Himmel. Die Notwendigkeit hat zwei Enden: ein reaktionäres und ein fortschrittliches. Die Geschichte lehrt, dass die Personen und Parteien, die an den beiden Enden der Notwendigkeit ziehen, zuletzt auf den entgegengesetzten Seiten der Barrikade stehen.

Das letzte Argument der „Freunde" heißt: Kritik am Sowjetregime wird von den Reaktionären aufgegriffen. Ganz unbestreitbar! Sie werden vermutlich auch aus diesem Buch ihren Nutzen zu ziehen suchen. Wann wäre dem je anders gewesen? Schon das **Kommunistische Manifest** erwähnte verächtlich, wie die feudale Reaktion die Pfeile der sozialistischen Kritik gegen den Liberalismus auszunutzen versuchte. Das hinderte jedoch den revolutionären Sozialismus nicht daran, seinen Weg zu gehen. Das wird auch uns nicht hindern. Die Komintern-Presse freilich versteigt sich zu der Behauptung, unsere Kritik bereite ... die Militärintervention gegen die Sowjets vor, Das ist offenbar so zu verstehen, dass die kapitalistischen Regierungen, sobald sie aus unseren Arbeiten von der Entartung der Sowjetbürokratie erfahren, auf der Stelle eine Strafexpedition ausrüsten werden, um die in den Staub getretenen Grundsätze des Oktober zu rächen. Die Polemiker der Komintern fechten nicht mit Degen, sondern mit Deichselstangen oder anderen noch ungelenkeren Instrumenten. In Wahrheit kann die marxistische Kritik, indem sie die Dinge beim Namen nennt, nur den konservativen Kredit der Sowjetdiplomatie in den Augen der Bourgeoisie erhöben.

Anders ist es bei der Arbeiterklasse und ihren aufrichtigen Anhängern in der Intelligenz. Hier kann unsere Arbeit tatsächlich Zweifel wecken und Misstrauen hervorrufen, nicht zur Revolution, sondern zu ihren Usurpatoren. Allein, das eben ist ja unsere Absicht. Triebfeder des Fortschritts ist die Wahrheit, nicht die Lüge.

Fremd-, Fachwörter-, Personenverzeichnis

Äquivalent: Gegenwert, Ersatz (äquivalent gleichwertig);

Amplitude: Umfang, Schwingungsweite:

Anachronismus: Verstoß gegen die Zeitrechnung, Zeitfehler:

Aphorismus: kurzer, spruchartiger Lehrsatz:

Apologie: Verteidigung, Rechtfertigung (*Apologet:* Verteidiger)

a posteriori: hinterher (nach der Erfahrung):

a priori (a priorisch): von vornherein (vernunftgemäß);

Asketismus: Bußübung. Entsagung, Enthaltsamkeit:

Autarkie: selbstgenügsame, nach außen abgeschlossene Volkswirtschaft;

Autodidakt: ein durch Selbstunterricht Gebildeter:

Axiom: keines Beweises bedürfender Satz (unabweisbarer Grundsatz);

Baldwin, Stanley (1867-1947): britischer Kapitalist und Politiker der Konservativen, mehrfach Minister, 1924-29 und 1935-37 Premierminister

Barras, Paul François Jean Nicolas Vicomte de (1755-1829): Mitglied der radikalen Jakobiner in der französischen Revolution, dann am 9. Thermidor de Jahres II nach dem von der Revolution eingeführten Kalender (27. 7. 1794 nach unserem gregorianischen Kalender) Teilnehmer des Sturzes von Robespierres Jakobinerdiktatur, danach in der Regierung der politischen Konterrevolution („Direktorium")

Barthou, Louis (1862-1934): 1894-1934 mehrfach Minister, bei einem Attentat auf den jugoslawischen König mitgetötet

Besprisornyje: obdachlose, verwahrloste Kinder;

Bismarck-Schönhausen, Otto von (1815-1898): ostelbischer Großgrundbesitzer und Politiker, 1862 im Verfassungskonflikt mit den Liberalen preußischer Ministerpräsident, erreichte in mehreren Kriegen „Einigung Deutschlands von oben", bis 1890 Reichskanzler, 1878-90 „Sozialistengesetz" gegen Arbeiterbewegung

Bonaparte, Napoleon (1769-1821): Offizier der französischen Revolution, erst Jakobiner, putschte am 9. 11. 1799 (nach dem französischen Revolutionskalender 18. Brumaire) gegen die Thermidor-Regierung („Direktorium"), wurde 1. Konsul, 1804 Kaiser, 1815 militärisch besiegt und nach St. Helena verbannt

Brissot de Warville, Jacques Pierre (1754-1793): führender Vertreter der Girondisten, der Gemäßigten in der französischen Revolution

chronologisch: nach der Zeitfolge;

Citrine, Walter, seit 1946 Baron Citrine of Wembley (1887-1982) britischer Gewerkschaftsführer 1925-46, würgte Generalstreik 1926 ab, ab 1947 Manager verstaatlichter Industrien

contradictio in adjecto: Widerspruch im Beiwort;

Devalvation: Münzwertherabsetzung;

Dissonanz: Misston, Missklang;

Dogmatiker: Anhänger einer Glaubenslehre;

Duma: Parlament im zaristischen Russland und seit der kapitalistischen Restauration;

Epigramm: prägnantes Kurzgedicht

epikureisch: genusssüchtig, schwelgend:

expropriieren: enteignen

fakultativ: der freien Wahl überlassen;

Fiktion: Erdichtung, Annahme:

Fluktuation: Schwankung;

Gladkow, Fjodor Wassiljewitsch (1883-1958): Schriftsteller, nach Revolution 1905 verbannt, seit 1920 Bolschewist

Green, William (1873-1952): konservativer amerikanischer Gewerkschaftsfunktionär, 1924-1952 Vorsitzender des Dachverbandes AFL

Gussew, Sergej Iwanowitsch (Jakow Dawidowitsch Drabkin) (1873-1933): alter Bolschewist, im Bürgerkrieg im Revolutionären Kriegsrat der Ost- und Südfront, ab 1923 zuverlässiger Gehilfe Stalins

integral: vollständig;

Iswestija („Nachrichten"): Tageszeitung, 1905 und ab 1917 vom Petersburger/Petrograder Sowjet, dann vom gesamtrussischen Sowjet herausgegeben, nach der Oktoberrevolution unter bolschewistischer Kontrolle, im März 1918 nach Moskau verlegt, 1934-36 unter der Leitung Bucharins.

Jagoda, Genrich (1891-1938): seit 1920 in der Leitung der sowjetischen Geheimpolizei, führender Organisator des stalinistischen Terror bei Zwangskollektivierung und gegen alte Bolschewiki, schließlich selbst hingerichtet

Jakowlew, Jakow Arkadjewitsch (1896-1939?): Stalinist, Volkskommissar für Landwirtschaft, organisierte 1937 für Stalin Terror in Weißrussland, fiel ihm dann selber zum Opfer

Jouhaux, Léon (1870-1954): Generalsekretär des Gewerkschaftsdachverbandes CGT 1909-40 und 1945-47, erhielt 1951 für seinen jahrzehntelangen Kampf gegen den linken Flügel der Arbeiterbewegung den Friedensnobelpreis

Kerenski, Alexander Fjodorowitsch (1882-1970): Mitglied der kleinbürgerlichen Partei der Sozialrevolutionäre in Russland, März 1917 als einziger nichtbürgerlicher Minister in provisorischer Regierung, Mai Kriegsminister, Juli Ministerpräsident, durch Oktoberrevolution vertrieben

Krupskaja, Nadjeschda Konstantinowna (1869-1939), seit den 1890er Jahren in marxistischen Zirkeln, Sekretärin des Auslandsbüros und später des Zentralkomitees der Bolschewiki, 1925-27 Opposition gegen Stalin, jahrelang stellvertretende Volkskommissarin für Volksbildungswesen, 1898-1924 mit Lenin verheiratet

Kun, Bela (1886-1939): Gründer der Kommunistischen Partei Ungarns und der Räterepublik 1919, Emigration in die Sowjetunion, stalinistischer Kominternfunktionär, 1939 hingerichtet

Kellogg-Pakt (Briand-Kellogg-Pakt): 1928 unterzeichnetes Abkommen, keine Kriege mehr zu führen

Koeffizient: Verhältniszahl;

Kolchos: kollektiv bewirtschaftetes Gut;

Komsomol: Kommunistischer Jugendverband

Kun, Bela (1886-1939): Gründer der Kommunistischen Partei Ungarns und der Räterepublik 1919, Emigration in die Sowjetunion, stalinistischer Kominternfunktionär, 1939 hingerichtet

Laval, Pierre (1883-1945): in seiner Jugend Sozialist, dann konservativer Politiker, 1935-36 Ministerpräsident, wegen Zusammenarbeit mit den Nazis hingerichtet

Lincoln, Abraham (1809-65), 1860-65 Präsident der USA, führte den Bürgerkrieg gegen die Abspaltung der Sklavenstaaten, der mit der Abschaffung der Sklaverei endete

Litwinow, Maxim (1876-1952): Bolschewist, dann Stalinist, 1930-38 sowjetischer Volkskommissar für Äußeres (=Außenminister)

Mandarin: chinesischer Staatsbeamter;

Manipulation: Handgriff, Kunstgriff;

Machorka: Tabakersatz:

Metapher: bildlicher Ausdruck;

Metaphysik: Lehre vom Übersinnlichen;

Mikado: japanischer Kaiser

Mirabeau, Honoré Gebriel Riqueti Graf von (1749-1791): führender Politiker der französischen Revolution, für die Abschaffung von Adelsprivilegien, aber für Beibehaltung der Monarchie

Molotow (Skrjabin), Wjatscheslaw Michailowitsch (1890-1986): 1906 Bolschewist, dann einer der engsten Mitarbeiter Stalins, nach dessen Tod Gegner von Chruschtschows „Entstalinisierung" (Kritik an den größten Verbrechen Stalins, die aber zu dessen persönlichen Fehlern erklärt wurden), 1961 aus der Partei ausgeschlossen, 1984 wiederaufgenommen.

Monolith: Denkmal aus einem einzigen Steinblock;

Muschik: Kleinbauer;

mutatis mutandis: nach den nötigen Veränderungen;

Napoleon I: siehe Bonaparte

Narodniki: „Volkstümler", erste sozialistische Bewegung in Russland, Anhänger des Terrors, später Liberale;

NEP: Neue Wirtschaftspolitik;

Obligation: Schuldverschreibung;

Oligarchie: Herrschaft einer kleinen Minderheit;

Ossouiachim: Gesellschaft zur Förderung der chemischen und Luftverteidigung:

Palmerston, John Henry Temple (1784-1865), zwischen 1809 und 1855 mit kurzen Unterbrechungen britischer Minister, 1855-58 und 1859-65 Premierminister

Parität: Gleichheit;

partiell: teilweise vorhanden

Peripetie: unerwartete Veränderung;

Politbüro: politisches Büro des Zentralkomitees der kommunistischen Partei;

Le Populaire: französische sozialistische Zeitung, 1917 von Jean Longuet gegründet, ab 1921 Tageszeitung der Sozialistischen Partei SFIO

Postyschew, Pawel Petrowitsch (1887-1940?): erst bolschewistischer, dann stalinistischer Funktionär, vor allem in der Ukraine tätig, erst Teilnehmer, dann selbst Opfer von Stalins Terror

potentiell: möglich (im Gegensatz zu wirklich):

Protagonist: Träger der Hauptrolle, Vorkämpfer:

Pud: russisches Gewichtsmaß, 16,4 kg.

Quietismus: mystisch-religiöse Richtung, Versenkung in Gott, Beschaulichkeit;

Ressourcen: Hilfsquellen:

Restauration: Wiederherstellung;

Robespierre, Maximilien de (1758-1794): in der französischen Revolution führender Vertreter der radikalen Jakobiner, Frühjahr bis Sommer 1794 faktisch Diktator, am 9. Thermidor gestürzt (sie oben unter Barras)

Roosevelt, Franklin Delano (1882-1945), Präsident der USA 1933-45, bekämpfte die Weltwirtschaftskrise erfolglos mit Reformen („New Deal"), erfolgreich mit Aufrüstung und Krieg

Rykow, A. (1881-1938): alter Bolschewik, unterstütze Stalin gegen Trotzki, dann rechte Opposition, nach Stalins 3. Schauprozess hingerichtet

Samurai: Angehörige einer japanischen Adelsklasse der Feudalzeit;

Sinowjew (Radomyslski), Grigori Jewsejewitsch: 1883-1936, Bolschewik, bis 1917 mit Lenin im Exil, 1919-1926 Vorsitzender der Kommunistischen Internationale, 1922-24 Geheimfraktion mit Stalin und Kamenjew gegen Trotzki, 1925-27 in Opposition zu Stalin, 1936 nach Schauprozess hingerichtet

Serafimowitsch (Popow), Alexander (1863-1949): gehörte zur Schriftstellergruppe um Maxim Gorki

Solnzew, Eleasar B. (1900-1936): Mitglied der Linken Opposition, 1928 verhaftet, 1933 nach Sibirien verbannt, 1935 erneut verhaftet, starb nach Hungerstreik

Solz, Aron Alexandrowitsch (1872-1945), ab 1898 politisch aktiv, Jurist, ab 1921 am obersten Sowjetgericht

Stalin (Dschugaschwili), Josef Wissarionowitsch (1879-1953): Bolschewik, 1922 Generalsekretär der Kommunistischen Partei, Geheimfraktion mit Sinowjew und Kamenjew gegen Trotzki, Oktober 1924 Doktrin vom "Sozialismus in einem Land", 1925-28 Bündnis mit Bucharin, Zugeständnisse an Kapitalisten, 1928 Kurswechsel: überstürzte Kollektivierung der Landwirtschaft und Industrialisierung, ab 1936 Ausrottung der alten Bolschewiki, 1941 brachte Stalins Vertrauensseligkeit gegenüber Hitler die Sowjetunion an den Rand der Katastrophe, im Krieg russischer Nationalismus geschürt, 1953 während Vorbereitung einer neuen Terrorkampagne gestorben

Synonym: sinnverwandtes Wort, gleichbedeutender Ausdruck;

Semstwo: Landschaftsvertretung, Landstand;

Smytschka: Verspleißung, Bündnis (zwischen Proletariat und Bauernschaft);

Sophismus: spitzfindiges Argument, Trugschluss:

Sowchos: Sowjetstaatsgut;

Spektrum: Farbenbild der Lichtstrahlen;

Stoizismus: Gleichmut, Unerschütterlichkeit;

Sykophant: Denunziant;

Tempus: Zeitform;

Theorem: Lehrsatz;

Thermidor: Monat im französischen Revolutionskalender. Am 9. Thermidor des Jahres II (27. 7. 1794) nach unserem Kalender wurde in der französischen Revolution die Jakobinerdiktatur gestürzt.

„Der Staatsstreich vom 9. Thermidor beseitigte nicht die grundlegenden Errungenschaften der bürgerlichen Revolution, sondern übertrug die Macht den gemäßigteren und konservativeren Jakobinern, den bessergestellten Elementen der bürgerlichen Gesellschaft. Heute ist unübersehbar, dass auch in der Sowjetunion längst eine Machtverschiebung nach rechts vor sich gegangen ist, ganz analog zum Thermidor, wenn auch in einem viel langsameren Tempo und in verschleierteren Formen. Die Verschwörung der Sowjetbürokratie gegen den linken Flügel konnte in der ersten Zeit nur darum einen verhältnismäßig „trockenen" Charakter annehmen, weil man sehr viel systematischer und vollständiger zu Werke ging als bei der Improvisation des 9. Thermidor.

Das Proletariat ist sozial homogener als die Bourgeoisie, enthält aber doch eine ganze Reihe von Schichten, die sich besonders nach der Machtergreifung deutlich voneinander abheben, wenn sich die Bürokratie und eine mit ihr verbundene Arbeiteraristokratie herausbilden. Die Zerschlagung der linken Opposition war unmittelbar gleichbedeutend mit dem Übergang der Macht aus den Händen der revolutionären Avantgarde in die der konservativeren Elemente der Bürokratie und der Oberschicht der Arbeiterklasse. Das Jahr 1924 war der Beginn des sowjetischen Thermidors.

Es geht hier natürlich nicht um Identität, sondern um eine historische Analogie, die stets an der Verschiedenheit der Gesellschaftsstrukturen und Epochen ihre Grenze findet." (Leo Trotzki, *Arbeiterstaat, Thermidor und Bonapartismus*, 1. Februar 1935)

transitorisch: vorübergehend:

Tscherwonez: 10 Rubel;

Usurpator (usurpieren): unrechtmäßiger Besitzergreifer (widerrechtlich an sich reißen);

Vendée: Departement in Frankreich, wo sich 1789-96 die Königstreuen gegen die Republik erhoben;

Volksfront: Nachdem die Komintern bis 1934 das Bündnis mit anderen Arbeiterorganisationen („Einheitsfront") abgelehnt hatte, drängte sie ab 1935 darauf, auch bürgerliche Parteien in Bündnisse einzubeziehen:

„Die Volksfronttheoretiker gehen im wesentlichen über die Anfangs-
gründe der Arithmetik, nämlich die Addition, nicht hinaus: Die Summe
von ‚Kommunisten‘, Sozialisten, Anarchisten und Liberalen ist größer
als jeder Teil für sich. Das ist die ganze Weisheit. Allein, die Arithmetik
reicht in diesem Fall nicht aus. Es bedarf mindestens der Mechanik: das
Gesetz des Parallelogramms der Kräfte ist auch in der Politik gültig. Die
Resultante pflegt bekanntlich um so kürzer zu sein, je stärker die zusam-
menwirkenden Kräfte unter sich auseinanderstreben. Ziehen die politischen Verbündeten nach entgegengesetzten Richtungen, so kann die Resultante gleich Null sein.

Ein Block verschiedener politischer Gruppen der Arbeiterklasse pflegt
zur Lösung gemeinsamer praktischer Aufgaben ganz unerlässlich zu
sein. Unter gewissen historischen Umständen ist ein solcher Block imstande, auf die unterdrückten kleinbürgerlichen Massen, deren Interessen denen des Proletariats verwandt sind, anziehend zu wirken. Die Gesamtheit eines derartigen Blocks kann viel größer sein als die Kraft jedes
seiner Bestandteile. Hingegen ist ein politisches Bündnis des Proletariats
mit der Bourgeoisie, deren Interessen in der heutigen Epoche in den
Grundfragen um 180 Grad auseinander klaffen, in der Regel nur imstande, die revolutionäre Kraft des Proletariats zu lähmen." (Trotzki, Die
spanische Lehre: Eine letzte Warnung (17. Dezember 1937)

Woroschilow, Kliment, Jefremowitsch (1881-1969): seit 1904 Bolschewik,
im Bürgerkrieg an der Südfront, Opposition gegen Trotzki und Zusammenarbeit mit Stalin, Ende 1925 Kriegskommissar, säuberte für Stalin
die Rote Armee und führte sie in schwere Niederlagen gegen Finnland
1939/40 und Deutschland 1941, dann andere Aufgaben, u.a. 1953-60
Staatsoberhaupt

Zentralexekutivkomitee (ZIK): Zentraler Vollzugsausschuss der Räte der Ar-
beiter-, Bauern- und Rotarmisten-Abgeordneten, vom Rätekongress der
Union gewählt:

zentrifugal: vom Mittelpunkt wegstrebend.

Zereteli, Irakli Georgijewitsch (1881-1959): führender Menschewik, im Mai 1917 Minister, nach der Oktoberrevolution Minister im abgespaltenen Georgien, wo ihn 1921 die Rote Armee vertrieb.